普通高等院校（本科）"素质教育"系列教材
"国民素质教育"培训系列教材

人际沟通与社交礼仪

（第2版）

罗元浩　孟祥越 / 主　编 ◀
吴健斌　林玲玲 / 副主编 ◀

清华大学出版社
北　京

内 容 简 介

本书严格按照教育部关于"加强国民素质教育"的教学改革要求，针对大学生人际沟通与社交礼仪存在的盲点，结合行为规范，具体介绍了语言沟通、非语言沟通、跨文化沟通、人际沟通管理、社交礼仪、着装礼仪、聚会礼仪、餐饮礼仪、公共礼仪、涉外礼仪、克服沟通障碍的方法与技巧等内容，并通过强化应用实训，达到学以致用的目的。

本书具有知识更新及时、内容丰富、案例鲜活、贴近实际、注重素质培养和能力提升等特点，因而既可作为普通高等院校、高职高专院校大学生素质教育的首选教材，也可以作为大学生人际沟通与社交礼仪行为规范的指导手册，并为广大社会从业者提供有益的参考和借鉴。

图书在版编目 (CIP) 数据

人际沟通与社交礼仪 / 罗元浩，孟祥越主编 . —2 版 . —北京：清华大学出版社，2020.6（2025.1 重印）
普通高等院校（本科）"素质教育"系列教材　"国民素质教育"培训系列教材
ISBN 978-7-302-55485-1

Ⅰ．①人…　Ⅱ．①罗…　②孟…　Ⅲ．①人际关系学－高等学校－教材 ②社交礼仪－高等学校－教材　Ⅳ．① C912

中国版本图书馆 CIP 数据核字（2020）第 083919 号

责任编辑：刘　晶
封面设计：李伯骥
版式设计：方加青
责任校对：宋玉莲
责任印制：丛怀宇

出版发行：清华大学出版社
　　　　　网　　址：https://www.tup.com.cn, https://www.wqxuetang.com
　　　　　地　　址：北京清华大学学研大厦 A 座　　　　　邮　　编：100084
　　　　　社 总 机：010-83470000　　　　　　　　　　　邮　　购：010-62786544
　　　　　投稿与读者服务：010-62776969，c-service@tup.tsinghua.edu.cn
　　　　　质 量 反 馈：010-62772015，zhiliang@tup.tsinghua.edu.cn
印 装 者：三河市龙大印装有限公司
经　　销：全国新华书店
开　　本：185mm×260mm　　　印　　张：13.75　　　字　　数：312 千字
版　　次：2017 年 9 月第 1 版　2020 年 6 月第 2 版　　印　　次：2025 年 1 月第 6 次印刷
定　　价：52.00 元

产品编号：087941-01

素质教育系列教材编审委员会

序　言

　　新中国成立以来，党和政府历来高度重视教育，特别强调全面提高学生综合素质。2001 年 6 月，中共中央、国务院《关于深化教育改革全面推进素质教育的决定》作了最为明确、最为准确的表述："实施素质教育就是全面贯彻党的教育方针，以提高国民素质为根本宗旨，以培养学生的创新精神和实践能力为重点，造就有理想、有道德、有文化、有纪律的德智体美等全面发展的社会主义建设者和接班人。"

　　我国 2019 年印发的《新时代公民道德建设实施纲要》对新时代公民道德建设提出了总体要求和重点任务，并对深化道德教育引导、推动道德实践养成等方面做了具体安排。这充分说明了通过教学推动礼仪学习在现代社会道德建设中的重要地位。普及和应用礼仪知识，是加强社会主义精神文明建设，构建和谐社会，强化公民文明行为的基础。

　　依据《教育法》规定的国家教育方针，本书着眼于受教育者及社会长远发展的要求，以面向全体学生、全面提高学生的基本素质为根本宗旨，注重培养受教育者的态度、能力，以促进他们在德智体等方面生动、活泼、主动的发展。

　　素质教育内涵丰富。定位："宗旨是提高国民素质，目标是培养德智体美全面发展的合格公民，灵魂是思想道德教育，重点是提高创新精神和实践能力"；功能："素质教育充分考虑人与社会发展的需要，尊重人的主体地位、主动精神和个性差异，注重形成健全的人格"；价值取向："素质教育关注人的'能力、创造性、潜在竞争力、可持续发展'，并以促进学生的长远发展作为核心价值"。素质教育就是全面贯彻党的教育方针。

　　目前我国已进入全面建成小康社会、加快推进社会主义市场经济、加速现代化经济发展的关键时期。随着全球经济一体化进程的加快和科技进步的日新月异，随着改革开放和中国经济国际化的发展趋势，随着国家经济转型和产业结构调整，需要解决"就业创业、择业、晋升、薪酬、竞争、恋爱、生理心理、治安"等社会问题。我国经济快速发展、社会生活多样化变革、就业择业艰难、晋职提升竞争、生理变化和心理承受能力等社会问题解决的最根本和最好办法，就是关注素质教育，加强综合素质培养。

　　21 世纪，我国从计划经济转变为社会主义市场经济体制，经济增长方式从粗放型转变为集约型，而且正在实施"科教兴国"和"可持续发展"战略，我国要在 21 世纪激烈的国际竞争中处于战略主动地位，最大的问题就是解决好人的素质和人才问题。

　　国以才立、政以才治、业以才兴，素质是人才的根本，社会主义事业需要合格的建设者和可靠的接班人。人的实践需要人的主观能动性、创造性、自主性，现代化建设需要人的求实精神、开拓精神、无私奉献精神，社会主义市场经济需要人的创造力、应变力、竞争力、承受力。人的主体性、精神、能力从根本上说，都来源于人的素质。人才培养，就是人的素质培养，只有不断提高人的素质，才能推进人的全面发展，造就数以亿计的高素质劳动者、数以千万计的专门人才和一大批拔尖创新创造人才。

本系列教材根据《教育法》规定的国家教育方针，全面贯彻党的素质教育要求，以高等院校大学本科、高职高专、各类职业教育院校为主，兼顾企业、社会工作者和社区居民，属于通用性"素质教育"培训教材。具体包括：大学生创业训练、职业教育与就业指导、职业生涯规划与体验、大学生安全教育、人际沟通与社交礼仪、大学生心理健康、大学生健身健美训练、生活美学等教材。

本系列教材的参与单位主要有：北京教育学院、吉林工程师范学院、北京物资学院、华北科技学院、北京联合大学、哈尔滨师范大学、北方工业大学、山西大学、首钢工学院、牡丹江大学、燕山大学、北京城市学院、东北财经大学、北京财贸职业学院、厦门集美大学、北京科技大学、大连商务学院、北京西城社区学院、郑州大学、北京石景山社区学院、大连海事大学、北京宣武社区学院、浙江工业大学、大连工业大学等全国30多所高校。

本系列教材作为"大学生素质教育"的特色教材，坚持社会主义核心价值观，力求严谨，注重与时俱进；在吸收国内外素质教育权威专家学者最新科研成果的基础上，融入了素质教育的最新教学理念；依照素质教育所涉及的问题和施教规律，根据素质教育发展的新形势和新特点，全面贯彻国家新近颁布实施的《教育重大突发事件专项督导暂行办法》等素质教育法规及管理规定；注重结合大学生遇到的各种问题，强化德、智、体、美、劳等全面发展，突出培养创新精神和实践能力，并注重教学内容和教材结构创新。

本系列教材的出版，对普及国民素质教育，构建和谐社会，帮助大学生加强素质培养，提高竞争力，毕业后能够顺利走上社会创业、就业的道路具有特殊意义。

编委会主任：牟惟仲

2020年8月

再版前言

在当今社会中，随着时代的发展，人和人之间的沟通和交往越来越频繁，也越来越重要，人际沟通和社交能力不仅直接影响到人际关系、团队合作，而且体现了人的国际化视野、高科技时代的商务竞争能力和综合素养，已成为从业者必备的基本素质和技能，因此越来越受到各行业、社会各领域人士的普遍重视。

《国家中长期教育改革和发展规划纲要（2010—2020年）》指出："坚持能力为重、优化知识结构，丰富社会实践、强化能力培养。"我国2019年印发的《新时代公民道德建设实施纲要》对新时代公民道德建设也提出了总体要求和重点任务，并对深化道德教育引导、推动道德实践养成等方面做了具体安排。这充分说明了加强人际沟通与社交礼仪对社会主义精神文明建设、构建和谐社会的重要性。

目前很多用人单位对大学毕业生的适应能力、沟通能力、礼仪素养的要求日益提高。大学生在学习专业知识技能的同时，不仅需要掌握人际沟通的技巧和方法，更好地发挥专长、提高个人在职场的竞争力，还要培养自己的人文礼仪修养。只有这样才能"学会生存、学会做人做事"，这是学生最终"主动适应社会，开创美好未来"的基础。

本书自2017年出版以来，因写作质量高、突出应用能力培养，而深受全国各高等院校广大师生的欢迎，目前已经多次重印。此次再版，作者根据读者建议，审慎地对原教材进行了精心设计，包括：结构调整、压缩篇幅、更新案例、补充新知识等，以使其更贴近国际社会经济发展，更好地为我国经济和社会精神文明建设服务。

本书作为大学生素质教育的特色教材，坚持科学发展观、严格按照国家教育部关于"加强国民素质教育"的教学改革要求，全面贯彻落实中国共产党第十八次代表大会"扎实推进社会主义文化强国建设"的号召，根据社会及企业的要求与需求模式，注重加强大学生人际沟通与社交礼仪素质教育。本教材的出版对普及国民素质教育、构建和谐社会，帮助大学生加强人际交流能力、提高内在竞争能力具有特殊意义。

本书共十章，以提高学习者人际沟通与社交礼仪素质能力为原则，针对大学生人际沟通与社交礼仪存在的不足，结合做人做事与就业行为规范，具体介绍了以下内容：语言沟通、非语言沟通、餐饮礼仪、着装礼仪、聚会礼仪、公共礼仪、通联礼仪、涉外礼仪、克服沟通障碍的方法与技巧等人际沟通与社交礼仪必备知识，并通过强化应用实训，达到学以致用的目的。

由于本书融入了人际沟通与社交礼仪最新的实践教学理念，力求严谨，注重与时俱进，具有知识新颖、内容丰富、案例鲜活、贴近实际、注重素质培养和能力提升等特点，因此本书既可以作为普通高等院校、高职高专及各类院校大学生素质教育和毕业教育的首选教材，也可以作为大学生人际沟通与社交礼仪行为规范的指导手册，并为广大社区居民和社会待业从业者提供有益的参考和借鉴。

本书由李大军筹划并具体组织，罗元浩和孟祥越主编、罗元浩统改稿，吴健斌、林玲玲为副主编，由赵英教授审定。作者编写分工如下：牟惟仲编写序言，孟祥越编写第一章、第三章，王瑞春编写第二章，吴健斌编写第四章、第五章，王文萍编写第六章，罗元浩编写第七章、第八章、第九章，林玲玲编写第十章，孟祥越、梁月编写附录；李晓新负责文字修改、版式调整、制作教学课件。

在教材再版过程中，我们参阅了大量人际沟通与社交礼仪的最新书刊和网站资料，并得到有关专家教授及企业家的具体指导，在此一并致谢。为配合教学，本书提供配套电子课件，读者可以从清华大学出版社网站（www.tup.com.cn）免费下载使用。

因作者水平有限，书中难免存在疏漏和不足，恳请专家和读者批评指正。

编者
2020 年 3 月

目　录

第一章
人际沟通与社交礼仪基本概念

学习要求与目标

1. 了解人际交往的要素，掌握人际交往原则；
2. 了解人际沟通的含义，理解人际沟通的障碍；
3. 了解礼仪的含义，掌握礼仪对构建人际关系的重要性。

引导案例

大国礼仪！"我过去，您别站起来了。"这些细节凸显习近平的"亲民"范儿

我国自古以来就是礼仪之邦，中国人素以彬彬有礼的风貌著称于世。习近平的亲民范儿和平民情怀已经成为全球媒体的热议话题，细微之处凸显"亲民"范儿。

"我过去，您别站起来了。"

2015 年 5 月，在俄罗斯纪念卫国战争胜利七十周年庆典期间，习近平为曾经在华参加抗日战争的俄罗斯老战士颁奖。一名俄罗斯老兵紧紧握住习近平的手，轻轻吻了一下。习近平也紧紧握住他的手，深情地望着他。

当习近平看到 90 岁高龄的老兵谢尔盖耶夫腿脚不便，马上快步走上前去为他颁奖。

习近平："我过去，您别站起来了。"

"专机停在这儿得到这么好的保障，谢谢。"

出访结束的时候，习近平通常会主动和机场地勤人员一一握手表示感谢，并和大家合影留念。

习近平："专机停在这儿得到这么好的保障，谢谢。"

巴西空军基地空军军官："主席先生，我们基地的所有官兵将您评选为到过巴西空军基地的最和蔼可亲的国家元首。"

习近平和机场地勤人员握手表示感谢

"习主席直接递给我们面包或水：你们先垫一垫。"

"实际上，对于身边的中方的这些工作人员，习主席也是特别照顾。比如说我们翻译，坐在身后是没有办法吃饭的。无论是习主席，或者是彭教授，有的时候直接就会把他们桌上的面包或者是甜点拿给我们，包括把他们桌前的水或者咖啡，直接递给我们，说你们先垫一垫。"

习近平的亲民范儿和平民情怀已经成为全球媒体的热议话题。在不少人看来，习近平就像一位隔壁的长辈、串门的邻居，平易近人，质朴可亲。

为大国外交点赞！

资料来源：https://web.shobserver.com/news/detail?id=63842.2017-09.

第一节　人际沟通概述

一、沟通的内涵

在交往过程中，沟通的作用十分重大。有统计结果表明，在一个人获得成功的诸要素中，智商、专业知识和经验仅占25%，而良好的沟通能力占75%，可见沟通的重要性。

沟通，原本指开沟以使两水相通。后用以泛指使两方相通连；也指疏通彼此的意见。在英文中，communication这个词，既可以译作沟通，也可以译作交流、交际、交往、通信、交通、传达、传播等，其基本含义是"与他人分享共同的信息"。

本书对沟通的定义是：沟通是人与人之间、人与群体之间思想与感情的传递和反馈的过程，以求思想达成一致和感情的通畅，也就是信息传与受的行为，发送者凭借一定的渠道，将信息传递给接收者，并寻求反馈以达到相互理解的过程。

沟通是人与人之间转移信息的过程，它是一个人获得他人思想、情感、见解、价值观的一种途径，是人与人之间交往的一座桥梁。通过这座桥梁，人们可以分享彼此的情感和知识，消除彼此的误会，增进相互的了解。

沟通是为了一个设定的目标，把信息、思想和情感在个人或群体间传递，并且达成共同协议的过程。它有三大要素：要有一个明确的目标；达成共同的协议；沟通信息、思想和情感。

沟通具体包含以下几点：

1.沟通首先是信息的传递

沟通包含着信息的传递，无论什么形式的沟通都包含着具体要传递的信息，信息传递是目的，具体形式是手段，如果信息没有传递到既定对象，那么也就没有发生沟通。比如说话者没有听众或者表演者没有观众，都不能构成沟通。

2.沟通的重点是意义的理解

沟通过程中，发送者首先要把传送的信息"编码"成符号，接收者则进行相反的"解码过程"。如果信息接收者对信息类型的理解与发送者不一致，则会导致沟通障碍和信息失真。信息经过传递后，接收者所感知和理解的信息意义与发送者的初衷完全一致时，才达到了有效沟通的目的。

3. 完美的沟通包含情感的交流

在沟通中，不仅仅有意义的传递和理解，还通过语言、副语言以及非语言信息传递出相应的情感。有效的沟通，不仅能传递信息，更能通过沟通创设良好的人际氛围，形成良好的人际关系。因此，我们说"完美的沟通＝信息传递＋意义理解＋情感交流"。所以要善于利用好沟通，实现良好人际交往的目的。

4. 沟通是一个双向与互动的反馈和理解过程

有时候，乙接到甲的信息后，并不发出反馈信息。那些有反馈信息的人际沟通，常被人们称为双向沟通，例如两个人之间进行对话；而只有一方发出信息，另一方没有反馈信息的人际沟通，就被称为单向沟通，例如电视台播音员和观众之间的沟通。

在沟通的过程中，为了更好地理解和交流，我们要尽可能地提供双向沟通和反馈过程，以增加信息理解的准确性。

案例　**习主席在中非合作论坛北京峰会上的讲话**

2018年9月3日，中非合作论坛北京峰会在人民大会堂隆重开幕。中国国家主席习近平出席开幕式并发表题为《携手共命运　同心促发展》的讲话。习近平强调，中非要携手打造新时代更加紧密的中非命运共同体，重点实施好产业促进、设施联通、贸易便利、绿色发展、能力建设、健康卫生、人文交流、和平安全"八大行动"。

其中，实施人文交流行动是指中国决定设立中国非洲研究院，支持非洲国家加入丝绸之路国际剧院、博物馆、艺术节等联盟，打造中非媒体合作网络，继续推动中非互设文化中心，支持非洲教育机构申办孔子学院，支持更多非洲国家成为中国公民组团出境旅游目的地。

习主席在中非合作论坛北京峰会上的讲话传递了中非之间需要加强沟通交流的重要信息，同时也表明了国与国之间沟通的重要性。

资料来源：http://cpc.people.com.cn/n1/2018/0904/c64094-30269698.html.2018-09-04.

二、人际沟通的特点

人际沟通作为个人或群体之间在共同活动中彼此交流思想、感情和知识等的过程，具有以下特点。

（一）目的性

在人际沟通中，沟通双方都有各自的动机、目的和立场，都设想和判定自己发出的信息会得到什么样的反馈。因此，沟通的双方都处于积极主动的状态，在沟通过程中发生的不是简单的信息运动，而是信息的积极交流和理解。

（二）符号性

沟通是信息的传递，需要借助语言和非语言两类符号，这两类符号往往被同时使用。有效的人际沟通，需要沟通的双方具有统一的或近似的编码系统和译码系统。就是说沟通双方应有相同的词汇和语法体系，而且要对语义有相同的理解。语义在很大程度上依赖于沟通情境和社会背景，沟通场合以及沟通者的社会、政治、宗教、职业和地位等的差异都会对语义的理解产生影响。

（三）双向互动性

人际沟通往往是双向、互动的，是反馈和理解反复过渡的过程。这一点与沟通参与者的双重角色密切相关。在一个完整的沟通过程中，沟通者与参与者几乎在同时充当着信息的发送者和接收者的角色。而且沟通的意义不在于达到绝对一致的意见，而在于对沟通信息的准确理解。

（四）动态调整性

沟通的情境具有动态性并需要沟通双方的相同理解。人际沟通是在一定场合中的信息沟通，特定的时间、地点、参与者、话题等因素构成了沟通的情境。人际沟通要受到情境的制约，人们往往根据时间、空间、双方关系等不同的情境来选择不同的话题，进行适当的沟通。

三、人际沟通的原则

（一）人际之间相互作用的沟通

1. 沟通的过程具有连贯性

当我们对某个人有着非常深入的了解时，我们会在过去对他了解的基础上对他将来的所作所为进行预测。例如，皮特和马克从小便在一起，皮特非常了解马克，因此皮特不需要去向马克询问，他就知道马克一定会去城里听歌剧，听歌剧只会坐在同一家剧院的同一个位子上，他知道马克的生活习惯是不会缺席任何一场新剧的演出。因此当他听说城里的剧院要演出新剧的时候，皮特直接购买了那个座位的票送给马克，因为皮特知道马克一定会去听的，他们从来都是一起去的。

在生活中初次见到某人时，我们会根据过去在脑海中留下的记忆形成的经验来对眼前的人进行初次评估，从而做出相应的反应，观察他的外表及长相；从他的穿着来对其职业进行猜测；甚至因为听到相熟的名字而对眼前某人的评价产生影响。

对将来的期待会影响你与他人的沟通。当你希望与某人的关系能够继续时，你会表达一些你的想法或者做出一些行为举止，用来确保你们之间的关系将会得到继续和保持。当你不想再与某人有任何瓜葛或者希望限制相互之间对彼此的影响时，你会更加倾向于公事公办的处理方式，以及将个人生活完全从你们的交集中剔除出去。

2. 参与沟通的过程是同步并且连续的

沟通的过程并不在于你是否发出声音从而寻求回应以及帮助，无论何时何地何种情形，你都参与到了信息的相互沟通中。例如，挑选衣物时举棋不定的眼神、略显慌乱和怀疑的表情都在向销售员表示出你的犹豫，你在寻找能够帮助你做决定的人。而销售员接收到了你的求助，他看见了你并向你走来，询问您是否需要他的帮助。当倾听意见的时候，可以通过词语以及肢体的动作表明你是否接受。

当销售员推荐其他款式和颜色的时候，你所想到的是整套衣物穿在身上的整体效果，朋友的评价、父母的看法以及是否会在路上和他人撞衫，等等。人在相当复杂的条件下不间断地进行着同步且连续的沟通。

> **小贴士** 将自己的热忱与经验融入谈话中，是打动人的速简方法，也是必然要件。如果你对自己的话不感兴趣，怎能期望他人感动？
>
> ——戴尔·卡耐基

3. 沟通中我们所扮演的不同角色

在沟通面前，所有的人都是角色的扮演者。例如，你扮演着女儿的角色，父母眼里的你乖巧懂事，循规蹈矩；在朋友眼里你幽默诙谐；在老师眼里你是他的学生，你可能认真上进；在老板眼里，你可能是优秀的员工，工作努力并且值得信赖和托付。

角色关系在相互沟通中并非是一成不变的，角色会因为周遭环境的变化而变化。但是，我们在沟通中所扮演的某些角色会对自身行为习惯产生一定的影响。

例如，杰克的职业是律师，这使他高效严格地要求自己的工作效率并且控制自己的言行。回到家后杰克是三个孩子的父亲，孩子非常了解他们的父亲，因此在家时，孩子们礼貌而规矩，很少打闹，否则便会有大麻烦。孩子有时甚至会躲开他们的父亲，这样的情况与家庭环境格格不入。

（二）人际之间文化上的沟通

文化是精神窗口，不仅仅只是物质所带来的不同，也不仅仅是地理位置所带来的不同，那些文化含义中所包含的因素组合成相互影响的方式，不断地对一个人的社会背景以及经济地位产生影响，它们明确了你的生活方式，形成了你的认知和观念。

明白了文化的含义，便很容易理解文化之间的沟通是十分必要的。当不相同的文化碰撞在一起的时候，其中产生出的大量的信息需要被双方成员进行修饰加工，最后能够达到相互尊重以及理解和包容，这时，跨文化沟通非常必要。

1. 认识并且理解自己的文化归属

如今我国绝大多数大学生成长在纯粹的东方家庭，也许偶尔能在街上遇见来自不同文化国度的人，基本上与他们没有过多的私人沟通。但是，随着社会的不断变化，科技不断地进步，我们拥有越来越多的机会接触其他文化。网络的世界使人之间的距离越来越小，我们可以通过电话、传真、电子邮件、互联网等媒介与整个世界进行联系。

在这样的情形下，你是否仍要采纳或者坚持自己原有的价值观以及生活方式？又或者你渴望另一种完全不同的生活方式，进入一种完全不同的生活环境，接受一种完全不同的宗教信仰，甚至你想要结交的朋友、更改的专业、渴慕的行业，这些决定都受到你的种族以及社会地位的影响，这些因素在不断地影响着你，决定着你的个人定位。

2. 正确地解决沟通的不信任问题和误解、错误问题

在跨文化沟通中，国家与国家之间因为历史的原因会形成不同的风俗习惯，当两种不同甚至可能相反的国家文化相互碰撞时，难免会出现沟通上的误解以及错误，这些误解和错误可能又造成了双方之间的不信任，起因都根源于相互之间的恐惧和无知。

在长时间的单文化环境中成长，我们并没有掌握了解多种文化的能力。想要拥有跨越文化障碍的沟通，我们必须拥有真诚、积极、开放的心去解决因误解和错误导致的不信任问题，这样便有助于建立一种从尊重、容忍、接受、改变直到信任的框架，只有通过对知识的理解才能获得信任。

3. 不断对自身文明的品质以及文化进行提升

想要真正了解外界的文化，首先要让自身具有良好的文化素养。在面对外来文化时，既不需要妄自菲薄，也不可以骄傲自大。正确而良好的沟通必须建立在相互尊重的基础上，因为尊重所以平等，因为平等所以信任。当你对展现在面前的新的文化有了独到的见解或者领悟到其中独有的智慧时，你的文明品质就有了相应的提升。

（三）人际之间道德上的沟通

诚实、令人欢喜和为他人着想的沟通就是道德上的沟通。想获得诚实的沟通，沟通者必须讲述真相；想获得令人欢喜的沟通，沟通者必须考虑到对方的情感；想获得成功的沟通，就必须尊重对方应得的利益。但是，在某些时候，诚实和令人欢喜的沟通是充满矛盾的。

例如，珍妮今天穿上了新买的那件昂贵的裙子，她问好朋友莉莉："我穿上好看吗？"即便这条裙子真的不适合她，莉莉同样认为不好看，也不应当直接告诉她。这种沟通被称为"善意的谎言"，即在不伤害另一方感情的基础上不告知或者换一种方式告知对方实情。

如果莉莉说"非常好看"，这便是撒谎；若是说"不好看"，会伤害对方的感情。这种情况下，也可以换一种方式告知珍妮，比如莉莉可以说："珍妮，你真的非常有眼光，裙子真不错，不过可能不太适合现在的你。"这样一来，既表达出了裙子并不适合珍妮，也没有因为撒谎而伤害朋友的感情。

四、坚持人际沟通原则的意义

古书《孙子兵法》有云：上兵伐交，中兵伐谋，下兵伐城。意思是，最上等的兵法是通过外交谈判来进攻，中等兵法是通过计谋来进攻，下等的兵法是动用武力占领城池的进攻。句子中的"交"指的便是国与国之间的外交，亦是国与国之间的谈判和沟通。

人际沟通的原则指引着我们用不同的生活习惯、待人处事的方法为自身在社会中开拓生存空间。正确有效地建立沟通有利于我们在人际沟通中规范自身的言谈举止，不断地对自身人格进行完善，更有利于我们对不同沟通对象进行正确的鉴别，寻找到适合自己的朋友，从而确定自己人生的道路。

第二节　人际沟通与人际关系

沟通是人与人之间的信息交流的过程，是人们获得他人思想、感情、见解、观点等的途径，是人与人进行交往的桥梁。从一般意义上说，沟通就是在社会交往中，人们借助一定的符号系统（语言、文字、图像、记号）、形体手势及物质环境传递、理解信息和情感的社会行为。

一、人际沟通与人际关系的关系

人际沟通研究的是人与人之间联系的形式和程序，人际关系则主要研究人与人在沟通基础上形成的社会和心理关系。人际沟通是人际交往的起点，是人际关系建立和发展的前提和基础，是建立人际关系的根本途径；人际关系是在人际沟通的过程中形成和发展起来的，离开了人际间的沟通行为，人际关系就不能建立和发展，所以人际关系又是人际沟通发展的结果。

人际关系的状况是由人际沟通的状况决定的，如果人们在思想感情上存在着广泛而持久的沟通联系，就标志着他们之间已经建立起了较为密切的人际关系。如果两个人在感情上对立，行为上疏远，平时缺乏沟通，则表明他们之间心理不相容，彼此间的关系紧张或一般。人际关系一旦确立，又会影响和制约着人际沟通的频率、发展和沟通态度。所以人际沟通又是人际关系在行为上的反映。

案例　　　**习近平讲故事：文艺是最好的交流方式**

随着人民生活水平不断提高，人民对包括文艺作品在内的文化产品的质量、品位、风格等的要求也更高了。文学、戏剧、电影、电视、音乐、舞蹈、美术、摄影、书法、曲艺、杂技以及民间文艺、群众文艺等各领域都要跟上时代发展、把握人民需求，以充沛的激情、生动的笔触、优美的旋律、感人的形象创作生产出人民喜闻乐见的优秀作品，让人民的精神文化生活不断迈上新台阶。

还有，国际社会对中国的关注度越来越高，他们想了解中国，想知道中国人的世界观、人生观、价值观，想知道中国人对自然、对世界、对历史、对未来的看法，想知道中国人的喜怒哀乐，想知道中国的历史传承、风俗习惯、民族特性，等等。

这些光靠正规的新闻发布、官方介绍是远远不够的，靠外国民众来中国亲自了解、亲身感受是很有限的。而文艺是最好的交流方式，在这方面可以发挥不可替代的作用，一部小说，一篇散文，一首诗，一幅画，一张照片，一部电影，一部电视剧，一曲音乐，都能给外国人了解中国提供一个独特的视角，都能以各自的魅力去吸引人、感染人、打动人。京剧、民乐、书法、国画等都是我国文化瑰宝，都是外国人了解中国的重要途径。

文艺工作者要讲好中国故事、传播好中国声音、阐发中国精神、展现中国风貌，让外国民众通过欣赏中国作家艺术家的作品来深化对中国的认识、增进对中国的了解。要向世界宣传推介我国优秀文化艺术，让国外民众在审美过程中感受魅力，加深对中华文化的认识和理解。——摘自习近平在文艺工作座谈会上的讲话

资料来源：http://cpc.people.com.cn/n1/2019/0718/c64094-31241341.html.2019-07.

二、人际沟通的主要障碍

（一）心理障碍

在影响人际关系的因素中，首要是心理因素，尤其是心理障碍的影响最大，最为直接。广泛意义上的心理障碍是指人们在生活和工作中出现的不正常的心理问题，这种心理的诱因可能是环境、经历、观念等，都不利于良好人际关系的建立与维护。

1. 忌妒心理障碍

忌妒是对人际关系危害最大的心理问题，常产生于条件相似的人们之间，比如年龄相同或相近，收入相同或相近。忌妒的内容涉及许多方面，只要两个人有可比较的地方，就可能产生忌妒之心。

仔细分析会发现，爱忌妒者通常都是以无能为基础的。因为自己无能，无法超过别人，也无法阻止别人超过自己，就会产生心理不平衡。为了掩盖自己的无能，为了防止别人讥笑自己的无能，把超过自己的别人拉下来往往是善妒者惯用的手段。

案例　　　　　　　　　　　　　　**什么是忌妒？**

《佛说大乘造像功德经》中，佛陀对忌妒作了详细的定义：

尔时天帝释白佛言："世尊！我今有疑，欲有所问：言忌妒者，云何是耶？"复作是言："世尊！若有众生，见他胜己，生如是念：'云何令我，获彼所得'——如是之心，

是忌妒不？"

佛言："不也。此是贪心，非为忌妒。天主，其忌妒者，自求名利，不欲他有，于有之人而生憎恚，是为忌妒。"佛说忌妒，就是自己想获得名利，而不愿意他人也拥有，对于已经拥有的人生愤恨心，称为忌妒。由此可见，忌妒的根源，无非在于自私自利的心态，也就是我执。

因此对一般人而言，只要减少对自我的执着，乃至对名利得失的计较，忌妒心自然就会减弱。而身为佛弟子者，对于忌妒的心理情绪，更要戒除，因为它包含着贪、嗔、痴，三者具足，无一不缺，其果报更是迅速明显，不能轻视。

资料来源：https://www.sohu.com/a/366774909_120491690.2020-01.

2. 自卑心理障碍

自卑是人们对自己的能力作出过低估计的心理感受，是一种消极的自我评价。如果一个人总是处于自卑的心理状态，就会影响学习、生活和工作，束缚自己的创造才能和聪明才智。自卑的人往往是因为自己出身贫寒，社会地位不高，生理有某种缺陷，如身材矮小、长相丑陋或智力平庸等。自卑感是阻碍一个人成功的不良因素，它会使人丧失信心、自我意识过强、不安和恐惧，最终会使一个人在发展的道路上走下坡路。

 老人与黑人小孩

一天，几个白人小孩正在公园玩。这时，一位卖氢气球的老人推着货车进了公园。白人小孩一窝蜂地跑了上去，每人买了一个气球，兴高采烈地追逐着放飞的气球跑开了。

白人小孩的身影消失后，一个黑人小孩才怯生生地走到老人的货车旁，用略带恳求的语气问道："您能卖给我一个气球吗？""当然可以，"老人慈祥地打量他，温和地说，"你想要什么颜色的？"黑人小孩鼓起勇气说："我要一个黑色的。"脸上写满沧桑的老人诧异地看了看这个黑人小孩，随即递给他一个黑色的气球。

黑人小孩开心地接过气球，小手一松，气球在微风中冉冉升起。老人一边看着上升的气球，一边用手轻轻拍了拍黑人小孩的后脑勺，说："记住，气球能够升起，不是因为颜色、形状，而是气球内充满了氢气；一个人的成败，不是因为种族、出身，关键是你的心中有没有自信。"

案例解析：

俗话说：这个世界是由自信心创造出来的。充分的自信和坚忍不拔的意志，是事业取得成功的一个重要条件。

资料来源：http://ishare.iask.sina.com.cn/f/735uiZkknLp.html.2019-01.

3. 恐惧心理障碍

恐惧心理是个人在面临困境并试图摆脱但又无能为力时所产生的情感体验。人际恐惧是指在与人交往时出现的带有恐惧色彩的情感反应，如紧张、手足无措、出冷汗、声音战栗、身体发抖等。这些反应体现在交往情境中，表现为情不自禁地紧张、不安与恐惧，明显影响正常交往。具有恐惧心理的人，会竭力避免参加公共活动，回避与他人的交往，严重的会与他人隔离，与外界隔离，把自己封闭起来。

小贴士 ☺

表 1-1　焦虑自评表

评 定 项 目	很少有	有时有	大部分时间有	绝大多数时间有
1. 我感到比往常更加精神过敏和焦虑	1	2	3	4
2. 我无缘无故感到担心	1	2	3	4
3. 我容易心烦意乱或感到恐慌	1	2	3	4
4. 我感到我的身体好像被分成几块，支离破碎	1	2	2	4
5. 我感到事事都很顺利，不会有倒霉的事情发生	4	3	3	1
6. 我的四肢抖动和颤抖	1	2	3	4
7. 我因头痛、颈痛和背痛而烦恼	1	2	3	4
8. 我感到无力而且容易疲劳	1	2	3	4
9. 我感到平静，能安静坐下来	4	3	2	1
10. 我感到我的心跳较快	1	2	3	4
11. 我因阵阵的眩晕而不舒服	1	2	3	4
12. 我有阵阵要昏倒的感觉	1	2	3	4
13. 我呼吸时进气和呼气都不费力	4	3	2	1
14. 我的手指和脚趾感到麻木和刺痛	1	2	3	4
15. 我因胃痛和消化不良而苦恼	1	2	3	4
16. 我必须时常去卫生间	1	2	3	4
17. 我的手总是温暖而干燥	4	3	2	1
18. 我觉得脸发烧发红	1	2	3	4
19. 我容易入睡，晚上休息很好	4	3	2	1
20. 我做噩梦	1	2	3	4

　　评定采用 1～4 分制计分，评定时间为过去一周内。把各题的得分相加为粗分，粗分乘以 1.25，四舍五入取整数即得到标准分，临界值为 50 分，分值越高，焦虑倾向越明显。

（二）文化习俗障碍

　　不同国家、民族和地区由于历史的积淀形成各具特色的文化风貌和风俗习惯，为沟通设置了一些障碍，为了克服这些障碍，就要在沟通前对沟通对象的文化特征和风俗习惯有所了解，从而在沟通中避免触犯对方的禁忌。

1. 价值观与沟通障碍

价值观是人们对社会生活中对各种事物的基本态度、评价和看法，价值观不同的人在进行沟通时会存在着难以逾越的障碍。不同的文化背景下，人们的价值观差别是很大的。

案例

什么是"君子"？什么是"骑士"？

中西方在很多方面都存在着文化差异，这种文化差异主要是因为中西方的人所秉持的理念与操守不同，而不同的理念操守又因文化差异得以分化。现在，我们将以东方人的操守准则中的"君子"与西方道德理念中的"骑士"相比较并推论，得到东西方的人格文化差异。

在君子恭谨文化的影响下，人们养成了谦虚、谨慎、忍让的美德。东方人内心情感比较含蓄，力图做到"喜怒不形于色"的境界。而在骑士浪漫文化的影响下，西方人大都喜欢直抒胸臆，因此看待东方人时总觉得他们太委婉太含蓄。在做事方面，东方人宁肯速度慢一些，也要从根源上解决问题，而中医正是东方理事方式的一个代表。西方在骑士精神的影响下讲求立竿见影、药到病除，这也是中西方人格的一个重要的差异。

资料来源：https://baijiahao.baidu.com/s?id=1654889476927810150&wfr=spider&for=pc.2020-01.

2. 礼节习俗与沟通障碍

习俗是世代相传的一种风尚，一个国家或地区的习俗一旦形成，它会在饮食、服饰、居住、信仰、节日、人际关系等方面都表现出独特性。中西方交际的差异，主要是因为文化习俗的不同。中国人遵循儒家文化，谦虚是美德，不主张炫耀个人荣誉。而西方文化崇拜个人奋斗，尤其为个人取得成绩而自豪，从来不掩饰自己的自信心，荣誉感以及获得成就后的狂喜。

3. 审美习俗与沟通障碍

审美观通常指人们对事物的好坏、美丑、善恶的评价。不同的国家、民族、宗教、阶层和个人，往往因社会文化背景不同，其审美标准也不尽一致。有的以"胖"为美，有的则以"瘦"为美；有的以"高"为美，有的则以"矮"为美；有的以白为美，有的则以黑为美，不一而足。

（三）语言障碍

语言文字是人类交流的工具，它是文化的核心组成部分之一。不同国家、不同民族往往都有自己独特的语言文字，即使同一国家，也可能有多种不同的语言文字。有时，即使语言文字相同，表达的内容和交流的方式也可能是不同的。

案例 **中非合作论坛中外记者怎么交流？背后神助攻原来是它**

在中非合作论坛中，为了方便记者们的沟通交流，主办方提供了先进的翻译机器人，为中非合作论坛保驾护航。

"I want to eat Beijing roast duck." "我想吃北京烤鸭"……这本该出现在外语教学课堂上的场景，却出现在中非合作论坛上。

2018 年 9 月 3 日，为期两天的 2018 年中非合作论坛北京峰会正式举行，主办方特别设置了总面积约 8300 平方米的新闻中心，为境内外记者提供科技感十足的智能服务。其中，具有最萌"体型差"的百度共享 WiFi 翻译机和小度机器人成为了全场焦点，"体型小巧"的百度共享 WiFi 翻译机为各国记者提供了精准到位、媲美真人的翻译服务，"体型壮硕"的小度则为他们提供了导航、功能介绍、业务宣传等服务。

资料来源：https://baijiahao.baidu.com/s?id=1610641913716005829&wfr.2018-09-04.

（四）人为障碍

1. 高高在上

在人际沟通中，一些社会地位、工作职位、收入、学历层次等方面较高者，在与下层群体沟通的时候，最容易犯的毛病就是高高在上。本来上司和下级之间就存在地位、身份上的不平等，有些做上司的还有意无意地扩大这种不平等的效应，导致下属在上司面前唯唯诺诺，有话不敢讲，影响了上下级的顺畅沟通。

2. 自以为是

对待一个问题，自己已经有了一定的想法和见解，这时候就很容易关上自己的心门，不愿意甚至拒绝接受别人的意见。要知道正确与错误都是相对的，当我们以宽阔的胸怀、谦虚的心态对待他人的建议时，肯定会有意想不到的收获。

3. 先入为主

先入为主是偏见思维模式造成的。沟通的一方如果对另一方有成见，顺利沟通就无法实现。比如你对一个人的能力产生怀疑，即使这个人有一个很不错的想法，你可能也不会接受。

4. 不善于倾听

倾听是沟通过程中最重要的环节之一，良好的倾听是高效沟通的开始。倾听不仅需要具有真诚的同理心的心态，还应该具备一定的倾听技巧。居高临下，好为人师；自以为是，推己及人；环境干扰，无心倾听；打断对方，变听为说；刨根问底，打探隐私；虚情假意，施舍恩赐等都是影响倾听的不良习惯，应该注意避免。

5. 缺乏反馈

反馈是沟通的过程中或沟通结束时的一个关键环节，不少人在沟通过程中不注意、不重视甚至完全忽略反馈，结果沟通效果打了折扣。不少人在沟通中都以为对方听懂了自己的意思，可是实际操作过程中却发现与自己原来的意思大相径庭。其实，在双方沟通时，多问一句："您说的是不是这个意思……""请您再说一下，好吗？"问题自然就解决了。

跟习近平学与群众沟通的技巧

　　群众利益无小事，一枝一叶总关情。习近平总书记指出："在我们前进的道路上有许多困难和问题，究竟从哪里入手去解决问题，依靠什么去战胜困难？从不同的角度可以谈出不同的思路和方法来。但根本的一条，就是要发动群众，依靠群众。"党员干部如何发动群众，依靠群众？看习近平总书记怎样说与做。

　　主动上门，拉家常了解民情民意

　　地处四川西南部的凉山彝族自治州，由于自然条件差和发展相对不足，该州是全国集中连片深度贫困地区之一。习近平十分惦记这里的群众。2018年2月11日上午，习近平乘车沿着坡急沟深的盘山公路，往返4个多小时，深入大凉山腹地的昭觉县三岔河乡三河村和解放乡火普村看望贫困群众。

　　2018年2月11日上午，习近平在凉山彝族自治州昭觉县三岔河乡三河村贫困户节列俄阿木家中看望。

　　在村民节列俄阿木家，习近平同村民代表、驻村扶贫工作队员围坐在火塘边，一起分析当地贫困发生的原因，谋划精准脱贫之策。

　　习近平饱含深情地说，我一直牵挂着彝族群众，很高兴来到这里，看到大家日子一天天好起来，心里十分欣慰。他强调，发展特色产业、长期稳定致富，都需要人才。要培养本地人才，引导广大村民学文化、学技能，提高本领，还要移风易俗，通过辛勤劳动脱贫致富。

　　去掉官气，将上访改下访

　　1988年12月20日，福建省霞浦县委党校里人来人往，宁德地区领导第一个下访接待日在这里举行。时任地委书记的习近平及地直有关部门负责同志，同霞浦县领导一起接待来访群众。

　　习近平的第一个接待对象是县公交公司职工舒穗英。由于县对台部在其房屋旁边的河边建房，导致河道淤积，9月间的一场洪水冲进舒穗英家中，冲走了粮食和部分财产。为此，她写信给地区领导反映情况，要求县对台部负责清理河道，并赔偿经济损失。

　　"没有想到，习书记会这么快主动找到我。"现年已68岁的舒穗英提起当时的情景，依然记忆犹新。在接访现场，习近平详细了解情况后，便同地县有关领导到舒穗英家察看，并提出处理意见。

　　当天的总结会上，习近平说，我们工作目的是为人民服务，不仅要对上面负责，而且要对群众负责，为人民做主。他要求："在新形势下，各级领导必须放下架子，打掉官气，主动上门，把信访工作做到基层，把党的关怀和政府的济助送进普通群众的家庭。"他改上访为下访，畅通了群众表达合理诉求的渠道。

　　说朴实、亲切的大白话

　　从梁家河知青开始，历经村支书、县委书记、地委书记……丰富的基层工作经历，使习近平对基层情况十分了解，在与老百姓面对面交流时，他善用聊天式、谈心式的语气打开群众心扉，让群众说出心里话。

这里我很熟悉，当年下乡就骑自行车来。今天就是来听大家的，看看乡亲们，接接地气，充充电。

——2013年7月11日，习近平看望河北省正定县塔元庄村村民时的开场白

厕改是改善农村卫生条件、提高群众生活质量的一项重要工作，在新农村建设中具有标志性，可以说小厕所，大民生。

——2014年12月13日，习近平在与江苏镇江永茂圩自然村村民交流时说

中国有13亿人口，要靠我们自己稳住粮食生产。粮食也要打出品牌，这样价格好、效益好。祝乡亲们大丰收。

——2015年7月16日，习近平在与吉林延边朝鲜族自治州和龙市东城镇光东村村民交流时说

是人民当家作主，我们是人民的勤务员，帮你们跑事的。

——2016年2月2日，习近平在江西调研时指出

你们的幸福生活还长着呢，希望你们健康长寿。

——2016年8月22日，习近平在与青海格尔木唐古拉山镇长江源村村民交流时说

资料来源：党建网微平台 http://www.chinanews.com/gn/2018/06-03/8529213.shtml.2018-06.

第三节　社交礼仪与人际关系的构建

礼仪是指在人际交往中，以规定的或约定俗成的程序、方式来表现律己敬人的完整行为。在人们的日常交往中，与礼有关的词最常见的是：礼仪、礼貌、礼节。在大多数情况下，它们被视为一体，混合使用。其实从内涵上看，三者的含义是既有区别又有联系的。

一、礼仪的内容

礼仪的内容由四个基本要素构成：

（一）主体

主体指礼仪活动的操作者和实施者。它既可以是个人，也可以是组织。当礼仪活动规模较小、较为简单时，其主体通常是个人。当礼仪活动规模较大、较为复杂时，其主体通常是组织。没有礼仪主体，礼仪活动就不可能进行。

（二）客体

客体又叫礼仪的对象，指礼仪活动的具体指向者和承受者。没有礼仪客体，礼仪就失去了对象，就不成其为礼仪。

（三）媒体

媒体指礼仪活动所依托的一定的媒介。具体由人体礼仪媒体、物体礼仪媒体、事体礼仪等构成。在具体操作礼仪时，这些不同的礼仪媒体往往是交叉、配合使用的。

（四）环境

环境指礼仪活动得以进行的特定的时空条件。它可以分为礼仪的自然环境和社会环境。礼仪的环境制约着礼仪的实施，也决定着礼仪的方法。

二、礼仪的基本特征

（一）规范性

礼仪就是人们在交际场合待人接物时必须遵守的行为规范。这种规范不仅约束着人们在一切交际场合的言谈举止，使之合乎礼仪；而且也是人们在一切交际场合必须采用的一种"通用语言"，是衡量他人、判断自己是否自律敬人的一种态度。总之，礼仪是约定俗成的一种自尊、敬人的惯用形式。

（二）限定性

礼仪主要使用于交际场合，适用于一般的人际交往与应酬。在这个特定的情况下，礼仪肯定行之有效。离开了这个特定范围，礼仪则未必适用。礼仪并不是放之四海而皆准的规则，在非交际场合礼仪可能就行不通，如战争、政治角逐等。一般来说适合应用礼仪的主要是初次交往、因公交往、对外交往等交际场合。

（三）操作性

礼仪实用可行，规则简明，易学易会，便于操作。它不是纸上谈兵、故弄玄虚，而是落到实处的方法、规则。可以广泛地运用于人们的交际实践中。容易操作是礼仪的第一要旨。

（四）传承性

任何国家的礼仪都具有自己的民族特色，都有本民族既往礼仪成果的传承、扬弃。一种礼仪一旦形成后，便会有一个相对的延伸期，被一代一代地传承下去，只有在人们的观念更新后，旧礼仪才会被新礼仪所取代。

（五）时效性

礼仪也是社会发展的产物，具有鲜明的时代特点。当社会交际活动出现新特点、新问题的时候，就要求礼仪有所变化，有所进步，推陈出新，与时代同步。如我国摒弃了显示人的尊卑的跪拜等礼仪。现在随着世界经济的国际化，各国礼仪也在相互影响和渗透。

三、社交礼仪与人际关系的构建

在人际交往中，礼仪往往是衡量一个人文明程度的准绳。它不仅反映一个人的交际技巧与应变能力，而且还反映一个人的气质风度、阅历见识、精神风貌。学习礼仪，运用礼仪，将有利于人们更规范地设计、维护自己的形象，更充分地展示自己的良好教养与优雅风度，一个有良好教养的人更容易构建自己稳定的人际关系网。

（一）懂礼提升魅力

在人际交往中，每一个人都在不断扩大自己的社交圈，经常与陌生人见面打交道，交往最初印象的好坏，取决于你的亮相，怎样亮相，给对方一个什么样的第一印象，对于今后能否继续交往下去，有着十分重要的意义。心理学家研究表明，人们常以对他人的第一印象，来对他的学识、涵养、性格等进行评价，对此人以后的行为进行推测。第一印象一旦形成，要想改变很难。一个成功的人士往往都特别注意在他人面前塑造良好的第一印象。社交礼仪是塑造良好第一印象的重要工具。

案例　　　　　**求职时有才更要有"礼"**

26岁的安娜去年研究生毕业，开始了自己的求职生涯。

安娜出生在太原一个知识分子家庭，人漂亮，性格开朗，学历又高，按照常理，找到一份不错的工作，应该不是难事。可是，一年过去了，面试的几家公司都没有录用她，安娜的父母、朋友有些想不通。

安娜最近一次求职，是去省城一家高档购物中心面试楼层主管，当时主考官问她对时尚的认识，安娜回答："你们难道没有看到吗？眼前的我就是时尚。作为'80后'的代表，我从头到脚的着装就代表着一种时尚。像你们每天在这座大厦里的人，看到我的气质就应该一下子拍板，认定我就是最适合在这里工作的时尚达人，怎么还会问我对时尚的认识呢？"

据安娜说，当时其他面试者有许多问题，还有许多现场演示。但她想不通，为什么自己只回答了一个问题以后，就被请出去了。

事后，经过了解，曾经面试安娜的主考官说出了事情的原委："姑娘漂亮、洋气、学历又高，说实话，当时看她简历的时候，我们人事部几个人都相当看好。可见了人以后，才发现说话实在太冲，过于自信有时候就是自负。首先，她对面试的前辈们没有礼貌，一些该有的礼节问候都没有。再有，也不应该锋芒毕露，低调谦虚才是一个职场新人让大家喜欢且容易接受的品质。"

案例解析：

安娜终于明白了自己失败的原因，她自身条件是不错，可就是太高调、太傲慢，也不太懂得去和比自己资历深的前辈们融洽相处。回忆起当时应聘的场景，她说："可能从小优越惯了，觉得眼里的一切都应该是自己能驾驭的，但却忽略了自己是一个新人，自己是来求职的。以后，再有面试的机会，一定不能错过了。"

现在很多企业招人不仅是看个人才华了，素质也是很重要的。所以，求职者要注意提升自己的素质，切勿忘记礼节。

资料来源：http://www.yiwu.com.cn/article-19026-1.html.2019-11.

（二）懂礼赢得朋友

在社交场合彬彬有礼的人会给人留下良好的印象，往往会赢得新的朋友。相应地，在与朋友的交往中，你的一次失礼，如一次谎言、一个拳头、一句刺耳的话、一种蔑视的表情、一个失礼的动作等，就可能导致友谊的中断。对人亲切、温和、风趣、优雅，在赢得朋友方面是有优势的。

案例 ## 礼仪文化助推新时代社会治理格局建构

礼仪文化是社会生活中行为的伦理准则，有利于为人和社会的发展提供强大的精神力量和丰润的道德滋养。《新时代公民道德建设实施纲要》指出："开展必要的礼仪、礼节、礼貌活动，对规范人们的言行举止，有着重要的作用。要引导公民增强礼仪、礼节、礼貌意识，不断提高自身道德修养。"

党的十九届四中全会指出："全面实现国家治理体系和治理能力现代化，使中国特色社会主义制度更加巩固、优越性充分展现。"在新时代，以礼仪文化建设从共建共治共享三个方面推动社会治理的进一步完善发展，将极大助推新时代社会治理格局建构。

资料来源：http://www.cssn.cn/shx/shx_whshx/202001/t20200115_5077487.shtml?COLLCC=3421468988. 2020-01.

（三）懂礼提高竞争力

在现代市场经济中，人与人之间的竞争不仅是学历的竞争，更是素养的竞争，文明举止的竞争。在任何国家、任何企业、任何一个社区，讲究礼仪的人往往会有更多的发展机会。

课 后 练 习

1. 简述人际沟通的特点。
2. 简述人际沟通的主要障碍。

实 践 课 堂

1. 汽车销售实战模拟

现在有一款新上市的白云牌小轿车，假如你是一名汽车销售人员，需要你与客户沟通，请你设计一个具体方案，使客户接受你的建议，购买这款轿车。

提示：可以把沟通的过程通过小品或者短剧等形式进行演示。

请各小组进行讨论、演习，并选取小组上台演示。

2. "听与说"游戏

分组进行游戏，六个人一组，分别扮演以下角色：

角色分配：

（1）孕妇：怀胎八月

（2）发明家：正在研究新能源（可再生、无污染）汽车

（3）医学家：长年研究艾滋病的治疗方案，已取得突破性进展

（4）宇航员：即将远征火星，寻找适合人类居住的新星球

（5）生态学家：负责热带雨林抢救工作组

（6）流浪汉

游戏背景：私人飞机坠落在荒岛上，只有6人存活。这时逃生工具只有一个只能容纳一人的橡皮气球吊篮，没有水和食物。

游戏方法：针对由谁乘坐气球先行离岛的问题，各自陈述理由。先复述前一人的理由再申述自己的理由。最后，由大家根据复述别人逃生理由完整与陈述自身理由充分的人，自行决定可先行离岛的人。

游戏说明的道理：

1. 认真聆听别人的话，记住别人的想法，这样别人才会相信你，才会让你去求救。由此可见，聆听非常重要。

2. 根据学员的表现评价：好的表达／坏的表达。

拓 展 阅 读

王岚是一个典型的北方姑娘，从她身上可以明显地感受到北方人的热情和直率。她喜欢坦诚，有什么说什么，总是愿意把自己的想法说出来和大家一起讨论，正是因为这个特点，她在上学期间很受老师和同学的欢迎。今年，王岚从西安某大学的人力资源管

理专业毕业了。她认为，经过四年的学习，自己不但掌握了扎实的人力资源管理专业知识，而且具备了较强的人际沟通技能，因此她对自己的未来期望很高。为了实现自己的梦想，她毅然只身去广州求职。

经过将近一个月的反复投简历和面试，在权衡了多种因素的情况下，王岚最终选定了东莞市一家研究、生产食品添加剂的公司。她之所以选择这家公司是因为该公司规模适中、发展速度很快，最重要的是该公司的人力资源管理工作还处于尝试阶段，如果王岚加入，她将是人力资源部的第一个人，她认为自己施展能力的空间很大。

但是到公司实习一个星期后，王岚就陷入了困境。

原来该公司是一个典型的小型家族企业，企业中的关键职位基本上都由老板的亲属担任，其中充满了各种裙带关系。尤其是老板给王岚安排了他的大儿子做临时上级，而这个人主要负责公司的研发工作，根本没有管理理念，更不用说人力资源管理理念了。在他的眼里，只有技术最重要，公司只要能赚钱，其他的一切都无所谓。但是王岚认为，越是这样就越有自己发挥能力的空间，因此在到公司的第五天，王岚就拿着自己的建议书走向了直接上级的办公室。

"王经理，我到公司已经快一个星期了，我有一些想法想和您谈谈，您有时间吗？"王岚走到经理办公桌前说。"来来来，小王，本来早就应该和你谈谈了，只是最近一直扎在实验室里，就把这件事忘了。"

"王经理，对于一个企业尤其是处于上升阶段的企业来说，要持续发展，必须在管理上下功夫。我来公司已经快一个星期了，据我目前对公司的了解，我认为公司主要的问题在于职责界定不清；雇员的自主权力太小，致使员工觉得公司对他们缺乏信任；员工薪酬结构和水平随意性较强，缺乏科学合理的基础，因此薪酬的公平性和激励性都较低。"王岚按照自己事先所列的提纲开始逐条向王经理叙述。

王经理微微皱了一下眉头说："你说的这些问题我们公司也确实存在，但是你必须承认一个事实：我们公司在赢利，这就说明我们公司目前实行的体制有它的合理性。"

"可是，眼前的发展并不等于将来也可以发展，许多家族企业都是败在管理上。"

"好了，那你有具体方案吗？"

"目前还没有，这些还只是我的一点想法而已，但是如果得到了您的支持，我想方案只是时间问题。""那你先回去做方案，把你的材料放这儿，我先看看然后给你答复。"说完王经理的注意力又回到了研究报告上。

王岚此时感受到了不被认可的失落，她似乎已经预测到了自己第一次提建议的结局。果然，王岚的建议书如石沉大海，王经理好像完全不记得建议书的事。王岚陷入了困惑之中，她不知道自己是应该继续和上级沟通还是干脆放弃这份工作，另找一个发展空间。

资料来源：http://ishare.iask.sina.com.cn/f/33j4UugJLQD.html.2017-10-15.

点　评

沟通是一个互动的过程，实现建设性沟通需要沟通双方的共同努力。本案例中，沟通双方可以在以下几个方面做出改进。

1. 王岚应做出的改进：

（1）在沟通之前做好信息准备工作

这些信息包括公司中的各种裙带关系和家族成员间的利害关系；公司以前是否有人提出过改革建议，结果如何；了解直接上级的性格和脾性以及他在公司中的地位和影响力；公司中存在的可以说明问题严重性的各种事实。

（2）事先提出解决问题的草案

比起听下级挑毛病，上级更希望下级拿出解决问题的具体方案，而不仅仅是指出问题所在。

第二章
语言沟通的社交礼仪

学习要点与目标

1. 了解语言沟通的形式，掌握有效的语言表达技巧；
2. 了解称呼礼仪的内容，掌握交谈礼仪规范。

引导案例

无障碍语言交流拉近国家距离

一个普通的工作日，在中国国际航空公司孟买营业部的产品推介会上，印度员工王赫拉熟练地用印地语和中文穿插着向中印企业代表介绍公司的主要航线、机型特点及增值服务，与现场听众进行着无障碍交流。

27岁的赫拉·桑戈尼是土生土长的孟买姑娘。由于着迷中国文化，2016年她开始学习中文，并在一年后成功地申请到了中国政府提供的奖学金，到北京第二外国语学院学习一年。自那以后，她便有了个中文名字——王赫拉。

在中国的留学经历开阔了王赫拉的眼界，并给她的人生带来了很多变化。归国后，凭着对中国文化的了解、多种语言优势以及较强的临场应变能力，王赫拉成功地加入中国国航孟买营业部。

她说："当初选择学习中文，是因为对方块汉字和中国文化感兴趣；后来选择加入中国国航，是因为这是唯一直飞北京—孟买的航空公司，我希望利用这个平台更好地服务中印交流。"今年以来，结合印度市场特点，中国国航在孟买开展了多个中印文化主题交流活动。凭借着语言优势以及对两国文化的了解，王赫拉经常在活动中发挥着穿针引线的桥梁作用。

"按照印度习俗，和我同龄的一些人早已结婚生子。但我从出国留学到加入中国国航，变得越来越独立自主，稳定的收入让我不但能够照顾父母，还能资助弟弟接受更好的教育。这些都让周围的人刮目相看。"王赫拉说，"在中国，家长教育孩子常常用'别人家的孩子'做榜样。在这里，我一不小心也成了邻居眼里'别人家的孩子'。"

凭借中国国航架起的"空中丝路"，王赫拉更加近距离地感受到中印两国多层次交往的日益深入。相关数据显示，2018 年，中国国航北京——孟买航线运送旅客近 9 万人，2019 年上半年客运收入同比增长 13%。

王赫拉说，随着两国各方面交流的增多，语言学习会越来越流行。而为了让更多人更好地了解中国，她开始利用业余时间教身边的人学中文。

王赫拉说："一旦语言交流不再成为障碍，两个国家的距离将会拉得更近。"

资料来源：https://baijiahao.baidu.com/s?id=1647022495961233697&wfr=spider&for=pc.2019-10.

第一节　语言沟通的形式

根据沟通所借用的媒介的不同，可划分为语言沟通与非语言沟通。语言沟通是指以语词符号为载体实现的沟通，主要包括口头沟通、书面沟通等。

一、口头沟通

口头沟通是指借助语言进行的信息传递与交流，口头沟通的形式很多，如面对面交谈、电话、会议、广播、对话、讨论，等等。口头沟通最大的优点是快速、简便和即时反馈。在这种沟通方式下，信息可以直截了当快速传递并当场得到对方的反应，若有疑问或曲解，当即澄清。当然，口头沟通也有其缺陷，如信息以口头方式经过多层传递后，会出现信息的衰减和失真。

表 2-1　该 怎 样 说

遇事的说法	多与少的效果
急事，慢慢地说； 大事，清楚地说； 小事，幽默地说； 没把握的事，谨慎地说； 没发生的事，不要胡说； 做不到的事，别乱说； 伤害人的事，不能说； 讨厌的事，对事不对人地说； 开心的事，看场合说； 伤心的事，不要见人就说； 别人的事，小心地说； 自己的事，听听自己的心怎么说； 现在的事，做了再说； 未来的事，未来再说。	少说抱怨的话，抱怨带来记恨； 少说讽刺的话，讽刺显得轻视； 少说拒绝的话，拒绝形成对立； 少说命令的话，命令只是接受； 少说批评的话，批评产生阻力； 多说宽容的话，宽容乃是智者； 多说尊重的话，尊重增加理解； 多说关怀的话，关怀获得友谊； 多说商量的话，商量才是领导； 多说鼓励的话，鼓励发挥力量。

案例 15% 的本科生自认口头沟通能力不及格

——大学生"软技能"掌握如何？

2018 年 5 月，清华大学宣布在 2018 级新生中开设"写作与沟通"必修课程，并计划到 2020 年覆盖学校所有本科生，力争面向研究生提供课程和指导。消息一经报道，引发网友热议，一些网友甚至呼吁在全国高校推广。

大量网友对此举力挺的背后是他们对大学生写作与沟通类能力不足的担忧。今天的大学毕业生对此类职场"软技能"的掌握情况与雇主的要求到底有多大差距？更好的沟通能力真的有助于更好的职场发展吗？

麦可思研究院研究分析了中国 2013—2017 届本科生在毕业半年后时认为写作与沟通类能力的重要度和满足度。数据显示，"有效的口头沟通"重要度始终保持在较高的水平，在 2013—2016 届始终排在写作与沟通类能力的第一位；2017 届虽位列第二，为 71%，但仅比第一位的"积极聆听"低 1 个百分点。在"双一流"院校毕业生眼中，"有效的口头沟通"能力也始终保持着超高的"人气"，其重要度在 2017 届高达 79%。

但需特别注意的是，"有效的口头沟通"能力的满足度五年间一直处在相对较低的水平，2017 届为 85%，与"针对性写作"并列写作与沟通类能力的最后一位。换言之，有 15% 的本科生毕业时认为自己的口头沟通能力并不能达到雇主要求，"双一流"院校毕业生的该比例为 16%。

资料来源：http://m.sohu.com/a/305115396_121294.2019-04.

二、书面沟通

书面沟通是指借助文字进行的信息传递与交流。书面沟通是比较正规的沟通形式，包括备忘录、协议书、信函、布告、通知、报刊、文件等以书面文字或符号进行信息传递的形式。书面沟通的优点是有形有据、可保存、可核对。书面语言在正式发表之前，可以反复琢磨修改，因此，一般比较周密、逻辑性强，较好地表达了作者所要表述的信息。

书面沟通也有自己的缺陷，主要是耗费较多的时间和不能即时反馈，而且在相同的时间内，口头要比书面所传达的信息多得多。除此之外，口头沟通可以当场核实对方对信息的理解是否符合发言者的原意，但书面沟通做不到这一点。

案例 职场中：书面沟通的"构思 3C 原则"使文章读起来更为亲切

任何公文写作或其他形式的写作都需要认真的构思和加工。以下原则可以指导我们减少错误，让自己的文字成为加大晋升机会的法宝。想清楚要传达的信息之后，就要按照正式写作的要求去做加工整理。在此阶段，要谨记有效沟通的 3C 原则，我们写的任何东西都要符合该原则：

清楚（Clear）——易读、易懂。

完整（Complete）——想要传递的信息要表达完全、不遗漏。

简洁（Concise）——简短、切题。

例如，我们正在写一篇关于订单状态的备忘录，那就要写出订单号、下单日期、产品细节以及其他相关信息。内容要有针对性，不要牵扯无关细节，以免影响读者的阅读。把计划写下来，是实施它的第一步。优秀的商务写作要求是越清晰越好。写作时应避免使用繁复的句式或华丽的措辞，文章尽可能简短。在强调重点时可以采取以下方法：加粗标题，每个次级论点分占一段。

用不同的字体强调重点。纸质形式可以用光笔标注重点；电子版形式可以添加背景颜色或选择不同的字体、颜色加以突出。使用图形、图表或其他视觉辅助方式加强文字表达的效果。反复校对，文如其人。所以即使我们在校对时已经检查过文章，也还是应当重读几遍，保证零错误。办公软件的文字处理程序中有拼写检查功能，可以找出错别字或错误的拼写，这对我们有很大帮助，但它不能确保万无一失。因为当我们把"实践"错打成"事件"的时候，这个检查功能是无法将其辨别出来的。

要想保证文章当中不出现错误和疏漏，一个很好的方法就是大声朗读文章。这个方法可以帮助找出眼睛看不出的错误。风格无须过于正式，以前我们的商务信函读起来都是这样的："据当日通话之承诺，随发送整月完成工作之发票。"听起来挺傻的，不是吗？这样的风格实在生硬。虽然现在我们已经不再这么写了，但是有时我们在信函中使用的语言还是过于正式。很多人认为我们在书写的时候应当比口头表达更正式一些，所以就在商务信函中使用正式的语言。事实上，这种风格会让对方感觉不自然、不真诚。

资料来源：https://baijiahao.baidu.com/s?id=1627334005374392482&wfr=spider&for=pc.2019-03.

三、电子邮件沟通

电子邮件沟通是一种最经济的沟通方式，沟通的时间一般不长，并且不受场地的限制，因此被广泛采用，这种方式一般在解决较简单的问题或互相知会一些信息时采用。电子邮件沟通不像电话沟通能够得到及时回馈，但是具有广泛传播性，通过互联网这个快速传播信息的平台，写在电子邮件里面的内容可以在很短的时间内让很多人看到。

此外，电子邮件虽然与传统的纸质文件的载体不同，但它也是书面的，也具有法律效力。

电子邮件沟通时要注意邮件主题应当精确和适当，不要发送无主题和无意义主题的电子邮件，也不要随意转发电子邮件。在给不认识的人发送邮件时，请介绍一下自己的详细信息，或在签名中注明自己的身份，没有人愿意和不明底细的人讨论问题。如果对方公布了自己的工作邮件，那么工作上的联系请不要发送到对方的私人信箱，没有人愿意在和朋友们联系的信箱中看到工作问题。

表 2-2　各种沟通方式比较

沟通方式	形　式	优　点	缺　点
口头	交谈、讲座、讨论会、电话	快速传递、快速反馈、信息量很大	传递中经过层次越多信息失真越严重、核实越困难
书面	报告、备忘录、信件、内部期刊、布告	持久、有形、可以核实	效率低、缺乏反馈
电子邮件	电子邮件	信息容量大、可同时传递给多人、廉价	看不见表情
非语言	表情、目光体态、语调	信息意义十分明确，内涵丰富，含义隐含灵活	传递距离有限，界限模糊，只能意会不能言传

第二节　语言沟通的称呼

　　称呼是给人的第一印象，是语言沟通的"敲门砖"。称呼使用得当与否，决定社交活动是否能够成功。人际交往中礼貌当先，与人语言沟通时称谓当先。使用称呼应当谨慎，稍有差错就容易贻笑于人。

 英媒：阿奇的称呼暗藏玄机

梅根早已筹谋"脱离"，只在等待时机

　　最近英国哈里王子（Prince Harry）和梅根"辞去王室高级成员"的风波几乎天天占据各种热搜，社会各界议论纷纷，有支持有反对，其实这场大风波的到来早有端倪。1 月14 日《每日邮报》报道称，据英国王室杂志的总编辑乔·利特尔（Joe Little）透露，当哈里和梅根决定不给儿子邓巴顿伯爵（Earl of Dumbarton）称号的时候，就暗示了他们"有其他长远的计划"，准备脱离王室高级成员的身份束缚。

　　作为女王的孙子，查尔斯王储的儿子，哈里王子在大婚时被女王赐予了诸多封号，他自己被称为萨塞克斯公爵（Duke of Sussex），同时还拥有邓巴顿伯爵（Earl of Dumbarton）和基尔基尔男爵（Baron of Kilkeel）称号。按照王室规则，哈里的长子可以使用邓巴顿伯爵的称号，然而，哈里和梅根并没有这么做，他们只是将儿子叫作阿奇·哈里森·蒙巴顿—温莎少爷（Master Archie Harrison Mountbatten-Windsor），完全没有用王室头衔称呼过阿奇。

　　除此以外，哈里和梅根这对王室最"叛逆"夫妻的许多其他举动，也早早预示了两人坚决与王室保持距离的决心。比如，不顾传统搬出肯辛顿宫在外独立居住、不在王室专用产房生孩子、用自己的封号注册了很多商标、不与王室成员共度圣诞节，等等。所以英媒认为，梅根和哈里只是在等待一个好的时机提出要求罢了。

　　资料来源：https://baijiahao.baidu.com/s?id=1655246676515434023&wfr=spider&for=pc.2020-01.

一、称呼礼仪的基本内容

（一）自称

自称是对自己的称呼。"我"字仍然是自我称呼中使用频率最高的代词，极具"全民性"。此外，自称中使用最多的就是"俺"字。在北方的山东、河南、河北以及安徽、江苏北部的大部分地区几乎都用"俺"字；还有为数不少的人将"咱"和"自己"当作自称，尤其是东北人，特别喜欢用"自己"或"我自己"。

（二）面称

面称是被称呼人在场时使用的称呼。懂礼貌的人经常会单单为了表示敬重而称呼，比如上学路上看到老师了就叫一声"老师"，放学回家后看到父亲了就叫声"爸爸"，这在礼仪上都是很有必要的，哪怕是叫过后什么话也不说，被称呼人也能领会你对他们的敬重。

（三）背称

背称是被称呼人不在场时使用的称呼。比如对老师的妻子可以称"师母"，对兄长的妻子称"大嫂"。称呼丈夫的父母为"爸爸""妈妈"，是面称，称呼他们为"公公""婆婆"则为背称。

（四）代称

代称是指借用与该事物有某种联系的词语作为称呼，以表示对对方的尊重。问对方的姓（名）要称"贵姓"或"尊姓大名"，对老师的作品可称"大作"，对方的观点可称"高见"，对老人的年龄要称"高寿"，对对方的公司称"贵公司"。

（五）尊称

尊称，也叫敬称，是对对方表示尊敬的称呼。如用"您"比用"你"要更显敬重，用"老师您""叔叔您""经理您"比单用"您"也更显敬重。用量词"位"也可表示尊重，如说"这位同学"比说"这个同学"要好。

小贴士

常见的尊称

称呼尊长可用老先生、老同志、老师傅、老领导、老首长、老伯、大叔、大娘等。

称呼平辈可用老兄、老弟、先生、女士、小姐、贤弟、贤妹等。

自谦可用鄙人、在下、愚兄、晚生等。

称姓名敬辞可用贵姓、尊姓大名、尊讳、芳名（对女性）等。

称年龄敬辞可用高寿（对老人）、贵庚、尊庚、芳龄（对女性）等。

二、称呼的具体形式

（一）职务性称呼

在职场中彼此进行交往时以职务进行称呼，可以表明身份区别，既得体又可以显示出敬意。职务性的称呼大体有三种情况：称呼职务，如"局长""处长""经理"等；职务前加上其姓氏，如"王局长""李处长""张经理"等；称呼前加上其姓名，这一般只适用于正式场合，如"王利局长""李湛处长""张坤经理"等。

（二）职称性称呼

对具有职称，特别是中、高级职称者，可在职场中直接以其职称相称。一般来说有三种称呼方式：只用职称称呼，如"教授""工程师""研究员"等；在职称前加上其姓氏，如"李教授""王工程师""张研究员"等；在其职称前加上其姓名的称呼，这一般是在比较正规的场合才使用的称呼方式，如"杜威主任编辑""马洪教授"等。

（三）学衔性称呼

在工作中，对有学衔的，特别是具有较高学衔者，以学衔进行称呼，往往会增加现场的学术气氛，提高被称呼者的学术权威性。具体有四种方式：只称其学衔，如"博士"；在学衔前加上其姓氏，如"方博士"；在学衔前加上其姓名，如"田志强博士"；将学衔具体化进行称呼，如"法学博士张力""工程硕士胡娜"等，这种称呼是最为正式的。

（四）职业性称呼

在比较正式的场合，往往习惯于职业性的称呼，这带有尊重对方职业和劳动的意思，同时也暗示了谈话与职业有关。通常也有两种称呼方式：用职业来称呼，如"师傅""大夫""医生""老师""警官"等；在其职业前冠之以姓，如"李师傅""史大夫""张医生""刘老师"等。

（五）姓名性称呼

这是在职场交往中，对于交往对象直接称呼其姓名的方式。这一般仅限于同事、熟人之间。也有两种方式：直呼其名，如"李丽""王芳"；只呼其姓，不呼其名，并根据具体情况在其姓氏前，加上"老""大""小"等进行称呼，如"老李""大刘""小张"等。

小贴士

外交称呼

对成年人可称先生、小姐、夫人、女士。在商务交往中，一般应称先生、小姐、女士，不称呼交往对象的行政职务，不称夫人。在政务交往中，除一般称呼外，还可称其职务或对地位较高者称"阁下"。可以是职务＋先生，职务＋先生＋阁下。对军界人士，可以其军衔相称。对宗教界人士，一般可称呼其神职。

对君主制国家的王公贵族，称呼上应尊重对方习惯。对国王、王后称"陛下"；对王子、公主、亲王称"殿下"；或以封号、爵位相称，如"爵士""勋爵""公爵"。教授、法官、律师、医生、博士，可直接称呼。

国别差异：

（1）英、美等国的习惯，英语国家的姓名：名＋姓。女子婚后称呼本名＋夫姓。姓名前冠以"小"字表示沿用父名或父辈之名。一般交往应称其姓氏＋先生（小姐、夫人、女士）。关系密切的，可直呼其名，不称其姓，而且不论辈分。

（2）俄罗斯，称呼本名＋父名＋姓氏（已婚妇女用夫姓）。一般称呼用本名或姓氏，特意表示尊重用本名与父名，亲人、家人用爱称。

（3）日本，书写时，将姓与名隔开一格，如"竹下　登"。

三、称呼中的禁忌

（一）错误称呼

在称呼他人时，假如出现差错，显然是失礼之极的。在称呼他人时，要避免将对方的姓名念错，对于把握不准的字，事先要有所准备；如果是临时遇到，就要谦虚请教。不要凭自己的主观想象，贸然称呼对方。

案例　　　　　　　　　　**红楼梦里称呼**

宝钗、黛玉被称为"姑娘"，贾家对"小姐"有忌讳?

生活中的称呼多之又多，古往今来更是数不胜数，称呼随时间而转变更是中华民族博大精深的文化中的一部分。我们知道，在古代，大户人家的女儿一般都会被尊称为"小姐"，但是在四大名著之一《红楼梦》里，贾府中，他家们的女儿们却被称呼为"姑娘"，而不是"小姐"，就算是丫鬟也叫其为"姑娘"，这是为什么呢? 在原著中首先出现对贾府的女儿们称呼的是在冷子兴偶遇贾雨村，说起贾家故事时提到的：

长子贾代善袭了官，娶的也是金陵世勋史侯家的小姐为妻……第二胎生了一位小姐，生在大年初一，这就奇了……便是贾府中，现有的三个也不错……二小姐乃赦老爹之妾所出，名迎春，三小姐乃政老爹之庶出，名探春，四小姐乃宁府珍爷之胞妹，名唤惜春。

我们可以看到，冷子兴在提到贾府中的女儿们时，称呼的都是"小姐""二小姐""三小姐"等。这里我们可以看到，作者在描述贾府三个女儿使用的是"姑娘"，而不是"小姐"。这是黛玉初入贾府时，首次认识贾家女儿的情景。

不用"小姐"而用"姑娘"的原因

第一，刚才我们已经看到，原著中冷子兴在谈及贾府女儿时，确实用的是"小姐"，但是在原著中我们也可以看到贾家平时对女儿们的称呼一般都为"三姑娘""四姑娘"等。其实这并不是贾府对"小姐"一词的忌讳，更不是原著写错了，而是这里的小姐是对别人家的女儿的一种尊称，就如同我们现在的令爱、令千金是一个意思。在《红楼梦》中，就算是丫鬟们叫其也为姑娘，而不是小姐，叫小姐的时候多为开玩笑所说。

第二，黛玉初入贾府时，原著在描写初见三春时就称呼为"姑娘"，其实这就是一种自谦语了。贾母平时会称呼黛玉为"心肝儿"，这便是一种昵称，但是，我们也可以看到紫鹃与雪雁则会叫黛玉为"姑娘"，这就是一种自谦又亲昵的称呼。其实"小姐"也是一种书面用语，"小姐"专指大户人家的女儿，作为书面还恰当贴切，但是平时里尤其家人之间称呼则显得扭捏做作。

古今"小姐"有何不同

"小姐"一词本没特别含义，仅仅是一个对女子的称呼，但随着时间的推移，这一词却在褒贬上发生了巨大的变化。我们都知道在古代，大户人家的女儿才能被称呼为"小姐"，是很尊贵的一种叫法。但是在现在，"小姐"却几乎变成一种了对特定人群的指代，明显是极具贬义的一词。现在的女性，多会被称为"小姐姐"或是"美女"等。但是我们也应正确看待"小姐"这一词，毕竟它曾是一种尊称。

资料来源：https://baijiahao.baidu.com/s?id=1651047490351187492&wfr=spider&for=pc.2019-11.

（二）缺少称呼

需要称呼他人时，如果根本不用任何称呼，或者代之以"喂""嘿""下一个""那边的"以及具体代码，都是极不礼貌的。

（三）距离不当的称呼

在正式交往中，若是与仅有一面之缘者称兄道弟，或者称其为"朋友""老板"等，都是与对方距离不当的称呼表现。

（四）绰号性称呼

对与自己关系一般者，切勿擅自为对方起绰号，也不应以道听途说而来的绰号去称呼对方。至于一些对对方具有讽刺侮辱性质的绰号，更是严禁使用。

（五）低级庸俗的称呼

某些市井流行的称呼，因其庸俗低级，格调不高，甚至带有显著的黑社会风格，在正式的交往中亦应禁用。在职场交往的场合中，不要将私下个人之间交往的称呼搬出来。

讲英语国家的人名称呼

在讲英语的国家，人们的姓名一般是由两个部分构成：通常名字在前，姓氏在后。例如，在"乔治·布什"中，"乔治"是名字；"布什"是姓氏。

女士们在结婚之前，与自己的名字，跟从父姓。但结婚后，通常姓名会改为由本名与夫姓组成。例如，"劳拉·布莱尔"，"劳拉"为其本名，"布莱尔"为其夫姓。有些英美人士的姓名前会冠以"小"字，例如"小约翰·威尔逊"。此"小"字，与年龄无关，而是表明他沿用了父名或父辈之名。

按西方惯例，如果只称呼一个人名字的第一部分，会被视为粗鲁或没礼貌。而应称呼其名字的最后部分，并加上"先生""女士""夫人"之类称呼。例如，"布什先生""撒切尔夫人"。在十分正式的场合，则应称呼其姓名全称，并加上"先生""小姐""女士""夫人"之美称。比如，"乔治·布什先生""玛丽·怀特小姐"。对于关系密切的朋友，可以直呼其名，不称其姓，而且可以不论辈分。比如，"乔治""劳拉"等，但与人初次交往时，却不可这样称呼。

（六）错误场合称呼

称呼的使用还要注意场合，公共场合与私下场合不混用。不礼貌的称谓在公共场所不要用，如"老头""老婆""小子"等，而这些称呼在家庭中或亲朋好友之间使用，反会产生亲昵的效果。

案例　　"老外"有时并不"外"

一天，有位斯里兰卡客人来到南京某饭店下榻。前厅部服务员为其办理住店手续。由于确认客人身份，核对证件耽搁了一些时间，客人有些不耐烦。于是服务员便用中文向客人的陪同进行解释。言语中他随口以"老外"二字称呼客人，可巧这位陪同正是客人的妻子，结果引起客人极大的不满。事后，服务员虽然向客人表示了歉意，但客人仍表示不予谅解，给酒店声誉带来了消极的影响。

案例解析：

这个事例对饭店的每一位员工来说，都应引以为戒。这位服务员在对客户的服务中，不注意使用礼貌语言。他误认为，外国客人听不懂中文，称"老外"无所谓。其实"老外"有时并不"外"，一旦客人听懂你以不礼貌的语言称呼他，心里肯定不会愉快。在饭店服务中使用礼貌用语是对服务人员的基本要求，每位员工在服务中，都应做到语言得体、礼貌待客，这样才能满足客人希望受到尊重的心理，才会赢得客人的满意。

资料来源：https://wenku.baidu.com/view/c5b8e3a3366baf1ffc4ffe4733687e21ae45ff5e.html.2019-03.

第三节　语言沟通的规范

语言沟通是人们用于交流思想和表达感情最直接的途径和人际往来中最迅速的沟通方式。美国哈佛大学校长伊立特曾这样说过："在造就一个有修养的人的教育中，有一种训练必不可少，那就是优美、高雅的谈吐。"因此，在交谈中只有遵从一定的交谈礼仪规范，才能达到双方交流信息、沟通思想的目的。

一、六不谈

参加社交活动时，一般有六不谈：不要非议党和政府；不要涉及国家秘密与商业秘密；不能随便非议交往对象；不在背后议论领导、同行和同事；不谈论格调不高的话题；不涉及个人隐私问题。

二、五不问

在现代生活中，个人隐私不适合随便打探，即为个人隐私五不问：不问收入；不问婚姻家庭；不问年龄；不问健康问题；不问个人经历。

三、不要插嘴、抬杠、独白

出于对他人的尊重，别人讲话的时候，尽量不要中途打断或是和人争辩，这是有悖交谈主旨的。既然交谈讲究双向沟通，在交谈中就要目中有人，礼让对方，要多给对方发言、交流的机会。不要一人独白，"独霸天下"。普通场合的小规模交谈，以半小时以内结束为宜，最长不要超过1个小时。如果人多，在交谈中每个人的发言最好不要超过5分钟。

四、要细语柔声

与人交谈不仅要吐字清晰，在日常生活和工作中还要使用标准的普通话，更重要的是避免粗声大嗓。在公众场合和别人交谈之时高声喧哗是没有教养的标志，一定要细语柔声，所谓有理不在声高。

五、要用词委婉

在交谈中，应当力求言语含蓄温和。如在谈话时要去洗手间，不便直接说"我去厕所"，应说"对不起，我出去一下，很快回来"，或其他比较容易接受的说法。

案例 ## 张之洞的故事

清朝张之洞新任湖广总督时，抚军谭继洵在黄鹤楼设宴为张接风，并请了鄂东诸县父母官作陪。席间，大家聊起了长江，没想到谭、张二人为了长江到底有多宽的问题争论起来。谭说五里三，张说七里三，两人各执己见，争得面红耳赤，谁也不肯承认对方是对的。这时，坐在末座的江夏知事陈树屏站了起来，于是二人便让陈作答。

陈略作思考，朗声答道："长江的宽度，水涨七里三，水落五里三。二位大人说得都对。"一句话说得谭、张二人均抚掌大笑，赏了陈树屏20锭大银。

案例解析：

陈树屏的回答，不仅平息了争议，而且保全了谭、张二人的面子。凡事都有诀窍，打圆场也有打圆场的学问。归纳起来，有以下几点。其一，说明真情，引导自省。其二，岔开话题，转移注意。其三，吸纳精华。应考虑双方的面子，将双方见解的精华归纳出来，也将双方的糟粕整理出来，做出公正评论，阐述较为全面的、双方都能接受的意见。这样，就把争论引导到理论的探讨、观点的统一上来了。其四，作为下属不作是非判断，不要让自己陷入矛盾是非中，更不要火上浇油。

资料来源：http://www.docin.com/p-903965646.html.

第四节 语言沟通的表达原则与技巧

一、语言沟通的表达原则

（一）信任原则

要想被人信任，首先应信任别人。任何人都不会无缘无故地喜欢对方，被别人喜欢是有前提的，那就是首先要喜欢他们。要想被人尊重，应尊重别人；要想被人关心，应关心别人。主动敞开心扉，接纳、肯定、喜欢对方，保持在人际关系的主动性，这样别人才会接纳、肯定、支持、喜欢自己。

小贴士

木瓜（诗经·国风·卫风）

投我以木瓜，报之以琼琚。匪报也，永以为好也！

投我以木桃，报之以琼瑶。匪报也，永以为好也！

投我以木李，报之以琼玖。匪报也，永以为好也！

注释：琼：赤色玉。亦泛指美玉。琚（音居）：佩玉。匪：非。瑶：美玉。一说似玉的美石。玖（音久）：浅黑色玉石。

（二）帮助原则

帮助别人，是做好沟通的前提和基础。对别人的帮助，能在最短的时间里获得对方的信任，拉近彼此的距离。

（三）倾听原则

倾听要有"三心"。首先要耐心地听，即使对方所讲的自己已经知道，为尊重对方，仍然要耐心听下去。特别是别人的辩解，切不可粗暴地随意打断，即使对方发火，要让他尽情发泄。其次要虚心地听，对问题的不同观点（看法），不要中途打断或妄下判断，即使对方错了，也要在不伤害对方自尊的情况下以商讨的语气提出看法。最后要会心地听，一是善听弦外之音，不被虚假的表面信息所迷惑，善于捕捉背后的真实意图。特别要注意对方的体态语，有时体态语可能传达出言辞背后更为真实的信息。二是要会心地呼应，可以简单地重复对方话语，发问或表示赞同，更多是用注视、点头、微笑等态势语。

小贴士

学会聆听

作家莫里斯曾说："要做一个善于辞令的人，只有一种办法，就是学会听人家说话。"

生活中，不懂倾听的人，生活总是一团糟。他们自以为很了解对方，所以不断输出自己的观点，试图解释自己的"善解人意"。却并没有发现，"善解人意"背后的压力。

而善于倾听的人，既不用浪费唇舌与人争辩；还能够在无言的倾听中，给予对方最大的鼓励和支持；同时，也能在倾听的过程中，厘清自己的思路，发现问题并解决问题。

其实，很多关系的建立，都从倾听开始；很多关系的破碎，也都从不善倾听结束。千万不要让最亲的关系，输给倾听，让我们努力做一个善于倾听的人吧。

（四）赞赏原则

要学会赞同和认可，在自己的头脑中一定要形成一种态度，一个思维框架，即一种赞同的态度，培养一种赞同的性格，成为一个自然而然地赞同别人和认可别人的人。还要善于表达你的赞赏，赞同别人时，一定要说出来。如果你仅仅用暗示让人知道你在赞同他们是远远不够的。要让他们知道你在赞同和认可他们，不妨试着这样去做，点头说"是的"，或注视着对方的眼睛说"我同意您的说法""您说得很对，我完全赞同""我认为您的看法很好"，等等。

（五）重视原则

如果想在人际交往关系中如鱼得水，就要尽量使别人意识到其自身的重要性，别人越觉得他自己重要，对你的回报就越多，你在对方心中也会变得更重要。例如："张先生，我们很需要您的帮助，依您的经验和能力，这个计划就能早日成功。"又如："陈小姐，昨天的晚会你怎么没参加？晚会上少了你，真是太遗憾了。"让别人觉得重要，这是成功的人际关系的基石之一。

案例 **特朗普为什么惹怒了全球女性？**

华盛顿 50 万、纽约 40 万、波士顿 12 万、伦敦 10 万，巴黎 7000，这一个个数字记录了 2017 年 1 月 21 日轰动全世界的女性游行活动。将这些数字汇总起来是，全球总共至少 673 场活动，参加者超过 200 万人。"我的身体我做主""他们越低级，我们越要有格调""女权主义是我们的王牌"，这些愤怒的标语无一例外指向同一个人——1 月 20 日正式宣誓就职的美国总统特朗普。他为何惹怒了全世界的女性？

生活在纽约的女作家简·汉娜·埃尔德斯坦说，"特朗普表露出来的'厌女症'，是对所有女性的冒犯，因此必须团结起来对抗他"。或许还有比这更重要的原因。正如加拿大《蒙特利尔公报》社论所言，"对于为个人权利已感到心满意足的女性来说，特朗普的胜利犹如一个'叫醒电话'，一个战斗号角"。

虽然游行活动发起人表示，这次示威在本质上并非反对特朗普，而是对仇恨、排外及冒犯女性等言论表达愤慨，但接受《环球时报》记者采访的上述美国民众都提到了特朗普此前侮辱女性的不当言行。这并非偶然，从美国媒体的报道来看，这位美国新总统在这方面确实"劣迹斑斑"。

点评：作为公众人物，根据谈话对象性别、年龄、亲疏关系等的不同，运用不同的语言是最基本的原则，特朗普因日常中发言中经常"语出惊人"，总是为自己带来麻烦。

资料来源：凤凰财经.http://finance.ifeng.com/a/20170124/15164980_0.shtml.2017-01-24.

二、语言沟通的表达技巧

（一）了解听话者

了解听话者的需求情况。人们有各种各样的需求。听话者的需求情况决定着他们的兴趣和爱好。要了解对方的性格特征、社会地位、职业特点、年龄状况、智力水平、气质风格、经济条件等内容。

案例　　　　　　　　　　**女王的称呼**

英国女王维多利亚，与其丈夫阿尔伯特相亲相爱，感情和谐。妻子是一国之君，整天忙于公务和应酬，而丈夫却不太关心政治，对社交缺乏兴趣。有一天，女王忙完公事，已经是深夜了。她回到卧室，见房门紧闭，就敲起门来。

问："谁？"

答："我是女王。"门未开，再敲。

问："谁？"

答："维多利亚。"门未开，再敲。

问："谁？"

答："你的妻子。"门开了，维多利亚走了进去。

案例解析：

场合不同，氛围不同，人们的心情也不同，他们对一些问题的感受和理解的程度也会不同。同样一句话，在此场合被认为合理、有见解，在彼场合则可能引起人家的厌恶和反感。设想一下，我们跟一个六七十岁的贫苦老农交流时大谈网络、信息高速公路会是一个什么情形？我想这位老农一定不知道你所说的是什么，说不定还会认为你脑子有毛病。这就叫"在什么山上唱什么歌，拿什么钥匙开什么锁"。

资料来源：http://www.qiuxue360.com/note/koucai_bj_3137/.2018-04.

（二）选择适当的话题

每一个人都应该知道，听话者感兴趣的不仅是你本身，更重要的是话题。双方都感兴趣的话题，才是沟通得以进行的关键。如果你不适当地与听话者说话，那么就不会收到有效的沟通效果。决定恰当话题的前提是寻找共同点，我们可以利用一些常见的话题，与对方亲近，打开沟通的局面。

话题的重要性

美国女记者芭芭拉·华特初遇世界船王兼航空巨头奥纳西斯时，他正与同行热烈讨论着货运价格、航线、新的航空构想等问题，芭芭拉始终插不上一句话。

在共进午餐时，芭芭拉灵机一动，趁大家讨论业务中的短暂间隙，赶紧提问："奥纳西斯先生，您不仅在海运和空运方面，甚至在其他工业方面都获得了伟大的成就，这真是令人震惊。您是怎样开始的？最初的职业是什么？"

这个话题扣动了奥纳西斯的心弦，使他撇开其他人，同芭芭拉谈论了很久，动情地回忆了自己的奋斗史。

案例解析：

好的话题，可以激发对方的荣誉感和成就感，一个话题，只有让对方感到有兴趣，谈话才有进行下去的可能。如果只是从自己的兴趣出发，肯定会使别人感到索然无味。

资料来源：https://wenku.baidu.com/view/726a0a93b80d6c85ec3a87c24028915f814d844f.html.2019-04.

（三）注意恰当的表达

格拉西安说过："说得恰当要比说得漂亮更好。"在说话技巧中，表达则是更为重要的一步。

1.注意说话的具体场合

说话时无论是话题的选择、内容的安排，还是言语形式的采用，都应该根据特定场合的表达需要来决定取舍，做到灵活自如。要注意场合的庄重与否、亲密与否、正式与否、喜庆与否。

 《战国策》中的小故事

卫国有一家人去娶新媳妇，这新媳妇一边上马车，一边指指点点地问婆家的人："车辕两边的马是谁家的呀？"赶车人说："是借的。"新媳妇听了这话，忙对赶车人说："轻点打它，也别猛抽那驾辕的马！"

马车到了婆家门口，伴娘搀扶着新媳妇下了车，新媳妇又指手画脚地对伴娘说："做完饭，要把灶里余火弄灭，不然，会失火的！"

当新媳妇走进院子，看见当路的地方有个石臼，连忙说："快把它搬到窗户下面去，在这儿会妨碍走路的！"知道这件事的人，都笑话她。

这位新媳妇从上马车到进婆家门，一共讲了三次话，从这三次讲话的内容上看，都是很有道理的，而且非常重要。第一次，嘱咐赶车人不要猛打驾车的马，因为马是借来的，所以应该倍加爱惜；第二次，吩咐伴娘做完饭后要熄掉灶里的余火，新婚之夜，宾客乱纷纷的，稍有不慎，引起火灾，就会乐极生悲；第三次，指使仆人将妨碍走路的石臼搬到窗下，以利行人往来。

案例解析：

可是，为什么人们要笑话她呢？原因就是她说这些话时，没有考虑具体的场合和身份。因为按古时候的习俗，新媳妇进门三天之内是不能多言多语的，何况是在新婚之日呢。所以，虽然新媳妇的话说得很合情合理，但因说的场合不对、所处的身份不对，因此受到了别人的嘲笑。由此可见，时间、场景和身份对说话效果有着重要的影响。

资料来源：http://www.17k.com/chapter/1191712/19856289.html.

2. 注意说话的具体对象

说话必须考虑听话者的性别、年龄、文化层次和背景等因素，根据这些因素的差异来选择恰当的语言，才能让对方真正理解。说话不考虑对象，等于射击不瞄准。要重视说话的内容，说话不能只照着自己的思路走，要考虑对方对自己说的话是否有兴趣，要考虑对方的立场，以及自己的观点能够被接受的程度。

> **小贴士**
>
> 如果想要改变自己的人生，就必须谨慎选用字眼，因为这些字眼能使你振奋、进取和乐观。
>
> ——安东尼·罗宾斯

3. 说话时要情理相融

以情动人、以理服人，这是说话的两个方面，二者有机统一，互相交融，可以使说话取得良好的效果。具体来说应注意以下几点。

（1）要真诚。说话者应该具有真诚的态度，取得听话者的好感，融洽感情，消除隔阂，缩短距离。真诚是说话最有效的营养素，如果你对人持一种不真诚态度，说话时必然闪烁其词、故弄玄虚，夸张失实、遮遮掩掩，其结果往往会给对方留下浮夸虚假的印象，不利于相互理解和感情上的沟通。当然说话要坦率真诚，并不等于可以百无禁忌，对别人不愿谈及的事，应该尽量避免提及。

（2）要尊重。被尊重是人的一种精神需要。尊重对方能启发对方产生自尊自爱的感情。如果一个人平易近人，使对方感到是他的知己或良师益友，那么彼此之间的心理距离将会大大缩短。相反，如果一个人高高在上，目空一切，自以为高人一等，指手画脚，其结果只会令人不舒服。因此，要使讲话使对方接受，就必须尊重对方。

（3）要理解。心理学研究表明，人们是有一种偏向于"相信知己"的心理倾向，特别是当一个人处于矛盾之中，或遇到某些困难而又一时无法解决时，他非常需要别人的同情和理解。此时此刻，强烈的同情心及满怀深情的言语，将使对方不由自主地向你打开心扉诉说一切。理解可以激起心灵的火花，产生善良和容忍，产生信任和动力。

课 后 练 习

一、单选题

1. 个体之间沟通时，尽量多采用（　　）的方式进行。

A. 书面沟通　　　　B. 当面沟通　　　　C. 口头沟通　　　　D. 电子沟通

2. 恰当的表达，语言要简洁精练，做到（　　）和短小精悍。

A. 抓住重点　　　　B. 突出重点　　　　C. 言之有序　　　　D. 以少胜多

3. 口头沟通最大的优点是快速、简便和（　　）。

A. 坦白　　　　　　　　　　　　　B. 明确

C. 多层次传递　　　　　　　　　　D. 即时反馈

二、多选题

1. 书面沟通，要遵守"3C"准则，即（　　）。

A. 完整、准确　　　　　　　　　　B. 清晰

C. 简洁、具体　　　　　　　　　　D. 礼貌、体谅

2. 倾听要有"三心"，即（　　）。

A. 耐心　　　　　B. 虚心　　　　C. 会心　　　　D. 诚心

3. 语言表达的原则有（　　）。

A. 学会信任、学会帮助　　　　　　B. 学会让别人觉得重要

C. 学会倾听　　　　　　　　　　　D. 学会赞赏

4. 笺文一般由（　　）组成。

A. 抬头、启词　　　　　　　　　　B. 落款以及附言

C. 正文　　　　　　　　　　　　　D. 祝词

实 践 课 堂

1. 将学员分成 2 人一组，让他们互相介绍自己，但是整个介绍期间不得有任何语言形式的交流。学员们可以使用非语言类的一切形式，比如动作、表情、手势、画图、目光，等等。就这样交谈 2 分钟，然后让双方口头介绍一下采用肢体语言了解到的对方的情况，与实际情况相对照，看看是否属实。

2. 请一位学员来协助游戏，给他看事前准备好的一张图。告诉其他学员，这个学员将为他们描述这张图的内容，请他们按照这个学员的描述把内容画出来。

要求：

（1）请学员背向大家站立，避免与别人的眼神和表情交流。他只能做出口头描述，不能有任何手势或动作。其他学员也不能提问，一切听从上面学员的指挥。游戏结束后将图示展示给大家看，让大家校对自己的图画得是否正确。

（2）请另一位学员上台做这个游戏，但这次允许大家双向交流，看看结果怎么样。

3.将同学分为两人一组，每组自行设计话题、自己扮演的角色、两个人之间的关系。话题时间不超过 5 分钟，但要在教室前方公开进行。其他同学从专业讨论的角度对参与者的站姿、手势、表情、眼神、交际空间、辅助语言等方面进行分析与探讨。

第三章
非语言沟通的社交礼仪

学习要点与目标

1. 了解非语言沟通的特征，理解非语言沟通的作用；
2. 了解各种非语言形式的含义，掌握非语言沟通分类；
3. 熟悉肢体语言沟通技巧。

引导案例

穿越66年，80秒的握手

2015年11月7日，新加坡香格里拉酒店，海峡两岸的中国人共同见证了这样一个历史性的时刻：习近平与马英九的手紧紧地握在了一起，这是两岸领导人时隔66年的首次会面。尽管这次会面的时间不是很长，但很多细节都值得回味：两人长达80秒的握手，两位"先生"对未来的期许和展望以及马英九送给习近平的"台湾蓝鹊"和"马祖老酒"。这些打动人的细节有何寓意？

80秒！这是今天下午习近平和马英九的握手时长。下午3时，两岸领导人会面在新加坡香格里拉大酒店正式举行，习近平、马英九同时步入会见大厅。在数百名中外媒体记者的瞩目下，在响成一片的快门声中，两岸领导人的手紧紧握在一起。长达80秒的握手时长非常罕见，两个人的握手动作非常自然而且默契，两个人之间不需要任何言语，他们的肢体语言就体现出了血脉相通的意味，也体现了一种浓浓的亲情。

台湾蓝鹊是中国台湾特有的一个品种，这种鸟最大的特点就是顾家，所以它的寓意是两岸都是一家人，两岸一家亲，我们之间的见面是家人之间的见面。而"马祖老酒"也是中国台湾的特产酒，中国人在亲人团聚的时候有一个传统习俗就是把家里最好的酒拿出来共饮。世界上那么多好酒，为什么要用我们自己家里的酒？因为这是家人团聚。古语说"浊酒一杯家万里"，马英九用送酒的方式表达了我们都是一家人的用意。

案例解析：

实现祖国统一大业，最好的方式就是通过和平的方式，这次习近平与马英九会面为两岸关系和平发展达成了共识、奠定了基础，也为未来祖国和平统一创造更加充分的条件。双方不管是肢体语言的表达，还是带有寓意的礼品赠送，一切尽在不言中，这就是非语言沟通的魅力。

资料来源：https://news.qq.com/a/20151108/004079.htm.2015-11.

第一节 非语言沟通的特点与类型

非语言沟通指的是以表情、手势、眼神、触摸、空间、时间等非自然语言为载体所进行的信息传递，通过肢体动作、面部表情、空间距离、触摸行为等非语言符号来表达思想、情感、态度和意向。

一、非语言沟通的特点

（一）普遍性

非语言沟通在语言符号产生之前就已是一种重要的沟通形式，与语言沟通相比，世界各国与民族之间非语言沟通的信息共享更强一些。有许多身体语言、情态语言为全世界大多数人所接受，具有普遍的适用性。

（二）差异性

不同的民族有不同的文化背景和风俗习惯，决定了不同的民族具有不同的非语言沟通符号，从而形成了非语言沟通的民族文化差异。在人际沟通中，年龄、性别、文化程度、伦理道德、价值取向、生活环境、宗教信仰等社会文化因素对非语言沟通产生影响，从而形成了非语言沟通的社会文化差异性。

（三）情境性

与语言沟通一样，非语言沟通也展开于特定的情境中。因此，非语言沟通要考虑与真实环境背景的配合，才能使非语言符号运用得准确适当，相同的非语言符号，在不同的情境中，会有不同的意义。例如拍桌子，可能是"拍案而起"，表示怒不可遏；也可能是"拍案叫绝"，表示赞赏至极。

（四）无意识性

在日常生活中，当我们与人谈话时，时而蹙额，时而摇头，时而摆动手势，时而两腿交叉，我们多半并不自知。一个人的非言语行为往往是对外界刺激的直接反映，以个人或群体的形体动作、表情、空间距离等外在表现作为信息发送的起点，通过一种可视的、直观的形式把所要表达的意思表达出来，基本都是无意识的反应。

案例 **你的不知所措的双手**

人在说谎时，语言完全是欺骗性的，然而身体动作在不停地出卖说谎者的内心。

脸红，出汗，双手不知所措，不知道应该放在哪里，一会儿挠挠头，一会儿搔搔耳朵，用手遮住嘴，触摸鼻子，摩擦眼睛，抓耳朵，拉扯衣领等，这些小动作都出卖了说谎者。

美国的神经学家研究过克林顿就莱温斯基性丑闻事件做证时的表现，他们发现，克林顿说真话时很少触摸自己的鼻子，只要一说谎，他的眉头就会皱起来，开始频繁地触摸鼻子。在陈述证词期间，克林顿触摸鼻子的总数达到了26次。用摩擦眼睛的动作掩饰自己的谎言这一点，男人和女人还不太一样。男人如果心里想着"我不想看到它"，手指就会触摸眼睛，使劲揉搓，相比之下，女人很少做这个动作。

案例解析：

克林顿摸鼻子是典型的心口不一的负面动作，因为心中有不为人知的隐情，感到非常焦虑，从而不停地用手接触脸部。这些手部动作起着遮掩的作用，表明说谎者在潜意识里企图隐藏真相。

资料来源：https://baijiahao.baidu.com/s?id=1631611497165362845&wfr=spider&for=pc.2019-04.

（五）真实可信性

在日常生活中，如果某人说他毫不畏惧的时候，他的手却在发抖，那么我们更相信他是在害怕。所以，当语言符号与非语言符号所代表的意义不一样时，人们相信的是非语言符号所代表的意义。由于语言受理性意识的控制，容易作假，非语言符号则不同，它在很大程度上是无意识的、发自内心深处的，极难压抑和掩盖。因此，非语言沟通更具真实可信性。

（六）个性化

非语言沟通受人的气质、个性等内在心理因素的支配和影响。一个人的肢体语言，同说话人的性格、气质是紧密相关的，爽朗敏捷的人同内向稳重的人的手势和表情肯定是有明显差异的。

二、非语言沟通的类型

非语言沟通根据有无声音，可以分为无声沟通和有声沟通。无声沟通是指身体各部位的动作姿势和表情以及其他一些环境因素的非语言沟通方式，包括通过肢体语言、装饰语、时空环境等进行的沟通。有声沟通是指通过发音器官或身体的某部分所发出的非言语性声音而进行的沟通方式，包括辅助性言语沟通和类语言沟通。

（一）无声沟通

1.肢体语言沟通

肢体语言是指经由身体的各种动作代替语言来进行沟通，狭义的肢体语言只包括身体与四肢所表达的意义，本书所研究的肢体语言，是广义的肢体语言，是以人的动作、姿态、表情来进行信息交流的一种无声伴随的非言语符号，又可以称之为体态语。

（1）目光。人们通过眼睛这一视觉的接触来进行信息交流的方式称为目光语。目光接触是人与人之间最传神的非言语沟通。在各种器官对刺激的反应程度中，眼睛对刺激的反应最为强烈，是最敏锐的，占感觉领域的70%。眼睛会说话，秋波暗送、横眉冷对、眉目传情等词语形象说明了目光在人们情感交流中的重要作用。

 眼神的交流

跟手势一样，眼神交流也是一个重要的肢体语言，尤其在美国文化中，通常我们不会信任那些交谈时眼光回避我们的人。

一位很有名望的医生，他看起来知识渊博，充满了智慧。但是当回答我的问题时，他的眼光却转移到了别处。他的眼光在地板、屋顶、他的手等各处游移，但就是不正眼看着我。他的医术可能十分高超，但是，他的表现令我难以接受，所以，我最终没有选择他。

当人们不看我们的眼睛的时候，我们会对他们做出种种判断或假设，这很可能会招致冲突。我们可能会认为，这个人不尊重我们、不诚实或不值得信赖。但其实，人们转移视线有许多的原因——比如害羞、文化差异，甚至是并没有意识到他们的行为可能会导致问题。

当正在说话或聆听时，你应该看着对方的眼睛——在一个困难的对话中，这是特别重要的，这是有礼、有力的行为。但是，也不要死盯着对方，令对方局促不安，这会被认为具有侵犯性。你可以偶尔转移视线，但不要太久。

案例解析：

不能保持稳定的眼神交流，可能会被认为是消极的行为，或给人一个心不在焉的印象。虽然在有些文化里，转移视线是一种尊重他人的标志，但是，在大部分国家，交谈双方眼神的交流还是至关重要的。

资料来源：芭芭拉·派崔特（BarbaraPachter）著，张琨译.正向沟通：非暴力人际沟通技巧.苏州：古吴轩出版社，2017年11月.

（2）手势。手势指人们在信息交流中，通过手或手指的动作变化来表达思想感情。手势语在日常沟通中使用频率很高，范围也较广泛，常揭示出我们的感情和态度，可以说，手是人的第二副面孔，可以传达多种信息。

小贴士

下面介绍一些手势的含义，在讲话时穿插一些正确的手势，可以为你增添几分风采。

仰手式。即掌心向上，拇指张开，其余几指微曲。手抬高表示欢欣赞美，手部平放表示诚恳地征求听众意见，手部降低表示无可奈何。

覆手式。即掌心向下，这是在有必要抑制听众情绪时以达到控制场面的目的而做的手势。

切手式。即手掌挺直全部展开，手指并拢，像斧子劈，表示果断、坚决、快刀斩乱麻等。

啄手式。即手指并拢呈簸箕形，指尖向着听众。这种手势具有强烈针对性、暗示性，但容易形成挑衅、威胁，一般只有演说某种关联时才使用。

剪手式。五指并拢，手掌挺直，掌心向下，左右两手同时运用，随着有声语言左右分开，表示强烈拒绝。

手抓式。五指稍弯，分开、开口向上，这种手势主要用来吸引听众，控制大厅气氛。

手压式。手臂自然伸直，掌心向下，手掌一下一下向下压去。当听众情绪激动时，可用这种手势平息。

抚身式，五指自然并拢，抚摸自己身体的某一部分。以这种手势把手放在胸前，往往成为一些演讲者的习惯手势。双手抚胸表示沉思、谦逊、反躬自问。如果抚头表示懊恼、回忆等。

挥手式。手举过头挥动，表示兴奋、致意，双手同时挥动表示热情致意。

拳举式。单手或双手握拳，平举胸前，表示示威、报复。高举过肩或挥动、或直捶、或斜击，表示愤怒、呐喊等。这种手势有较大的排他性，演讲中不宜多用。

资料来源：http://www.docin.com/p-1837738829.html.2017-01-20.

（3）面部表情。面部表情是我们最常用的非语言沟通方式，表现在人体颈部以上各部位的情感体验反应，能够敏锐地传递感情、想法和目的，是人们思想感情的一种自然外露特征。人们的脸直接地反映了喜怒哀乐，特别是性格直率的人，高兴、害怕、悲伤、愤怒、厌恶、轻视等表情全世界的人都能辨认和理解。

案例　　　　外国人吐槽中国人都有"扑克脸"？

外国人经常吐槽中国人的面部表情，与欧洲、美国人不同，中国人有"扑克脸"，人们永远无法从他们的脸上表达自己的感受。

中国传统文化认为，想成为上等的人，不应该明显表现出快乐和愤怒。显然，不同国家对"扑克脸"的理解是不同的，有的支持，有的反对。不同的文化形成了各种各样的理解和面部表情。从理论上讲，面部表情是人类社会互动的基本要素。人们面部情绪对情绪的反应因文化而异，除了表达感觉刺激，如气味。

研究表明中国受访者主要通过眼睛表达情绪，而美国人受访者则通过眉毛和嘴巴表达情感；与美国受访者相比，中国受访者很少表达兴趣和厌恶的面部表情。

当兴奋或失望时，中国人更加保守和冷静。当美国受访者使用眉毛和嘴巴时，他们用眼睛来表达情绪。面部表情代表内部表征，表现出受不同文化影响的情感信号，美国文化具有强烈的个人主义色彩，中国文化更具集体主义色彩。美国人都知道"我"，会喜欢表达个人感受，并倡导"隐私权"。

相反，中国文化，一种集体主义文化，提倡"我们""和谐"。属于中国文化的受访者"强调归属感"。而且，正如孔子所说，绅士们应该能够控制情绪并保持定力。能够控制情感，既不显示喜悦也不显示愤怒，这是中国概念中君子特征之一。

因此，美国受访者可能通过移动眉毛和嘴巴，来表达具有明确和偶然的面部表情的情绪。受和谐和集体主义文化影响的中国受访者，则倾向于用含蓄和受控的面部表情来表达情感，特别是在表达兴奋和反感时。

资料来源：https://baijiahao.baidu.com/s?id=1624367066084631440&wfr=spider&for=pc.2019-02.

（4）体态。体态是指肢体语言不断变化所呈现的状态，例如坐姿、站姿以及点头、摇头、耸肩、前俯后仰和手脚摇摆的姿态等。优美的体态能反映出一个人良好的思想意境和情感世界，并能成为调动他人情绪的有力手段，也最能表现出不凡的风度。

2. 装饰语沟通

装饰语是指人们通过服饰、服装、美容化妆、饰物和其他用来装饰身体的东西，向人们传播的信息。人的衣着服装可告知对方你的职业、社会地位、兴趣、爱好、年龄、知识水平、文化修养、风度气质、信仰观念以及生活习惯，成为人自身的一种延伸。

案例 **着装品位**

一位女职员与她的主管沟通升职事宜。她穿着一件低胸上衣和一条超短而紧身的裙子——这令她看起来像是夜店女郎，而不是一个在实验室进行严肃的癌症研究的研究员。后来，她在服装的选择上做了很大的调整。随后，她获得了升职，并第一次感到了人们对她的认真对待。

一家航空航天公司人力资源主管，在公司的晋升会议之后，讨论一位工程师，他没有被获准晋升为管理员。是因为他穿得像一个邋遢鬼——旧T恤，宽松的，皱巴巴的裤子，所以，高级管理层担心他不能很好地代表公司的形象，因为这个新职位需要他与国际客户相互配合。

案例解析：

想要提高自己的专业形象，你的服装就需搭配得当，人们才会接受你，并愿意听你讲话。即使在今天这样更轻松的工作环境下，你的服装和举止仍然需要适合所处的职业环境。

资料来源：芭芭拉·派崔特（Barbara Pachter）著，张琨译. 正向沟通：非暴力人际沟通技巧. 苏州：古吴轩出版社，2017.

3. 通过时空环境进行的沟通

时空环境包括时间、空间距离、颜色、气味、物体的摆放位置，学习、生活、工作环境的装饰、图画、音乐的衬托等。

（1）时间。时间能传递相关的信息和态度。有事预约的习惯往往被人认为你的认真和对别人的尊重，而按时赴约表示对人的尊重和态度的诚意，反之，则等于告诉了对方你的态度。守时、准时便可无声无形地告诉人们你的个性和价值观，同时这种反应直接影响着与其他人沟通活动。

（2）空间距离。人与人之间在面对面的情境中，常因彼此间情感的亲疏不同，而不自觉地保持不同的距离，这种距离称为空间距离，它是一个人在心理限定上的空间感觉所外化的物理距离。霍尔（Edward Hull）将人际空间距离分为四种：亲密距离、个人距离、社会距离和公众距离。

亲密距离，0～18英寸（0～46厘米），属于亲爱的人、家庭成员、最好的朋友，在此区域中，可以有身体接触，如拥抱、爱抚、接吻等，话语富于情感，并排斥第三者加入。

个人距离，18英寸～4英尺（46厘米～1.2米），同学、同事、朋友、邻居等在此区域内交往，由于距离有限，在此区域内说话一般避免高声。

社会距离，4～12英尺（1.2～3.6米），在此区域人们相识但不熟悉，人们交往自然，进退也比较容易，既可发展友谊，又可彼此寒暄，纯粹应付。公共距离，12英尺（3.6米）到目光所及，与陌生人的距离，表明不想有发展，在此区域人们难以单独交往，主要是公共活动，如作报告、等飞机等。如图3-1所示。

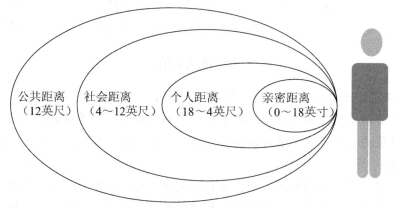

图 3-1 空间距离和人际关系

（3）环境布置及安排。整洁、优雅的环境中生活和工作，不仅会让人感到舒适、愉悦，还会让人精神放松，有益于身心健康，因此要创造良好的生活、学习、工作环境。"知青饭店""老三届酒家"等装饰可以吸引那一时代人的怀旧感；吃饭时的座位按排，听报告时领导和嘉宾的位置，教室内课桌排列整齐等都能影响人的情绪和工作效果。

（4）色彩和音乐。色彩和音乐也可影响人们的情绪和思想感情。红色使人激动，绿色使人平静等。受高度激励的人偏爱冷色或暗淡的颜色。音乐可以影响人们的学习能力、想象力和创造力。

表 3-1　色彩对心理的作用

色彩	作　　用
绿色	是一种令人感到稳重和舒适的色彩，具有镇静神经、降低眼压、解除眼疲劳、改善肌肉运动能力等作用
蓝色	是一种令人产生遐想的色彩，同时它也是相当严肃的色彩。具有调节神经、镇静安神的作用
黄色	是人出生最先看到的颜色，是一种象征健康的颜色，它的双重功能表现为对健康者的稳定情绪、增进食欲的作用；对情绪压抑、悲观失望者会加重这种不良情绪
橙色	能产生活力，诱发食欲，也是暖色系中的代表色彩，同样也是代表健康的色彩，它也含有成熟与幸福之意
白色	能反射全部的光线，具有洁净和膨胀感。空间较小时，白色对易动怒的人可起调节作用，这样有助于保持血压正常。但患孤独症、精神忧郁症的患者则不宜在白色环境中久住
粉色	是温柔的最佳诠释。经实验，让发怒的人观看粉红色，情绪会很快冷静下来，因粉红色能使人的肾上腺激素分泌减少，从而使情绪趋于稳定。孤独症、精神压抑者不妨经常接触粉红色
红色	是一种较具刺激性的颜色，它给人以燃烧和热情感。但不宜接触过多，过多凝视大红颜色，不仅会影响视力，而且易产生头晕目眩之感
黑色	具有清热、镇静、安定的作用，对激动、烦躁、失眠、惊恐的患者起恢复安定的作用
灰色	是一种极为随和的色彩，具有与任何颜色搭配的多样性。所以在色彩搭配不合适时，可以用灰色来调和，对健康没有影响

（二）有声沟通

1. 辅助性言语沟通

辅助性言语指发声系统的各个要素，如音质、音调、音量、音色等。辅助性言语的沟通主要表现在人们说话时的声调高低、强弱和抑扬顿挫的掌握上。

音质：是声音的总体印象，形成第一印象。

语速：在保证语义清晰传递的频率中，语速快是有能力的体现。

语气：是态度的体现，表现出友善或敌意。

音调：音调是指一组词的升降调，表示该句子是问句还是陈述句，说明讲话者是否具有自信心，表征一个声音是否很郑重或含讽刺意味。

音量：根据目的和场合调整音量，要使听众舒适。

节奏：语言的节奏中，停顿表示强调或提示。抑扬顿挫表明热情，突然停顿可以造成悬念。说话中的停顿、沉默会产生言外之意的效果，而使用不当会分散听众注意力。

 声调的魅力

有一次，意大利著名悲剧影星罗西应邀参加一个欢迎外宾的宴会。席间，许多客人要求他表演一段悲剧，于是他用意大利语念了一段"台词"，尽管客人听不懂他的"台词"

内容，然而他那动情的声调和表情，凄凉悲怆，不由使大家流下同情的泪水。可一位意大利人却忍俊不禁，跑出会场大笑不止。原来，这位悲剧明星念的根本不是什么台词，而是宴席上的菜单。

案例解析：

恰当的自然地运用声调，是顺利交往成功的条件。一般情况下，柔和的声调表示坦率和友善，在激动时自然会有颤抖，表示同情时略为低沉。不管说什么样话，阴阳怪气的，就显得冷嘲热讽；用鼻音哼声往往表现傲慢、冷漠、恼怒和鄙视，是缺乏诚意的，会引起人不快。

资料来源：https://wenku.baidu.com/view/4b04fe70f46527d3240ce0eb.html.

2. 类语言沟通

类语言是一种伴随性语言，是指有声而无固定意义的语言外符号系统，是功能性发声，不分音节而发出的声音，诸如哭声、笑声、哼声、叹息、咳嗽、掌声、呻吟以及各种叫声都属于类语言交际符号。在人际交往中，熟悉和掌握类语言的成分，将有助于通过声音来判断对方的情绪，了解人们的需求，以便能及时做出反应，实施有效的沟通。如图3-2所示。

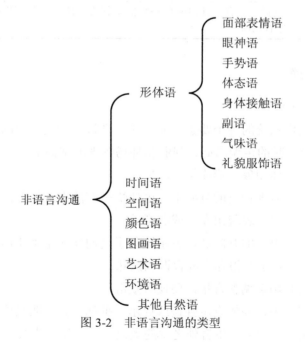

图 3-2 非语言沟通的类型

第二节　正确解读非语言沟通

　　人的非语言举止能表示表示各种态度，如果我们把对非语言沟通的正确解读应用于工作中，会有利于人际沟通，能够有助于我们对信息的发送和控制，加强沟通成效。

一、正确解读肢体语言

　　人际互动时，从解读无声的身体语言得来的信息，往往比有声语言还多。这些无声的线索包括表情、眼神、姿态、手势、声音、触摸，甚至衣着、距离，等等。

（一）正确解读目光语

　　目光语是人们通过眼睛这一视觉的接触来进行信息交流的方式，人的眼睛在看到喜欢的人或事物时，瞳孔会增大；看到不喜欢的人或事物时，瞳孔会缩小；看到特别不喜欢的东西，甚至会缩小到针眼那么细小。

小贴士

不同眼睛动作传递出的信息

　　眼睛向上看：如果留心观察儿童的身体语言，你会发现，小孩子犯错被父母发现之后，经常会做出一种经典的认错姿势——站在大人面前，低下头的同时眼睛往上看着大人，仿佛在说："我知道错了，请不要骂我。"这种既可爱又无辜的眼部动作让父母顿时心生怜爱，舍不得再对孩子进行责罚。

　　低垂眼皮、抬起眉毛：低垂眼皮抬起眉毛的眼部动作是备受女性青睐的动作，几个世纪以来，女性常常用这个动作来表示自己的性感。

　　突然眯起的眼睛：突然眯起的眼睛是一种视觉阻断行为。所谓的视觉阻断是一种常见的眼部非语言行为。当人们看到自己不喜欢的东西时，或者感觉到自己受到威胁的时候，通常会下意识地眯起眼睛，通过这种避免看到不想看到的事物来保护自己的大脑。

　　眼球多方向快速转动：眼球多方向快速转动时视线转移的一种，这是一种很难伪装的动作，眼部出现这个动作的人，一定正处在恐怖或者高度警觉的状态。人之所以会多方向快速转动眼球，是一种本能反应，以此来留意周围的异动，而往往一个人眼球转动的速度和内心的惶恐程度是成正比的。

　　目光总是不规则移动是不怀好意的表现：一个人在和你交谈的时候，他的目光总是不规则地移动，这会让你觉得这是一个不正经、不可信或心怀歹意的人。实际上，这不只是一种感觉，有这种眼部动作的人也许正准备设下圈套来陷害你。

小贴士

翻白眼：翻白眼是一种常见的眼部动作，传达出的感情是轻蔑和看不起。《甄嬛传》中骄横的华妃娘娘在和各位妃嫔说话的时候，为了凸现自己的圣宠，常常是一个白眼接着一个白眼。当然，她也会偶尔和皇帝翻个白眼，这时传达出的意思就大不相同了，那是在向皇上撒娇呢。

眼皮跳动：出现眼皮跳动的人一定是遇到了什么麻烦，有些人甚至刚一遇到麻烦就会立即出现这样的反应。在谈话中，如果一个人出现了眼皮跳动，说明这个人可能对正在讨论的问题产生疑问或完全不认同，或是正在准备转换话题。

从眼镜上方看人：从眼镜上放透出的眼神往往是冷冷，带着拒绝交流的味道，是一种不太客气、心怀戒备的注视。一般来说，从镜框上方看人往往不是正视，而是用斜上方的目光看人或是余光扫视，这样的人一般都是刻板、保守、斤斤计较、心存鄙视的人。从眼镜上方看人也是一种常常会出现在长者身上的眼部动作。

（二）正确解读手势语

除了演员、政治家和演说家们会通过训练使自己有意识地利用一些手势来加强语气外，在一般的人际沟通过程中，许多手势都是无意识的。以下的手势常见于日常生活中，它们或者用来强调表述，或者用来代替说话，有其特定的含义，可以从手指、手部和手臂三个方面来说明：

1. 手指姿势含义

（1）竖起拇指：表示称赞、夸耀。

（2）伸出食指：表示指明方向、训示或命令。

（3）伸出小指：表示轻视、挖苦。

（4）多指并用：表示列举事物种类、说明先后次序。

（5）指点某人或物：表示教训或威胁。

（6）十指尖相触：表示自信或耐心。

（7）搓手：表示急切期待或心情紧张。

（8）握拳：表示挑战、表示决定、提出警告、愤怒或激动。

（9）捋发：表示对某事感到棘手，或以此掩饰内心不安。

2. 手部姿势含义

（1）手心向上：表示坦诚直率、善意礼貌、积极肯定。

（2）手心向下：表示否定、抑制、贬低、反对、轻视。

（3）抬手：表示请对方注意，自己要讲话了。

（4）招手：表示友好、打招呼、欢迎你、请过来或示意靠近。

（5）推手：表示对抗、矛盾、抗拒或观点树立。

（6）单手挥动：表示告别、再会。

（7）伸手：表示想要什么东西。

（8）藏手：表示不想交出某种东西。

（9）拍手：表示欢迎。

（10）摆手：表示不同意、不欢迎或快走。

3. 手臂姿势含义

（1）双臂展开：表示热情和友好。

（2）双手插裤袋：表示冷淡或孤傲自居。

（3）两臂交叉抱在胸前：表示戒备、敌意或无兴趣，表现了想保持自己免受对方攻击的心理，同时表示随时尊卑反击的心理，是象征傲慢的心理姿势。

（4）双手合十：表示感恩。

（5）两手叠加：表示互相配合、互相依赖、团结一致。

（6）两手分开：表示分离、失散、消极。

（7）双手挥动：表示呼唤、召唤、感情激昂、声势宏大。

当然，以上不能涵盖所有的手势含义，手势表示的意思是多种多样、丰富而又复杂的，应结合相应的情境来分析，才能知道其真正的意义。

> **小贴士**
>
> ### 其他手部姿势的灵活运用
>
> 摩拳擦掌，表示一种急切的心情，是一种积极期待的肢体语言。
>
> 双手交叉相握，掌心相扣，是克服负面影响的一种非语言信号。两手相抵，呈塔形，是一种自信的心理暗示。塔形向上，一般用于发表意见时，塔形向下，一般用于倾听时。
>
> 倒背双手：双手在背后交叉相握，一般表现为自信、狂妄。一只手握住另一只手的腕、肘、臂部，表示自己极力克制着某种感情。握的部位越高，表示心情越紧张。
>
> 双手抱头：双手交叉放于脑后，显示某种强烈的优越感或者自信。
>
> 掳摞手腕，露出腕部，是一种积极的心理暗示，以显示自己的实力或威信。

（三）正确解读面部表情

1. 面部表情传递的特定含义

人们可以有超过 25 万种不同表情，面部表情在脸部器官的共同作用下传递着特定的含义：

（1）脸色变化：脸上泛红晕，一般是羞涩或激动的表示；脸色发青发白是生气、愤怒或受了惊吓异常紧张的表示。

（2）眉毛变化：皱眉表示不同意、烦恼，甚至是盛怒；扬眉表示兴奋、庄重等多种情感；眉毛闪动表示欢迎或加强语气；眉毛扬起后短暂停留再降下，表示惊讶或悲伤。

（3）嘴唇变化：嘴唇闭拢，表示和谐宁静、端庄自然；嘴唇半开，表示疑问、奇怪、有点惊讶；嘴唇全开，表示惊骇；嘴角向上，表示善意、礼貌、喜悦；嘴角向下，表示痛苦悲伤、无可奈何；嘴唇噘着，表示生气、不满意；嘴唇紧绷，表示愤怒、对抗或决心已定。

2. 不同情绪状态下面部表情的特征

一般来讲，人在不同的情绪状态下，面部表情特征不一样，具体而言有以下几种：

（1）愤怒表情特征：眉头向下紧蹙；怒目瞪视；双唇紧抿，如图3-3所示。

（2）轻蔑表情特征：嘴角抿紧，并仅在脸的一侧上扬，如图3-4所示。

（3）厌恶表情特征：皱鼻子；上唇翻起，如图3-5所示。

（4）害怕表情特征：眉毛抬升并紧蹙；上眼睑抬升；下眼睑紧绷；嘴唇稍许朝耳朵水平方向后拉，如图3-6所示。

（5）快乐表情特征：产生鱼尾纹；两颊抬高；眼周肌肉变化，如图3-7所示。

（6）悲伤表情特征：上眼睑下垂；两眼无神；嘴角微微下垂，如图3-8所示。

（7）惊讶表情特征：双眉上抬；双眼圆睁；双唇微启，如图3-9所示。

图3-3　愤怒　　　　　图3-4　轻蔑　　　　　图3-5　厌恶

图3-6　害怕　　　　　图3-7　快乐　　　　　图3-8　悲伤　　　　　图3-9　惊讶

（四）正确解读体态语

1. 头部体态语

在人际交往过程中，头挺得笔直往往表现的是自信、严肃、正派、有精神的风度。头部向上仰，表示希望、谦逊、内疚或沉思；头部向前，表示倾听、期望或同情、关心；

头部向后，表示惊奇、恐惧、退让或迟疑；头部侧向一旁，说明注意，或者对谈话有兴趣；头一摆，是表示催促某人紧跟着或快走之意；单手或双手抱头是沉思、沮丧或懊恼。

2. 坐姿体态语

在房间内对着门坐的人，权力意识强，同时又很小心；背对着房间门坐的人，在心理上处于劣势；坐在对面的人比坐在旁边的人更想让对方了解自己。一般来讲，当一个人放松或悠闲的时候，身体往往处于比较舒展的状态；而当一个人不舒服、紧张、害怕时，通常整个身体都绷得紧紧的，手臂和两腿紧靠在一起。

小贴士

不同坐姿的心理特征

心理卫生专家经测定认为：坐时跷起一条腿的人显示出他相当自信，但个性懒散，不好幻想，任何私人问题或烦恼都不能使之困扰，信心形之于外；坐时双腿并拢，双脚平放地上的人则表现出坦率、开放和诚实的特征，具有洁癖和守时的习惯，喜欢有规律的生活，按照时间表行事会觉得比较自在。

坐时双腿前伸，双脚在踝部叉起，则反映出坐者希望成为中心人物，比较保守，凡事喜欢求稳；坐时一脚盘在另一脚下则显示出个性独特，凡事漠不关心，无责任感，喜欢受人注目，有创新力，作风不拘于传统；坐时两膝并拢，两脚分开约大半尺，则说明坐者对周围事物非常敏感，观察细致，深谙人情世故，能体贴别人，也能原谅别人，多愁善感；坐时双脚在膝部交叉，一脚勾在另一脚后，则显示出逗人喜爱，非常有人缘，个性好静，容易与别人相处，不善夸耀或掩饰。

坐下后摸嘴巴的人，往往情绪不安，猜疑心较重；摸膝盖者往往以为将有好事临身，自负之心颇高；摸下巴者，则是为某种事而烦恼；坐下来不断抓头发的人，性子较急，喜欢速战速决，情意不一，容易见异思迁；坐下后喜欢由下而上摸额的人，能言善辩，说服力强，这种人往往比较狡诈。

3. 站姿与走姿

一般情况下，双脚呈僵硬的姿势表示紧张、焦虑；脚和脚尖点地表示轻松或无拘束；坐着时腿来回摆动表示轻松或悠闲；跺脚表示气愤或兴奋。如果一个人叉腿站着，说明他不自信，紧张而不自然，人们在一个陌生而不舒适的场合多半爱这么站。

4. 鞠躬的体态语

盯着对方的眼睛鞠躬的人，对对方持有戒心同时想处于优势；完全回避对方的目光深深鞠躬的人，多数是在对方面前感到自卑的人；鞠躬时有意保持距离的人，对对方表示戒心，客气。

二、正确解读其他无声沟通

（一）正确解读服饰语

穿着打扮的式样、色彩受社会不同背景、特定的情境、审美习惯、文化发展以及职业特点的影响，既表明了人们思想意识的开放的观变化，同时，也表达了人们心中的思想。

1. 着装风格反映人的性格

在日常生活中，有人爱穿朴实无华的服装，其行为却缺乏主动性；有人虽然穿着朴实，但对某部分的佩戴非常讲究，这种人有一定的个性。有人重视某部分的打扮是为了掩饰某些缺点，表现出较明显的冲突与矛盾心理。

2. 对社会流行着装的追求反映人的心理状态

有人在穿着方面对社会流行非常敏感，过分追求，表现出缺乏自信而要借流行的样式来掩饰自己的弱点。另外一些人则对流行漠不关心，表现出较强的个性，同时也怀有某种冲突与矛盾心理，往往缺乏协调性。

3. 对着装的嗜好反映人的情绪

有人喜欢穿戴比正常尺寸大的服装，表现出很强的自我显示欲望；有人喜欢穿着违反社会习俗的服装，则是怀有强烈优越感的表现；如果有人突然改变服装的嗜好，那么，这种人的情绪很不稳定，逃避现实的愿望也很强烈。

案例　　　　某公司关于女士仪容的标准

整体：整齐清洁，自然，大方得体，精神奕奕，充满活力。

头发：头发整齐、清洁，不可染色，不得披头散发。短发前不及眉，旁不及耳，后不及衣领，长发刘海不过眉，过肩要扎起（使用公司统一发夹，用发网网住，夹于脑后），整齐扎于头巾内，不得使用夸张耀眼的发夹。

耳饰：只可戴小耳环（无坠），颜色清淡。

面貌：精神饱满，表情自然，不带个人情绪，面着淡妆，不用有浓烈气味的化妆品，不可用颜色夸张的口红、眼影、唇线；口红脱落，要及时补妆。

手：不留长指甲，指甲长度以不超过手指头为标准，不准涂有色指甲油，经常保持清洁，除手表外，不允许佩戴任何首饰。

衣服：合身、烫平、清洁、无油污，员工牌配戴于左胸，长衣袖、裤管不能卷起，夏装衬衣下摆须扎进裙内，佩戴项链，饰物不得露出制服外。

围兜：清洁无油污，无破损，烫直，系于腰间。

鞋：穿着公司统一配发的布鞋，保持清洁，无破损，不得趿着鞋走路。

袜子：袜子无勾丝，无破损，只可穿无花、净色的丝袜。

身体：勤洗澡，无体味，不使用气味浓烈的香水。

资料来源：http://www.oh100.com/peixun/liyixingxiang/357343.html.2017-08-20.

（二）正确解读时空环境

时间是通过守时、迟到、早到传达信息的非语言符号。一般情况下，我们应遵循守时的原则，或者宁可早到，也不迟到。而在众多组织中，地位高的个人往往通过使他人等待来表现自己的时间比他人更有价值。从空间的角度来说，影响沟通中空间距离的主要因素有：

1. 地位

当两人之间地位差距拉大时，他们之间的沟通距离也会随之增大，地位低下的人好像意识到他们需要与地位高的人保持一定的距离。例如，权威人士更喜欢对办公室的桌子进行调整，以使来访者与自己隔开。

2. 个性

与性格内向的人相比，性格外向的人在与他人交流时能够保持较近的沟通距离。与缺乏自信心的人相比，自信心强的人在与他人交流时，沟通距离也较近。

3. 人与人之间的熟知程度

通常，人们总希望与自己熟悉的同伴或好朋友保持较近的距离，而尽量远离陌生人。

4. 文化背景

来自不同文化背景的人们倾向于不同的人际距离。例如，在交流沟通中，北欧国家的人彼此之间要比南欧国家的人站得更远。

三、正确解读说话语气及音色

（一）音调

不同的音调给人不同感受。音调高的人给人紧张、缺乏自信与情绪化的负面印象；而音调低的人则让人感觉稳重老练；鼻音重的音调给人温吞的印象。恰当地运用音调是顺利交往的条件。柔和的语调表示坦率和友善，在激动时自然会有颤抖，表示同情时略为低沉。

（二）音量

音量低被认为不够自信，而较高音则更具权威性、更性感、更悦耳。讲话者生气或激动时，音量往往会提升。音量原本就很高的女性应该努力降低声音，这样在向众人讲话时就不至于声嘶力竭，不会让人有刺耳的感觉。

（三）重音

重音是句子中要强调的一个词或一组词。当句子中用重音强调不同部分时，其含义可能大相径庭。例如：在句子"为什么我今晚不能请你吃晚饭？"中，重音位置不同，表达的意思也不一样。如表 3-2 所示。

表 3-2　重音对句子意思的影响

重 音 位 置	句子的意思
为什么我今晚不能请你吃晚饭？	我只能请别人吃晚饭。
为什么我今晚不能请你吃晚饭？	你却和别人一起吃晚饭。
为什么我今晚不能请你吃晚饭？	我要找到一个理由说明为什么我不该请你。
为什么我今晚不能请你吃晚饭？	你有什么问题？
为什么我今晚不能请你吃晚饭？	而不是明天吃午饭。
为什么我今晚不能请你吃晚饭？	而不是明天晚上。

（四）语速

说话时，把握适中的速度能够吸引听众的注意力。适当慢些的语速可以给人认真、权威和思虑周密的良好印象，也给后面语句的恰当措辞赢得了时间；适时加快语速给人以充满热忱与活力的印象。

第三节　改善肢体语言的技巧

肢体语言可以经由锻炼而显得完美，所以，平常要多多观察现实中的情境，注意加强自己肢体语言的技巧训练，提高非语言沟通能力。

一、改善目光语的技巧

在非语言沟通中，会说话的眼睛所起的作用是非常强大的。因此，改善目光语可以从以下几方面进行训练：

（一）目光接触

目光语体现的内涵是庄重、友善、亲和，其核心是注视行为，包括：目光投射的时间、投射的部位、投射的方式、投射的角度。

1. 目光投射的时间

一般而言，和一个人谈话时，要维持 5 ～ 15 秒的目光接触。假如面对一个团体谈话，眼睛要轮流和每个人的目光接触，每一次约 5 秒钟，不要让你的眼睛转来转去，也不要刻意放缓速度地眨眼睛，总的目光相接应该在谈话时间的 50% 以上。

2. 目光注视的部位

眼睛是目光最密集的部位，按注视部位可分为公务注视、社交注视和亲密注视三种。公务注视，即严肃的注视，一般指眼睛看着对方双眼，上顶角到前额的额上三角区部位。

社交注视，即眼睛要看着对方脸上，以两眼为上线，嘴为下顶角的倒三角地区。亲密注视，即眼睛看着对方双眼和胸部间的部位。另外，还有一种瞥视，瞥视表达兴趣或敌意，往往与眉毛或其他表情配合运用，注视的方式有扫视、斜视、直视等。

3. 目光投射的方式

在人际交往中，眼睛应直视，但不要盯着注视。听人讲话时应看着对方，表示关注；而讲话者不宜再迎视对方的目光，可以将视线放在对方的眉宇间，这样不会太尴尬。讲话者说完最后一句话时，才将目光移到对方的眼睛。这是在表示一种询问，即"你认为我的话对吗？"或者暗示对方"现在该轮到你讲了"。

4. 目光投射的角度

在人们交往过程中，彼此之间的注视角度往往因人的地位和自信而异。一个充满自信心的人大多能与人们目光接触，而被动、消极、无自信心的人根本不敢正视他人目光。一般而言，视线向下表示权威、支配和优越感，如图 3-10 所示。视线向上表示崇敬、期待、服从与任人摆布，如图 3-11 所示。视线水平表现平等、客观和理智，如图 3-12 所示。

图 3-10　视线向下表现权威感和优越感

图 3-11　视线向上表现服从与任人摆布

图 3-12　视线水平表现客观理智

（二）吸引对方的目光

在与人交流时，吸引对方目光的目的，除了是要告诉对方你对他尊重、很感兴趣等，也是控制对方在交流中不走神。在交流时，我们一般可以借助实物、手势等吸引对方的注意力，也可以用盯视的方法控制对方目光。

（三）避免误用目光接触

在运用目光语时，我们还要避免使用错误的目光接触，以免产生反效果。例如，直盯、怒视、死盯着不放的眼光具有攻击性，会让人产生被威胁的感觉；眼神四处游离，会导致倾听者注意力转移，产生不可信的印象；目光突然扫射会导致倾听者注意力转移；频繁眨眼是缺乏自信的表现，会导致倾听者注意力分散。

二、改善身体姿势的技巧

（一）改善手势的技巧

打手势是为使话语和说话的人显得更加生动活泼，提升话语表达的效果、更加明确地表达意图。一般来说，手势运用需要注意以下几点：

1.手势动作要自然得体

手势上不超肩10厘米，下不过腰10厘米，上臂不贴紧身体抱于胸前或小腹前，同时避免双臂或双脚的交叉动作，避免张牙舞爪、夸张、矫揉造作、单调和呆板的手势。

2.手势的使用目的要明确

手势要与身体姿势、眼神、表情以及口头语言协调一致。遇到慷慨激昂的议论，配合寓有鼓动性的手势，可以激励起对方的情绪；在侃侃而谈的叙述时，加上富有感染力和说服力的手势，也可以起到渲染气氛，把对方代入角色的作用，使其有身临其境的感觉。

3.手势不要过多

手势过多显得琐碎缭乱，给人轻浮的感觉，而且分散对方注意力。

4.避免消极的手势

消极的手势主要是指：抠鼻子、揉眼睛、搔痒痒、捋胡须、理头发、手插裤兜、玩弄衣扣等。

（二）改善站姿与走姿的技巧

女士站姿应该是全身直立、双腿并拢、双脚微分、双手搭在腹前；抬头、挺胸、收腹、平视前方，如图3-13所示。切忌两脚分开、双腿"分裂"、臀部撅起、双手下垂放在身体两侧。男士站姿应该是身体重心在两脚；头正、颈直、挺胸、收腹、平视；双脚微开；最多与肩同宽，如图3-14所示。

正确的走姿应该是步姿稳健、步速适中、步态沉静，应做到头正、目视前方、表情自然、肩平、勿摆摇、臂摆小幅度（30～40度）、手自然弯曲，挺胸收腹、重心前倾；走线直、脚跟先着地；步幅适度，以一脚长度为宜；步速平稳，勿忽快忽慢，如图3-15、图3-16所示。

图 3-13　女士站姿　　图 3-14　男士站姿　　图 3-15　女士走姿　　图 3-16　男士走姿

（三）改善坐姿的技巧

女士端庄的坐姿应该是就座时的动作应该不紧不慢、不慌不忙、不声不响、大大方方，坐椅子的 2/3，后腿能够碰到椅子，上身自然挺直，屈膝，膝盖并拢，双腿偏向一侧，双手自然放在双膝上，如图 3-17 所示。男士坐姿应该人体重心垂直向上，腰部挺起，上身垂直，大小腿成直角，两膝并拢或微微分开，两脚平放地面，两脚间距与肩同宽，手自然放在双膝或椅子扶手上，头平稳，目平视，如图 3-18 所示。

图 3-17　女士坐姿　　　　图 3-18　男士坐姿

（四）改善身体姿态的整体形象

由于身体姿态会影响自身在人们心目中的印象，导致不同的沟通结果，因此，我们要注意改善身体姿态的整体形象。

1. 模仿他人良好得体的姿势

我们要注意观察他人良好得体的姿势，进行适当模仿，从中掌握一定规律。如头部的正确姿势、面部表情的变化、手势的正确运用、四肢动作的协调等。

2. 进行标准姿势的练习

身体语言中有很多是约定俗成的，所以，一定要符合标准。如点头的次数最好是 3 的倍数，倾听时身体略向前倾斜，说话时挺起胸，保持抬头的姿势等。当然，还要注意自己所在环境对于身体姿势的特殊要求。

3. 注意"三适"原则

注意身体姿态的整体效应取决于该姿态是否适人、适时、适地，要在合适的人员、合适的时间、合适的场合运用合适的身体语言。

4. 避免身体语言的"三忌"

忌杂乱的、不能表情达意的身体动作，如用手摸鼻子、随便搓手、摸桌边等都是多余而消极的身体动作；忌空泛、重复、缺少信息价值的身体动作，如两手在空中不停地比画、双腿机械地抖动等；忌卑俗的身体姿势，如像街边的乞丐在乞讨着什么等。

课 后 练 习

一、不定项选择题

1. 以下哪项不是非语言沟通技巧？（　　）

A. 倾听　　　　　　B. 提问　　　　　　C. 沉默

D. 面部表情　　　　E. 触摸

2. 非语言沟通的具体作用有哪些？（　　）

A. 代替语言信息　　　　　　　　B. 强调说的内容

C. 控制对方行为　　　　　　　　D. 调整语言沟通

3. 关于语言沟通和非语言沟通，下列哪种说法是错误的？（　　）

A. 语言沟通和非语言沟通是相互联系的

B. 非语言沟通可以强化语言沟通的含义

C. 语言沟通可以澄清非语言沟通的含义

D. 语言信息比非语言信息更能准确地表达一个人的思想

E. 语言信息往往比非语言信息更可靠

4. 非语言沟通的功能不包括（　　）。

A. 提供信息　　　B. 调节交流　　　C. 表达亲和力

D. 表达社会地位　E. 交换物品

5. 要突出某人的身份地位，与此人保持的距离称为（　　）。

A. 私人空间　　　B. 社交空间　　　C. 公共空间

6.提高倾听的效果的要点有（　　）。

A.保持目光交流　　B.捕捉内容要点　　C.沉默无声地倾听

D.揣摩词语，体味言外之意　　　　　E.注意对方的表情、动作

实　践　课　堂

1.同学们分成 3～5 人一组，结合所学的人际交往技巧，把自己成功和失败地与各类人接触的过程进行一次交流，共同分析收获和体会。根据小组讨论的结果，进行一次全班性的交流，与大家一起分享。

2.同学们组织一次郊游、一次课外体育活动试着与你原来不熟悉的同学沟通，体会一下你在沟通过程中都运用了哪些原则。

3.同学之间 3 人一组，每人列举两到三个古代人际交往的小故事，体会古人在人际交往中的技巧，并结合当代人的交往原则，讨论一下哪些已经过时了，哪些还可以继续发扬光大。

第四章
人际沟通与管理

学习要求与目标

1. 了解管理沟通的作用与功能，领会章节中的案例，并认真体会；
2. 掌握管理沟通的常用方法及完善策略，并在实际中加以运用；
3. 掌握管理会议沟通的关键点及主要障碍，并在实际中加以运用。

引导案例

云南：疫情防控不敲"暂停键"　招商沟通不设"防火墙"

新型冠状病毒肺炎疫情发生后，云南省投资促进系统在全力以赴打好疫情防控阻击战的同时，统筹抓好投资促进各项工作，各级投资促进部门紧紧盯住全年投资促进工作目标任务，紧紧抓住招商引资工作不放松，招商举措不断完善，招商方式不断创新，营商环境不断提升，有力地促进了全省经济社会的快速发展。

疫情防控不敲"暂停键"，招商沟通不设"防火墙"。疫情期间外出招商受影响，各级投资促进部门积极通过电话、微信、电脑端办公、招商引资大数据平台等渠道，创新工作方式，保持与省、境外重点企业的联系和对接，努力破解项目推进的梗阻点，帮助客商坚定投资信心。

普洱市、保山市、曲靖市等投资促进部门积极推行"不见面"招商方式，通过招商微信公众号、微信、电话、短信等方式，改"面对面"交流为"屏对屏"沟通，前期考察由"现场踏勘"变为"视频＋图片＋文字介绍"进行，协议文本变"当面签字盖章"为"邮寄签字盖章"等，对在谈项目紧盯不放，积极对接目标企业，重点对在谈、重点跟进且有望签约的项目进行对接。

同时，各州市投资促进部门积极利用疫情防控期间外出机会少、投促干部较集中的机会，结合各地产业发展定位，聚焦重点，想方设法做好项目策划和资源储备，为下一步精准招商打下坚实基础。各州市相继通过政府信息公开网、招商部门微信公众号、电话、私信等方式，加强与在滇投资企业和意向投资企业家沟通联系，向客商们致以诚挚的问候，帮助客商坚定投资信心。

服务优化三春暖，热情不降勇担当。昆明市、丽江市、曲靖市、景洪市等各级投资促进部门也采取多种方式，利用各类平台主动告知企业政务服务事项、网上办理途径和方法等，引导外来投资企业积极使用电脑客户端"云南政务服务网"和移动端"一部手机办事通"办事，让外来投资企业"办事不出门、事项网上办"。

同时，各地坚持落实党政领导挂钩重大项目制度，加大"一把手"招商力度，建立绿色通道加大重大招商引资项目和重大招商活动签约项目的推进、服务力度，切实解决好项目推进中存在的困难和问题，积极引导外来投资企业创新经营模式，群策群力，化危为机，共克时艰。

资料来源：https://baijiahao.baidu.com/s?id=1658351143380784872&wfr=spider&for=pc.2020-02-13.

第一节　管理沟通的含义及作用

小贴士

作为福特公司的董事长，我告诫自己，必须与各界确立和谐的关系，不可在沟通上无能为力。

——亨利·福特

一、管理沟通的含义

管理离不开沟通，沟通隐含在管理的各个职能之中，并贯穿于管理的整个过程。无论是计划、组织、协调，还是领导、控制、决策，都与沟通密切相关。可以说，在企业生产经营活动中，到处都存在着沟通。例如，企业要想达到预期的目标，要使每个成员能够在共同目标的指引下方向一致地工作，无疑离不开管理沟通；企业成员要表达要求、交流感情、提出意见，管理者要了解民情、发布命令等，也同样离不开管理沟通。

管理沟通已经成为与计划、组织、领导、控制等同样重要的概念。没有管理沟通，组织就不能正常运行，管理沟通的过程贯穿组织运行的始终，良好的管理沟通是实现企业目标的保证。所谓管理沟通，是指为了实现组织目标，管理者把信息、观念或想法传递给其他人的过程。要理解这个概念，需要把握以下几点：

第一，管理沟通是一种有目的的活动。严格说来，任何沟通活动都有自己的目的，只不过管理沟通与其他沟通形式相比目的性更为明确罢了。管理沟通的目的是实现组织目标，因此，在管理沟通过程中必须依照目标进行沟通，不能为了沟通而沟通。

第二，管理沟通是一个互动过程。多数情况下，管理沟通不是单向或单方面的，而是一个涉及思想、信息、情感、态度或印象交流的互动过程。这种互动不是仅仅发生在对谈话的认识、表述或逻辑层面，而是涉及一个较大范围的相互交流。在这个过程中，人们的态度和印象可能无法用语言表达，但这类沟通的互动性依然存在。

第三，管理沟通强调的是理解能力。从一定程度上说，管理的本质就是给出命令和指示，因此，管理沟通就是传达信息。然而只有当传达的信息被理解和接受，这样的信息才有意义。有效的管理沟通常常通过反馈来核实理解的正确与否。

第四，管理沟通是多层面的沟通。管理沟通是一个涉及个体、组织和外部社会多个层面的过程，在这个过程中，既存在个体与个体之间的沟通，也存在群体与群体之间的沟通，还存在个体与群体、群体内部与外部的沟通等。不同的管理沟通具有不同的特点和要求。

案例

日本的企业家和美国的企业家不同，他们不会插手企业具体的经营，他们主要做三件事情。

第一，倡导企业的经营哲学，建立企业的经营哲学理念，把企业的经营理念，导入每一级员工的头脑中去。管理学者通过对大量日本企业的研究发现，这些企业最大的特点就是拥有独特的企业文化。

第二，强调人的概念。在日本企业，人力资源部门的经理拥有很大的权力，远远超过其他职能部门。这是因为，人力资源部是直接受企业家控制的，该部门不仅要更合理地调配人力资源，而且还要为企业培养人才。

第三，关系协调。日本企业很注重同各种机构和单位处理好关系，注重同各种社会关系的维持。

资料来源：https://wenku.baidu.com/view/21ebc51070fe910ef12d2af90242a8956aecaa47.html.2019-03-01.

二、管理沟通的作用

沟通是管理中极为重要的部分，管理者与被管理者之间的沟通可以说是管理艺术的精髓。著名管理学大师彼得·德鲁克就明确地把沟通作为管理的一项基本职能，他认为，无论是决策前的调研与论证，还是计划的制订、工作的组织、人事的管理、部门间的协调、与外界的交流，都离不开沟通。

无数事实证明，良好的企业必然存在着良好的沟通。正如美国著名未来学家奈斯比特指出的那样："未来的竞争是管理的竞争，竞争的焦点在于每个社会组织内部成员之间及其与外部组织的有效沟通上。"具体而言，管理沟通的重要作用主要表现在下述几个方面。

1. 管理沟通是实现有效管理的基本保证

随着经济全球化步伐的日趋加快和现代通信技术、网络技术的迅猛发展，全球经济的依存度节节攀升，经济活动的国家界限、区域界限及企业界限变得日益模糊，伴随而来的是企业规模越来越大，目标也越来越复杂。为了管理规模更大的企业和实现更为复杂的目标，企业必须加强从高层到中层、基层的各个环节的沟通。

只有企业各部门、各环节沟通渠道通畅，才能实现上下、左右之间的有机配合与协调，从而将机构庞大且业务繁杂的企业整合成一个具有功能放大效应的大团队。

2. 管理沟通能够促进企业与个人和谐发展

有效的管理沟通能使企业各部门紧密配合，增强目标的导向性，促进企业体系的健康发展。企业是由众多个体组成的组织，企业的健康发展有赖于个人的全面发展。心理学家的研究结果表明，心理健康水平越高则个性越健康，与人交往就越积极主动，人际关系也越融洽，越符合社会期望，其工作绩效也越大。

通过管理沟通，员工之间可以互相启发、互相学习，不仅能够培养员工思考问题、解决问题的能力，建立良好的人际关系，培养团队精神，形成积极向上的工作风气；而且能够营造团队学习与个人学习的良好氛围，进而实现企业与个人的和谐发展。

3. 管理沟通能够稳定员工的思想情绪，改善企业内的人际关系

在企业生产经营过程中，无论是部门与部门之间、部门与个人之间，还是个人与个人之间，进行有效的沟通都极其重要。企业中之所以经常出现这样那样的矛盾和冲突，导致人际关系紧张、矛盾激化以及合作破裂，其最主要的原因就在于缺乏沟通或者沟通方式不当。

众所周知，人们互相沟通与交流是一种重要的心理需要，沟通可以解除人们内心的紧张与怨恨，使人们感到心情舒畅，并能够加深彼此之间的理解，极大地改善人际关系。

如果企业信息沟通渠道不畅，员工间的意见难以交流，将使人们产生压抑、郁闷的心理。长此以往，不仅影响员工心理健康，还将严重影响企业生产经营活动的正常进行。因此，企业若要顺利发展壮大，必须要保证企业内部上下左右各种沟通渠道畅通，这样才能激发员工的积极性，促进人际关系的和谐，从而更好地提高管理效能。

4. 管理沟通有利于收集资料与分享信息

面对日趋激烈的市场竞争，企业要想顺利实现预期目标，就必须及时、全面掌握企业内外环境变化的各种信息、情报与资料，只有这样，才能做出正确的决策，并采取相应的行动。而管理沟通正是企业收集信息并分享信息的重要渠道。

通过管理沟通，企业不仅可以收集到有关外部环境的各种信息与情报，而且能够及时了解员工的意见和工作结果，洞察各部门之间的关系，从而掌握管理的效率。不仅如此，通过企业内部上下左右的信息传递与交流，还能够实现信息的共享和集成，从而做到上情下达、下情上传，最后实现上下统一，形成一个有机整体。

5. 管理沟通能够调动员工参与管理的积极性，增强员工责任感

随着社会的发展和人们生活水平的不断提高，人们逐渐由"经济人"向"社会人""文化人"的角色转变。不管人们是否承认，从单纯追求物质享受到追求精神满足与自我实现，已经成为社会发展和人们需求变化的必然趋势。而这种自我实现与精神满足在工作中就主要体现在员工能否参与或者多大程度参与企业管理上。

然而，在企业管理中，管理者的知识、经验及观念往往通过沟通影响着员工的知觉、思维与态度。特别是当管理者为适应发展的需要必须进行某项改革时，他的一项重要任务就是通过管理沟通来转变员工的态度和行为，只有这样，改革才能得到员工的支持与配合，

否则，不仅难以推动改革的进行，而且还会产生"积极抵制"的现象。可见，管理沟通不仅有助于调动广大员工参与管理的积极性，而且能够增强员工的责任感，并进而实现员工行为的根本转变，由"要我干"转变为"我要干"。

6.管理沟通能够激发员工创新意识，使决策更加合理有效

随着企业规模的不断扩大和员工队伍素质的日益提高，民主管理已经成为企业管理的必然趋势，而民主管理的主要形式就是在企业中开展全方位的管理沟通。如目前许多企业采取的高层接待日、意见箱制度、恳谈会、网上建议等，都是实现民主管理的有效形式。

通过构建畅通无阻的沟通渠道，让员工积极讨论、思考、探索企业发展中的各种问题，不仅能够集思广益，激发员工的创意和灵感，而且能够为企业的科学决策提供依据，从而使管理决策更加科学和有效。

> **小贴士**
>
> 擅长于沟通的管理者，也可能擅长于掩饰真正的问题。
>
> ——柯利斯·阿格利斯（哈佛大学教授）

第二节　管理沟通的内容及常用方法

一、管理沟通的功能

1.协调

在企业外部环境中，任何企业都要与政府管理部门、竞争者、顾客、股东、供应商等发生各种各样的联系，企业必须与之充分协调，了解其需要，然后才能采取措施满足其需要。在企业内部环境中，管理者必须了解管理对象的各个方面的信息，包括对象的活动特点以及对象间的关系，这样才能协调各个系统向着共同的目标前进。另外，管理沟通的协调作用还使企业内外环境形成了有机的整体。

2.激励

激励是管理永恒的主题，管理沟通是实施有效激励的基本途径。一方面，企业领导运用领导艺术、采取措施调动员工积极性的基本前提是领导者必须了解员工的需求，而这就需要沟通来实现；另一方面，员工不仅有物质上的需求，而且有精神上的需求，实施有效沟通的企业能使员工自由地与上下左右进行交流，谈论自己的看法、建议，从而极大地满足员工自我实现的需求，并不断激发出他们的积极性和创造性。

3.交流

管理沟通的一个重要职能就是交流信息。企业的各个部门都必须及时地将有关信息传

递到相应部门，同时也会接收到相应的信息，如果信息交流中断，后果不堪设想。企业员工间的交流既有助于满足员工的心理需要，改善人际关系，又有助于使员工产生强烈的归属感。

4. 创新

创新是企业活力的重要表现，而管理沟通则是企业创新构想与创新方案的主要来源。上下层次有效沟通，不仅能使管理者迅速发现问题所在并获得大量宝贵建议，而且有助于员工们相互启发、相互讨论、共同思考，迸发出新的创意，为企业创新提供强大的动力。

5. 控制

控制是为保证企业目标实现而对企业内部管理活动及其效果进行衡量和矫正的管理行为。有效控制前提是信息获取，信息的传递是为了实现有效控制，而一切有效控制都依赖于信息传递，有效的管理沟通能够为控制提供基本前提和保证。

> **小贴士** 管理之道，"借力"也！要实现"借力"，沟通和激励就是管理者最重要的两项管理技能。卡耐基说，一个人的成功，15%来自他的专业知识和技能，85%则依靠他与别人相处的方式方法，由此可见管理沟通的重要性。如何合理使用人才，充分发挥每个人的潜能，这些激励问题困扰着企业的每一位管理者。

二、管理沟通的内容

管理沟通是为实现组织目标而进行的信息传递和交流活动。根据企业运转的需要，管理沟通的内容总体上包括信息、知识和情感三个方面。

（一）信息沟通

信息是企业进行活动的前提，企业的有效运转离不开信息，只有信息顺畅流动，才能确保企业按既定目标运转。根据企业信息流动的特点，可以把信息沟通分为下述两类。

1. 任务信息的沟通

任务信息的沟通，主要是指在企业运转过程中各种工作任务协调中的职能型沟通。任何企业都有其自身的任务，只有完成自身的任务才有存在的价值，因此，任务沟通对于任何企业来讲都是最重要的内容。在企业生产经营活动中，最重要的信息沟通内容主要包括：公司的目标和价值；公司主要的战略变化；公司预期的财务信息；人员变动情况；等等。

2. 数据信息的传递

随着信息技术和网络技术的发展，信息已经成为企业生产经营活动中不可或缺的资源。企业拥有的信息多种多样，除了任务信息外，还包含大量数据化的信息，这些数据信息主要包括：市场数据信息，如市场占有率、市场营销费用、顾客信息等；财务数据信息，如财务状况、现金流动、成本费用等；专业技术信息，如技术标准等专业知识。

（二）知识沟通

任何企业都是知识的集合体，知识在企业中占有重要地位，作为企业管理手段的沟通也必然为知识沟通服务。

1. 知识的类别

知识是一种能够改变某些人或者某些事物的信息。概括起来，企业中的知识主要包括以下类型：一是关于事实方面的知识，这种知识最为简单明显。二是关于自然原理和规律方面的科学理论，这种知识可以通过学习科学知识获得。三是关于能力与才能，是某人或组织区别于其他的独特知识，是隐形知识。四是有关的专业知识以及如何有效利用它们。此外，企业中的知识还可以划分为显性知识和隐性知识、管理知识和技术知识、一般知识和创造性知识等。

2. 知识沟通的特点与准则

知识沟通的特点包括：沟通的频率较高，沟通的层次多，正式沟通与非正式沟通共存。知识沟通的准则是：层次简单，结构扁平，渠道畅通，以实现知识共享。

（三）情感沟通

企业由人所组成，情感是人内心世界的表达。一般来说，情感可以分为情绪、感受和情操。情绪是指员工的社会性情绪，包括愉快、痛苦、愤怒以及悲喜交加等。感受是较为高级的感情现象，具有稳定、持久、含蓄的特点，包括交往需要、尊重需要等。情操是最为高级的感情现象，是人的社会性需求和社会价值观的结合，包括道德观、理智感、审美感等。

沟通时不仅要进行信息沟通、知识沟通，还要进行心理上的情感沟通。尤其是人们需求层次在不断提高，企业更应重视情感沟通。情感沟通具有动力支持和情绪调节作用，可以使管理者了解员工对企业政策的好恶程度，并培养员工对组织的热爱和忠诚。

三、管理沟通的常用方法

沟通方法是指在沟通过程中所采取的具体方式与手段。管理沟通的方法多种多样，既有外部沟通的方法，如广告、谈判、公关等，也有内部沟通的方法，如批示、汇报、会议与个别访谈等。在管理过程中最经常使用的管理沟通方法主要包括下述七种。

（一）发布指示

指示具有强制性与权威性，是上级对下级指导工作时常用的管理沟通方法，它可以使一项活动开始，也可以使一项活动的内容、方式变更或中止。指示明确规定了上下级之间的关系以及各自的职责，它由上级发布，由下级服从并执行。如果上级不能正确地向下级下达命令、发布指示，则会导致下级无所适从，上级的权威也将难以树立；如果下级不服从指示或不恰当地执行了指示，那么上级的指示会失去作用，下级的职位也将难以维持。

为了避免这种情况的出现，就要求上级在发布指示之前必须进行调查研究，征求各方面的意见，并对下级进行必要的指导，这样才能保证上级的指示正确并使下级能够贯彻执行。

在管理过程中，上级应根据不同的情况采取相应的指示方法。常用的有以下三类：

1. 一般指示或具体指示

一项指示是一般的还是具体的，取决于管理人员对周围环境的预见能力以及下级的响应程度。对情况熟悉的管理人员应采用具体指示，而在对周围环境情况不可能悉数预见时，大多采用一般指示。

2. 书面指示或口头指示

在决定指示是书面的还是口头的时，应考虑上下级之间关系的持久性、双方的信任程度，以及指示的重复性等。如果上下级之间关系持久，信任程度较高，则可用口头指示。如果是为了防止命令的重复和司法上的争执，或者是对所有人员宣布一项特定的任务，则书面指示大为必要。

3. 正式指示或非正式指示

对每一个下级准确地选择正式指示或非正式指示是一种艺术。一般而言，当上级启发下级时适宜采用非正式的指示，当上级命令下级时则适宜采用正式的指示。

（二）请示汇报

请示是下级向上级表达要求的一种常用的沟通方法，它可采用书面与口头两种方式。如果要求上级给予支持的事项较为复杂，且涉及的部门较多，则可采用书面请示形式；如果要求上级给予支持的事项较为简单，且不需经繁杂与严谨的手续和程序就可以解决的，则可采用口头请示的形式。

汇报是下级在执行上级指示及工作任务的过程中，将其所遇到的困难与问题、工作的进展等情况向上级反映并提出设想的一种沟通方式。汇报通常也可以分为书面汇报与口头汇报两种。若所碰到的问题需要经过上级批示或需要两个以上部门的协调才能加以解决，一般采用书面汇报的形式；只向上级反映工作进度，可采用口头汇报的形式；带有总结性质及规划意向，为显示其严肃性与权威性，通常采用书面汇报与口头汇报相结合的沟通方式，如年度工作总结及工作计划，经常采用的就是书面汇报与口头汇报相结合的沟通方法。

（三）召开会议

人与人之间的沟通是人们思想、情感的交流，开会就是给人与人的沟通提供交流的场所和机会。会议的种类很多，包括汇报会、研讨会、论证会、总结会、表彰会、座谈会等。必须强调的是，虽然会议是管理沟通的重要方法，但绝不能完全依赖这种方法。尤其是在信息技术相当发达的今天，随着人们生活节奏的加快、竞争的加剧以及人们效率意识的不断提高，企业内部相当数量的会议完全可以利用计算机网络来进行。

用网络开会可以打破空间的界限，克服会议人员难以集中的困难，提高会议的效率。鉴于会议沟通的重要性，本书将在本章第四节进一步探讨。

（四）个别访谈

个别访谈是企业内部为了收集信息或了解工作进展情况而向员工进行访问谈话的沟通方式。这种沟通方式能够拉近上下级之间以及组织成员之间的情感距离。由于它是一对一、面对面的直接沟通，因而能够消除人们沟通过程中的心理压力，所获得的信息可信性也相对较强。在这种情况下，人们往往更愿意表露自己的真实思想，提出不便于在会议场所提出的问题，因而有助于领导者掌握下属的思想动态。

（五）内部沟通制度

要搞好企业内部沟通，除了要掌握企业内部人际关系类型、了解各种沟通模式之外，还必须具备一套系统、完善的沟通制度，这样才能取得最佳的沟通效果，使企业走上科学化、程序化、规范化的道路。内部沟通制度主要包括员工建议制度、领导接待来访制度、例会制度等。企业应根据本企业实际情况制定相应的沟通制度，并把沟通制度落到实处，切实贯彻执行。

为此，应注意以下几点：第一，必须有专人负责实施沟通制度。第二，及时反馈信息。"有去无回"会挫伤员工的积极性，使企业沟通失去真诚的协作。第三，适当的奖励。这是保证职工积极参与沟通的重要措施。

（六）员工手册

员工手册主要是用来向新员工或来访者详细介绍企业发展概况、规章制度、工作性质及有关要求的一种沟通形式。员工手册涉及企业的建议制度、医疗方案、利润分享、劳保措施、退休制度、娱乐设施、培训教育以及企业的方针、政策等多项内容，它使员工在工作和生活中能非常方便地查找到所需的专门信息。员工手册不仅能使员工更好地了解企业，而且也让员工清楚地知道自己该做什么、该怎样去做、该向谁负责。

（七）内部刊物

内部刊物主要是以企业员工为读者对象的刊物，主要有报纸、杂志、电子读物等形式，内容包括时事通讯、企业消息、文化艺术、体育娱乐等。内部刊物一般是定期或不定期发行。我国许多企业的内部刊物大多以免费赠阅的方式发行。内部刊物是企业内部沟通的重要手段之一，企业管理人员必须掌握为企业内部刊物写作、编辑、摄影、设计的有关知识和技能，不断提高内部刊物质量。

第三节 管理沟通的策略

管理沟通是否能有效进行受到多方面影响。管理沟通的过程常常会受到来自内外部各种因素的影响和干扰，使信息丢失或被曲解，造成管理沟通受阻。为了克服管理沟通中的障碍，管理人员必须采用某些策略和方法，努力解决沟通中存在的各种问题，只有这样，才能实现有效沟通。一般来说，管理沟通中常用的策略包括以下几种。

一、明确管理沟通目的

管理沟通具有很强的目的性，没有目的的"沟通"不能称之为管理沟通，只能谓之聊天。事实上，人们在管理过程中普遍缺乏的不是聊天，而是管理沟通。因此，在进行管理沟通之前必须明确沟通目的：为什么沟通？要达到什么目的和结果？是为了提供信息还是为了劝说？是为了质疑还是为了提出建议？目的不同，沟通渠道和媒介的选择就不同。

只有目的明确，才能在沟通时做到有的放矢，从而使信息接收者能很好地理解所收到的信息进而正确地反馈。但每次管理沟通的目的不能太多，只有管理沟通的范围集中，接收者才能注意力集中，沟通才能顺利、有效。

二、优化管理沟通环境

在管理沟通中，要想实现有效沟通，必须进行企业沟通环境的优化。这具体包括三个步骤：

一是制定共同的目标。这是消除上下级之间以及不同部门之间沟通障碍的有效途径。成员目标一致，方能够同心协力，从而有效消除管理过程中的沟通障碍。

二是营造良好的组织氛围。营造一个支持性、值得信赖和诚实的组织氛围，是改善管理沟通的前提条件。管理人员不应压制下属的感觉，而应耐心地处理下属的感觉和情绪。

三是必须具备一定的沟通知识。企业成员必须具备沟通的操作性知识和理论背景知识，如沟通的含义、沟通的种类、沟通网络、沟通可利用的各种媒介、有关沟通的研究成果和最新观念等。更为重要的是，管理人员不仅要掌握沟通的有关知识，而且还要有能力把这些沟通知识运用到实践中去。

三、疏通管理沟通渠道

企业要经常检查管理沟通渠道是否畅通，一般可通过检查沟通政策、沟通网络以及沟通活动等内容，来保证组织沟通网络的畅通无阻。可以说，检查沟通渠道是克服沟通障碍、实现有效沟通的一个基本途径。

需要经常检查的沟通网络主要包括：一是与政策、程序、规则和上下级关系有关的管理网络，或与任务有关的网络。二是与解决问题、提出建议等有关的创新活动网络。三是与表扬、奖赏、提升有关以及联系组织目标和个人所需事项的整合性网络。四是与出版物、布告栏和小道消息有关的新闻性网络。检查管理沟通网络时所发现的问题要及时处理，以实现管理的有效沟通。

四、调整管理沟通风格

在日常工作与生活中，人们习惯于使用某种沟通方式与人交往，使用者便感到得心应手且游刃有余，久而久之，这种沟通方式便逐渐发展成为个人的沟通风格。如果不同沟通风格的人在一起工作，彼此不能协调与适应，那么不仅不能有效沟通，还会造成许多无谓的冲突和矛盾，阻碍管理工作的顺利进行。

因此，沟通双方首先要尊重和适应对方的沟通风格，积极寻找双方利益相关的热点效应。其次，必须调整自己的沟通风格。这时要始终把握的基本原则是：需要改变的不是他人，而是自己。这方面的技巧主要有：一是感同身受，站在对方的立场来考虑问题，将心比心，换位思考，不断降低自身的习惯性防卫。二是高瞻远瞩，沟通双方要具有前瞻性与创造性，为此，沟通双方必须不断学习，争取持续进步。三是随机应变，要根据不同的沟通情形与沟通对象采取不同的沟通对策。四是自我超越，沟通双方要对自我的沟通风格及其行为有清楚的认知，并不断反思、评估、调整并超越。

五、因人而异进行管理沟通

在管理沟通过程中，信息发送者要充分考虑接收者的心理特点、知识背景等状况，并根据沟通对象的特点选择、调整自己的沟通方式、措辞以及服饰、表情等。要慎重选择语言文字，使用意义准确、对方容易接受的词句，做到叙事条理清楚、言简意赅。

其实在管理沟通的过程中，很多问题就源于你的思考模式。不同层级的管理者要针对具体情况，做到升位思考、降位思考或者换位思考，否则就根本没办法具备同理心和同情心，沟通的效能就会大打折扣，沟通的效能降低了，生活绩效和管理绩效也会随之降低。

六、减少管理沟通的干扰

对重要的信息应该选择接收者能够全神贯注地倾听的时间段进行沟通。如果一个人正在接听电话，或者情绪低落，这一时间就不利于其接收信息，因为他有可能听不进去，或者容易误解。因此，在管理沟通时应尽量避免外界环境的干扰。例如组织召开重大会议时，一般都选择安静的场所，以避免被电话、请示工作打断。

七、选择恰当的管理沟通方式

在进行管理沟通时，沟通的时机、方式和环境都会对沟通效果产生重大影响。领导在宣布某项任务时，应考虑何时宣布、采用何种方式宣布才能增加积极作用，减少消极作用，如人事任命就宜采用公开的方式通过正式渠道进行传递。管理者应根据要传递的信息，对沟通的时间、地点、条件等都充分加以考虑，使沟通信息的形式与沟通的时机、方式和环境相适应，以确保沟通的有效。

在实际管理工作中，如果管理者使下属一直处于高压的情况下，那么，二者的工作就特别累。但是也不能只是鼓励，如果下属很容易就得到上级的鼓励，天长日久，他也就不当回事了，在下属面前上级最多是一位老好人。所以作为管理者，应当善于将沟通的两种模式综合运用，鼓励为主，批评教育为辅，以此来指导自己的日常沟通和管理工作。

八、建立双向沟通机制

传统的组织主要依靠单向沟通，即在组织内从上到下传递信息，下级无法表达自己的感觉、意见和建议。而以建议系统或申诉系统为主的双向沟通渠道对下级表达想法和建议有很大的帮助，能增进管理沟通的效果。

> **小贴士**
>
> ### 管理沟通的五个必谈，你都做了吗？
>
> 一、员工表现优秀得到奖励必谈
>
> 奖励，是对工作的一种肯定和鼓励。一方面，奖励让员工感到辛勤付出是有回报的，有利于激发工作积极性；另一方面，树立榜样，号召员工向榜样学习，形成人人争当先进的工作氛围。这对于提高工作效率有重要意义，与受奖励员工进行沟通交流，了解他的创新体会和工作心得，从而总结好的工作思路、工作方法、工作经验，最终把员工想法的精华部分上升为管理层的意志，推而广之。
>
> 二、员工有工作过失必谈
>
> 员工出现工作差错时，不要只强调制度有严肃性，而忽视适当的"人情味"。员工出错，管理者也难辞其咎，作为管理者，应该分析员工出错的原因，向员工详细了解有关情况，让员工放下思想包袱，避免下次再犯类似错误。在与员工谈话时，态度要诚恳、亲切，让员工体会到管理者的关怀，从真正意义上落实"制度管人、感情待人"的管理真谛。

小贴士

三、员工有情绪必谈

当员工有情绪时，管理人员应该及时找员工谈天，了解员工的思想动态，对产生情绪的原因进行分析，帮助员工找到释放情绪的办法和渠道，让员工明白情绪对工作的影响及调节自己情绪的重要性。

四、员工遇到困难必谈

公司不仅是客人的"家外之家"，也是员工之家，应该让员工感觉到家的温暖，员工总会有不顺心的时候，或工作上，或生活上，或情感上等，当员工遇到困难时，特别需要别人的帮助，这时管理人员应出面帮忙解决员工的后顾之忧，从而让员工全身心地投入到工作中去。

五、员工之间出现矛盾必谈

当员工之间出现矛盾时，管理人员应及时出面，了解矛盾产生的原因，分析并提出适当的解决方法，平息员工之间的怒气，消除员工之间不应有的误会，相互理解，从而营造良好和谐的工作氛围。

"五个必谈"沟通交流制度的实施，让员工明确了工作目的，把管理层想做的事变成员工愿做的事，员工满意度的提升，意味着客人满意度提升有了根本的保障。

资料来源：http://www.sohu.com/a/208446040_417360.2017-12-04.

第四节　突发事件管理与沟通

一、突发事件的特征

一般来说，突发事件具有这样几个特征：

（一）突发性

突发性是突发事件最根本的特征，往往事件的爆发没有更多的先兆和预兆，出乎意料。新闻报道中涉及最多的是重大交通事故、生产事故、水灾、火灾、旷难、瘟疫等。带有很强的随机性，而且一旦爆发，蔓延迅速，很难控制。

（二）不确定性

突发事件的形成、发展和演变很难有一个特定的模式来供人们研究和应对，可以说有多少突发事件就有多少突发事件的发展模式和运行轨迹。

（三）危害性和灾难性

多数突发事件对当事人都具有危害性和灾难性。

（四）关注度

突发事件最能引起人们的关注和兴趣，自然也就是媒体最大的新闻源。当突发事件发生后，媒体的版面或时间都是围绕突发事件的报道。

（五）规模信息量

突发事件最重要的特征即单位时间爆发的信息量极大，尤其在爆发初期，所以突发事件新闻报道往往具有先入为主的特征，即谁先抓住受众，谁就引导了舆论和设定了人们的"认知议程"。

二、突发事件的应对及处置程序

由于突发事件所处的具体环境和条件不同，每一事件的特殊矛盾、规模、程度、性质和后果不同，卷入事件的群众情况不同，因而处置的办法和程序也就各异。但是，无论其状况如何，一般来说，都要经过以下六个程序，每一个程序又各有一些需要注意的事项和处置策略。

（一）控制事态

突发事件发生后，领导者迅速控制事态是处置事件的第一步。事件的突发性，要求处置工作必须突出一个"快"字。快速出动是把突发事件控制在最小范围、消灭在萌芽状态的重要保证。要快速发现、快速报告，快速出动、快速到位，快速展开、快速介入，以便抓住先机，争取主动。要尽快控制事态发展，领导者可以根据具体情况成立临时专门机构。

比如在处置突发事件的过程中，可以把所辖机构分成突发事件决策机构和处置机构两部分，决策机构及其人员主要是对事件发展情况进行预测，制定处置事件的策略和步骤，对全面工作进行指导；处置机构及其人员负责掌握动向，反馈信息，贯彻决策机构意图，对事件进行具体处置。把决策层和执行层分开，有利于各司其职，各负其责。

领导者控制事态的策略表现在：

1.要迅速隔离险境

当出现灾害事故类突发事件时，为了确保社会及公众的生命财产不受损失或少受损失，应采取果断措施，迅速隔离险境，力争把突发事件和重大事故所造成的损失降低到最低程度，为恢复正常状态提供保证。

2.转移群众的注意力

一般地说，每次群体性突发事件中，群众的注意力都会集中在一两个敏感、热点问题上，在这种情况下，转移群众的注意力，对于控制事态是十分有利的。可以通过说服诱导，寻找双方利益的交汇点，使群众对党和政府的主张产生认同。

可以从群众的角度出发，承认某些可以理解和合理的方面，作出无损于实质的让步或许诺；还可以运用归谬法引导事件的参与者意识到最终可能出现的双方都不愿意看到的不良后果，使大多数人恢复理智，同时找出解决问题的正确途径和方法。

3. 进行强制性干预

在解决突发事件过程中，政府的强制性干预是十分必要的。面对突发事件，"政府中枢决策系统就必须享有发号施令的权威，并且可以制定和执行带有强制性的政策"。

因为在突发事件状态下，每一个人的信息量是有限的，某些群众和个别领导者还会处于一种非理性状态，同时决策也会遇到各方面的阻力，其风险性使得任何意见都难以像常规情况下那么容易达成妥协和统一。因此，依靠领导权威、推行强制性的决策是唯一的选择。这样做的目的在于迅速而有效地遏制事态的扩大、升级、蔓延。

（二）调查研究

当突发事件得到初步控制以后，领导者应马上进入第二阶段，即组织力量开展调查研究。对突发事件的调查，在内容上强调针对性和相关性，查明事件发生的时间、地点、背景、人员伤亡、财产损失、事态发展、控制措施、相关部门和人员的态度以及公众在事件中的反应；在方法上强调灵活性和快速性。

在调研过程中，应广泛收集和听取事件参与者、目睹者的意见、反映和要求，从中分析事件的性质和因由；要与事件的参与者正面接触，尽量抓住事件的薄弱环节和暴露之处进行调查，以利于发现问题。

一般地说，目睹者观察和提供的情况，是较为客观和准确的，因为他们与事件没有直接的利害关系，能够客观公正地分析和反映情况，为领导者制定对策提供可靠依据。根据调查来的情况，找出突发事件发生的因果联系，把握主要问题，就可以为确定事件的性质打下基础。

（三）制定对策

在通过调查研究，对事件的来龙去脉和性质予以确定之后，应迅速会同有关职能部门，进行分析讨论，制定相应的对策。制定对策须注意三个方面的问题：

（1）对策必须具有可行性，能在现有条件下付诸实施。

（2）对策应充分考虑到可能出现的各种情况和问题，做多种准备，不能简单从事。

（3）重视专家的意见，因为突发事件的出现，有时是在领导者不太熟悉的领域，而专家对自身涉及领域的问题有专门的知识和经验，专家的意见可以弥补领导者知识和经验的不足，特别是在事态基本得到控制的情况下，制定对策更应该重视专家的意见。

总之，突发事件的处置，对领导者素质和能力的要求特别高，不允许决策出现大的失误和漏洞，也不允许在执行过程中软弱无力。领导者在抓主要矛盾的同时，应注意总体配合，综合治理，以便尽快解决问题。

（四）贯彻实施

经过前三个阶段的准备工作，在贯彻实施阶段，领导者应动员社会力量有序参与。面对灾害类以及恐怖动乱类突发事件，在一个开放、分权和多中心治理的社会，没有社会力量的参与是不可想象的。社会力量的参与，可以缓解突发事件在公众中产生的副作用，使公众了解真相，打消恐惧，起到稳定社会、恢复秩序的作用。

突发事件造成的最大危害在于社会正常秩序遭到破坏并由此带来社会公众心理上的脆弱，所以，保持稳定的社会秩序和原有的社会运行轨迹、提高公众心理承受能力是首要的选择。要尽可能保证社会公共生活的正常运转，尽可能避免突发事件进一步造成更大的公众心理伤害。

对于社会性突发事件，领导者要公开表明立场，恳切地道出自己的希望和担心，这样可以增加社会公众的信任感，使感情距离拉近。诚实的态度容易赢得社会公众的尊重，减轻他们的恐慌心理，有助于尽快解决问题，恢复正常的工作和生活秩序。

（五）评估总结

突发事件解决后，领导者要对整个事件的过程进行评估。

1. 注意从社会效应、经济效应、心理效应和形象效应诸方面，评估有关措施的合理性和有效性，并实事求是地撰写出详尽的突发事件处置报告，为以后处置类似事件提供参照。

2. 认真分析突发事件发生的原因，反思工作中的不足。如果是组织机构设置有问题，那就重新建立健全预防突发事件的运行机制，堵塞漏洞；如果是政策有问题，就应重新调整政策；如果是干部工作作风有问题，就要从克服官僚主义、改进工作作风入手，想人民之所想，急人民之所急，以得到群众的理解和支持；如果是领导者政治敏锐性差，就应严肃纪律，让应当承担责任的人承担必须承担的责任。要通过评估反思，切实改进工作，努力消除各种不安定因素，从根本上杜绝类似突发事件的发生。突发事件的善后工作做好了，才能说该事件圆满解决了。

（六）重塑形象

即使领导者采取积极有效的措施处置了突发事件，政府的形象也仍然有可能受到一定的负面影响。因此，在突发事件过后，领导者要采取一定措施，进一步完善管理体制，调整组织机构使之更精干、更有工作效率。

与此同时，还要以诚实和坦率的态度安排各种交流活动，加强与社会公众的沟通和联系，及时告知他们突发事件后的新局面、新进展，消除突发事件带来的负面影响，恢复或重新建立政府的声誉，再度赢得社会的理解、支持与合作。

三、处置突发事件的处置原则

根据国内外处置突发事件的理论与实践，处置突发事件应遵循以下原则：

（一）救治第一原则

不管是什么类型的突发事件，首先要保护人民的生命安全。应将媒体报道和公众反应首先集中于对伤亡人员的救助等，这样有利于号召和动员公众支持政府，参与救援活动，是在特殊情况下增强社会凝聚力和得到公众支持的必然选择。

（二）把握主要矛盾原则

任何突发事件都有一个牵动全局的主要矛盾，把握主要矛盾，并采取适当的措施予以解决和转化，是解决突发事件的根本之所在。因此，领导者应注意全面地认识事件的各种现象，潜心分析各种现象间和现象背后的因果联系，要在把握各种联系的基础上，通过一一过滤、比较和筛选，认准制约整个事件的主要矛盾，从而找到整个事件的"总闸门"。

（三）重视信息传播原则

突发事件出现以后，为了求得公众的深入理解和全面谅解，必须向广大公众传播有关准确信息，从而通过信息控制舆论导向。封锁消息是无益的，只能让谣言制造混乱。

（四）协调作战原则

突发事件的复杂性和综合性，要求处置手段必须借助合力，任何一起突发事件都会涉及社会各领域、各行业、各层面，如交通、通信、医疗服务、消防等。突发事件发生后，只有在领导的统一指挥下，各有关部门协同配合，才能准确全面把握突发事件的性质和症结，及时形成和贯彻科学的决策，迅速控制事件的发展。

（五）科学处置原则

科学处置主要针对那些因工业技术而引起的灾害以及由自然灾害而造成的事件，如台风、火灾、飞机失事，等等。对于突发事件，在处置中一定要注意科学性、技术性，多征求相关技术领域内专家的意见，不能蛮干。

四、传染性疾病的应对与安全教育

传染性疾病就是我们常说的传染病，是许多种疾病的总称，它是由病原体引起的，能在人与人、动物与动物或人与动物之间相互传染的疾病。最常见的如流行性感冒、乙肝、细菌性痢疾、流脑、结核病、急性出血性结膜炎（红眼病）等。

（一）传染病的分类

1. 甲类传染病是指：鼠疫、霍乱。

2. 乙类传染病是指：传染性非典型肺炎、艾滋病、病毒性肝炎、脊髓灰质炎、人感染高致病性禽流感、麻疹、流行性出血热、狂犬病、流行性乙型脑炎、登革热、炭疽、细菌性和阿米巴性痢疾、肺结核、伤寒和副伤寒、流行性脑脊髓膜炎、百日咳、白喉、新生儿破伤风、猩红热、布鲁氏菌病、淋病、梅毒、钩端螺旋体病、血吸虫病、疟疾。

3. 丙类传染病是指：流行性感冒、流行性腮腺炎、风疹、急性出血性结膜炎、麻风病、流行性和地方性斑疹伤寒、黑热病、包虫病、丝虫病，除霍乱、细菌性和阿米巴性痢疾、伤寒和副伤寒以外的感染性腹泻病。

上述规定以外的其他传染病，根据其爆发、流行情况和危害程度，需要列入乙类、丙类传染病的，由国务院卫生行政部门决定并予以公布。

（二）传染病的特点

1. 传染性

传染病的病原体可以从一个人经过一定的途径传染给另一个人。每种传染病都有比较固定的传染期，在此期间病人会排出病原体，污染环境，传染他人。

2. 有免疫性

大多数患者在疾病痊愈后，都会产生不同的免疫力。

3. 可以预防

传染病在人群中流行，必须同时具备三个基本条件：传染源、传播途径和易感人群。缺少其中任何一个，传染病都流行不起来。通过控制传染源、切断传染途径、增强人的抵抗力等措施，可以预防传染病的发生和流行。

4. 有病原体

每一种传染病都有它特异的病原体，包括微生物和寄生虫。比如水痘的病原体是水痘病毒，猩红热的病原体是溶血性链球菌。病原体有细菌、病毒、真菌、原虫、蠕虫。

（三）传染病的防治措施

传染性疾病的流行要同时具备多种条件，其中任何一个条件被破坏，传染病就不能流行。预防时要做到：

1. 及早发现传染源

对病人和疑似病人要早发现、早报告、早隔离。

2. 切断传播途径

平时注意隔离、消毒、杀虫、灭鼠，要消除带菌媒介，搞好食品及环境卫生。个人养成饭前便后洗手的良好习惯。

3. 保护易感人群

在传染病流行期对易感染的人要预防接种疫苗，加强个人防护。只要做到以下几点，一般不会得传染病：

注意日常用品的消毒灭菌，经常保持室内及个人卫生。

保持室内空气流通，应每天开窗换气至少两次。如有空调设备，应经常清洗防尘网。

打喷嚏或咳嗽应掩着口鼻。用过的纸巾应放在有盖的垃圾桶内，每天清理一次。

如果自己患流感或其他上呼吸道疾病，最好在家休息，这样做有利于自身恢复，也避免传染他人。

（四）学校传染病应急处置预案

1. 建立管理宣传制度

（1）学校分管领导要加大管理力度，建立学校安全工作领导小组和报告制度，健全传染病预防和控制工作的管理制度，掌握、检查学校疾病预防控制措施的落实情况，并提供必要的卫生资源及设施。

（2）学校应建立各项卫生工作责任制，完善考核制度，明确各部门工作职责，并指定保健医生每天做好晨检工作，认真填写学生日检统计表，保证学校预防疾病控制工作的顺利开展。

（3）学校应普及卫生知识，利用黑板报、橱窗等各种形式做好预防传染性疾病的宣传，正确认识，做好防范。定期召开班主任例会，加强有关季节性预防传染病的知识培训，保证每周20分钟的健康教育，教会师生防病知识，培养良好的个人健康生活习惯。

2. 传染病预防操作程序

（1）日检：班主任每天应密切关心学生的健康状况，统计学生的出勤人数。

（2）报告：一旦发现师生有传染病症状的疑似病人，有关教师应立即告知保健医生和学校领导，学校应按规定报教育局突发事件处理小组办公室，同时报区疾控中心。

（3）劝说：发现学生身体不舒服或发热学生必须迅速隔离，及时通知其监护人带其去医院看病，并在家休养。

（4）记录：保健医生应及时统计好患病学生的具体情况（班级、人数、症状、就医情况、上课情况、目前康复情况）并记录在册。

（5）跟踪：每天关心患病学生的身体状况，并主动对学生进行补课。

（6）家访：积极做好患病学生的家访、家长的思想工作，经常保持联系。

（7）消毒：根据有关规定做好（包括发病及相关班级、食堂、厕所、公共场所、共用教室等）消毒工作，学校领导要听从卫生部门的专业指导，积极采取有效措施，停止一切集体性活动。

（8）观察：加强宣传，正确认识，做好防范，确保稳定，每天加强巡视，痊愈后的学生必须经保健医生认可后方可进入教室，对班级其他同学加强观察了解。

（9）新生报到，学校必须要求其监护人如实填写《在校学生健康情况登记表》。校保健医生应当分类建立在校学生健康档案。

课 后 练 习

1. 管理沟通的作用有哪些？

2. 简述管理沟通的常用方法。

3. 怎样才能进行有效的管理沟通？

实 践 课 堂

1. 模拟情景：某企业销售科长布置销售任务会议现场。

2. 模拟目的：通过现场观摩或模拟，对管理沟通有直观的感知和印象，并对具体的要求能有较深的记忆。

3. 模拟环节：提前要求学员作为管理者对如何沟通进行准备，由老师带队组成销售员，对布置的任务不满，设置沟通障碍，考察学员沟通中语言、举止、态度、技巧等方面的表现，并由学生观察指出其中的问题。

4. 技能要求：熟练管理沟通，在实践中发现问题并及时纠正，提高实际管理沟通能力。

拓 展 阅 读

中国式管理沟通案例：对事不对人的沟通？

案例描述

主任："小刘，你过来一下。"

小刘："什么事，主任？"

主任："想和你谈谈日常考勤的问题。你看这张考勤表，这个月才过了一半，可是你已经有三次迟到记录还有两次早退记录了。按照现在的考核要求，无论是迟到还是早退，出现一次就要扣3分，你现在已经被扣了15分了。我想我很有必要提醒你一下，这样下去可不行，你要充分注意这件事情了。"

小刘："哦……"

主任："怎么就只是'哦'呀，你是怎么想的？打算怎么改进呀？"

小刘："哦，没有什么想法，下次注意点还不行吗？"

主任："小刘，你千万不要有什么情绪。你营销工作方面很有一套，业务收入排名总是名列前茅，就这一点来说你非常出色，我对你也是非常满意。今天找你来，就是想跟你谈谈日常考勤的问题，不是说我为了小事情来找你麻烦，而确实是你目前在这方面存在很大问题，不改正的话会直接影响到你的最终考评。我这里是就事论事，对事不对人，我指出你这方面的问题是希望你自己能改进一下，不要因为日常考勤的事情影响到你最终的考评分数。小刘啊，你可千万不要认为我对你个人有什么想法呀。"

小刘："哦。我知道了，主任。"

主任："那就好，业务上要继续努力，考勤的事也要放在心上。"

小刘："哦，我知道了。主任，没有什么别的事儿的话，我就去工作了。"

主任："好的，你去忙吧。"

小刘默默无语离开后，主任自言自语："唉，瞧小刘的神情，肯定还是往心里去了。可我明明告诉他，我是对事不对人的呀。"

小刘离开后，在自己的办公室生闷气，自言自语："哼，真没意思！我在外边跑业务，风吹日晒、累死累活，其中辛苦劳累只有自己知道，主任你除了盯着业务指标，哪里会关心这些！不关心这些也倒罢了，现在竟然又盯上了日常考勤，为了几次迟到早退的小事情来说我的不是，哼！主任你自己坐在舒服的办公室里，吹吹空调，看看电脑，一身轻松自在，按时上下班对你来说当然很轻松！你要是像我一样在外边跑上一天，我看你第二天早上能不能爬得起床！哼！迟到早退个几分钟你就看见了，那我经常加班你怎么就看不见了！什么对事不对人，说得倒好听！哪天我辞职不干了，看你怎么对事不对人！"

案例点评：

在案例中，作为管理者的主任指出小刘出现迟到早退次数过多的问题，并要求小刘加以改正，有错吗？肯定没错，难道让主任对此视而不见吗？要是人人都如此的话，部门还不乱了套？主任指出问题的时候，既有确实的考勤记录为事实，又有部门的考勤制度为准绳，而且告诉小刘自己是对事不对人，有何不对之处？可是为什么小刘的反应会是这个样子？

考察一下自己的工作，上下级之间的沟通，结果往往与此雷同。说是对事不对人，但是对方就是认为你是冲着他个人来的。为什么会如此？还是因为我们中国人沟通方式的问题，这和我们的文化背景密切相关。西方人喜欢分析研究，中国人喜欢综合统筹；西方人喜欢化一为二，中国人喜欢化二为一；西方人喜欢讲"具体来说"，中国人喜欢讲"总的来说"；西方人认为人是人，事是事，二者不能混为一谈，要做人就别做事，要做事就别做人，中国人认为有人才有事，有事必有人，两者分不开，要做事先做人，人做好了才能做事。

这样的思考方式往往使得我们中国的管理者和被管理者都不会在沟通过程中把人和事清楚分开，特别是在指出下属工作中存在的问题的时候，一方面管理者因为担心批评伤到下属的面子，不愿意直截了当地指出问题，只有当问题达到很严重的程度的时候才不得不说；另一方面下属面对批评的时候，总是认为批评是指向自己而不是工作中的问题，而常常心怀不满，不能虚心接受。因此面对此类问题，我们中国人沟通中并不是按照西方人的那种套路来走，我们更多的是按照人情论理，人事不分的策略来解决问题。

　　首先由情入手，以情感人，照顾下属面子，让下属情绪平静下来，然后由情入理再和下属讲道理，道理讲通之后，下属自然自己会去改变，这也是下属对领导照顾自己情面的一种互动反应，既然领导体谅到我的辛苦，又照顾我的情面，不来直接批评我，那我怎么能不体谅领导的难处？自己不去主动调整一下自己的工作，怎么能对得起领导的良苦用心呢！

　　资料来源：http://baijiahao.baidu.com/s?id=1562744582176033&wfr.2017-03-24.

第五章
人际沟通中的餐饮礼仪

学习要求与目标

1. 了解餐饮的形式，掌握宴请的席位及座次安排原则；
2. 掌握宴会礼仪，掌握中餐餐具使用的禁忌；
3. 理解并掌握西餐的饮食规范、西餐餐具的使用礼仪；
4. 了解西餐中的饮酒礼仪，掌握饮茶礼仪。

引导案例

《中餐厅》"空降兵"王鹤棣，高情商名副其实，餐桌礼仪征服众人

《中餐厅》这档真人秀综艺节目，吸引了很多粉丝观看。节目中的"矛盾"是主要的一大看点，"店长"黄晓明和林大厨的"矛盾"，"店长"黄晓明和"财务"秦海璐的"矛盾"，还有"财务"秦海璐和林大厨的"矛盾"，都是很有看点的。上一期中"大堂经理"王俊凯因为自身行程问题离开了中餐厅，众人都很舍不得，王俊凯走的那天，杨紫、黄晓明都哭了，可见他们感情是很深的。王俊凯走了之后，人手不够，大家也都很乱，所以就叫了个"空降兵"王鹤棣。

王鹤棣是刘涛向秦海璐推荐的人选，说他比较会干活，还会做菜，很适合后厨帮工。在新任"大堂经理"杨紫的"忽悠"下，王鹤棣在众人的期待中终于到了中餐厅。王鹤棣到了之后，就开始干活，而且做菜也得到了林大厨的夸奖，众人对他的印象都很好，此外他会主动跟别人说，要干活。在晚上一起吃饭的时候，王鹤棣的餐桌礼仪真的征服了众人以及观众。

王鹤棣给《中餐厅》的"领导们"和"老员工"一一敬酒，敬完黄晓明，敬秦海璐，接着是杨紫，因为林大厨刚出来，然后接着敬了林大厨，然后是全桌。但是一个关键的动作，还是被观众发现了，那就是王鹤棣不管是和谁敬酒，酒杯都比人家的低，这是放低姿态的表现。王鹤棣的为人处世真得很不错，情商高，懂得和别人相处。我们在职场其实也是这样，一定要怀着谦虚的心情，对待领导、同事，王鹤棣的餐桌礼仪值得大家学习。

资料来源：https://baijiahao.baidu.com/s?id=1645428879833772773&wfr=spider&for=pc.2019-09.

第一节　餐饮形式与宴请组织

餐饮礼仪是指人们在餐饮活动中所必须遵守的行为规范。学习餐饮礼仪，就是学习和掌握在安排餐饮与享用餐饮期间所必须掌握的基本规范与技巧。

一、餐饮的形式

（一）宴会

宴会是指比较正式、隆重的设宴招待。按规格，宴会分为国宴、正式宴会、便宴、家宴。

1. 国宴

国宴是国家元首或政府首脑为国家的庆典，或为外国元首、政府首脑来访而举行的正式宴会，是宴会中规格最高的。按规定，举行国宴的宴会厅内悬挂国旗，安排乐队演奏国歌及席间乐，席间宾主双方有致辞或祝酒。

2. 正式宴会

正式宴会除不挂国旗、不奏国歌以及出席规格不同外，其余安排大体与国宴相同。有时亦安排乐队奏席间乐，宾主均按身份排位就座。许多国家正式宴会十分讲究排场，在请柬上会注明对客人服饰的要求。

3. 便宴

便宴即非正式宴会，常见的有午宴、晚宴，有时亦有早上举行的早宴。便宴最大的特点是简便，可以不排席位，不作正式讲话，菜肴道数亦可酌减。西方人的午宴有时不上汤，不上烈性酒。便宴较随便、亲切，宜用于日常友好交往。

4. 家宴

家宴即在家中设便宴招待客人。西方人喜欢采用这种形式，以示亲切友好。家宴往往由主妇亲自下厨烹调，家人共同招待。

（二）招待会

招待会是指一些不备正餐的宴请形式，一般备有食品、酒水饮料，通常不排固定席位，宾主活动不拘形式，比较随意自由。招待会主要有冷餐会和酒会两种形式。

1. 冷餐会

冷餐会是不排席位，菜肴以冷食为主，也冷、热兼备，连同餐具一起陈设在菜桌上，供客人自取。客人可自由活动，可以多次取食。酒水可陈放在桌上，也可由招待员端送。冷餐会的地点可以在室内，也可以在院子里、花园里举行，可设小桌、椅子，自由入座，也可以不设坐椅，站立进餐。

根据主、客双方身份，招待会规格及隆重程度可高可低，这种形式适宜于招待人数众多的宾客。开始时可以由宾主双方互致祝酒词，但形式自然，不必过于正规化，可以适当幽默，烘托气氛。

小贴士☺

自助餐的由来与礼仪

自助餐（Buffet）起源于公元8—11世纪北欧的"斯堪的那维亚式餐前冷食"和"亨联早餐"（Hunt Breakfast）。厨师将烹制好的冷、热菜及点心陈列在餐厅的长条桌上，由客人自己随意取食，自我服务。这种自助餐方式首先在欧美各国流行，并且随着人们对美食的不断追求，自助餐的形式由餐前冷食、早餐逐渐发展成为午餐、正餐；由便餐发展到各种主题自助餐，如情人节自助餐、圣诞节自助餐、周末家庭自助餐、庆典自助餐、婚礼自助餐等。

自助餐的礼仪是：先来后到，排队取食；少取多次，量腹取食；转场一周，按序取菜；自助自觉，送回餐具；现场享用，避免外带；和睦相处，多加照顾；餐饮为次，交际为重。

吃自助餐还要注意互动与形象。具体为：（1）不要只吃不说。适当地与他人进行互动和聊天，别忘记，任何宴会，吃饭只是一个形式，社交才是其真正的内容。（2）注意维护形象。在宴会上要讲究最基本的礼貌，吃东西不能发出声音，现场不吸烟，不当众化妆或补妆。

2.酒会

酒会又称鸡尾酒会，比较活泼，便于广泛接触交谈。招待宾客的物品以酒水为主，略备小吃。不设座椅，仅置小桌（或茶几），以便客人随意走动。酒会举行的时间亦较灵活，中午、下午、晚上均可，请柬上往往注明整个活动延续的时间，客人可在其间任何时候到达和退席，来去自由，不受约束。

（三）茶会

茶会是一种简便的招待形式，通常设在客厅，不用餐厅。厅内设茶几、座椅。不排席位，但如是为某贵宾举行的活动，入座时，有意识地将贵宾同主人安排坐到一起，其他人随意就座。茶会顾名思义是请客人品茶。因此，对茶叶、茶具的选择要有所讲究。

（四）工作进餐

工作进餐是现代国际交往中经常采用的一种非正式宴请形式。按用餐时间分为工作早餐、工作午餐、工作晚餐。有的时候由参加者各自付费。宾主双方利用进餐时间，边吃边谈问题。工作进餐往往以长桌安排席位，其座位与会谈桌座位排列相仿，便于宾主双方交谈、磋商。工作进餐一般只请与工作有关的人员，不请配偶。

二、宴请的组织

餐饮活动的最基本要求就是"六 M 法则"。它是世界各国广泛接受的餐饮活动的礼仪规则。"六 M"指的是六个以 M 为字头的英文单词：费用（Money）、会见（Meeting）、菜单（Menu）、举止（Manner）、音乐（Music）、环境（Medium）。"六 M"是任何一个层面的人们安排或参加餐饮活动所应注意的重要问题，同时要做到"四个确定"：

（一）确定目的

宴请的目的是多种多样的，可以是为某一个人，也可以为某一事件。为庆祝某一节日、纪念日，为外交使节或外交官员的到离任，为展览会的开幕、闭幕，某项工程动工、竣工，等等。在国际交往中，还根据需要举办一些日常的宴请活动。

（二）确定对象

根据宴请的性质、目的、主宾的身份等确定宴请对象。列出主宾、次主宾、陪客名单等。确定宴请名单时注意主客身份应该对等。对被邀请人的姓名、职务、称呼，以及对方是否有配偶都要了解准确。

（三）确定形式

宴请采取何种形式，在很大程度上取决于当地的习惯做法。一般来说，正式、规格高、人数少的以宴会为宜，人数多则以冷餐或酒会更为合适。目前国际上宴请范围趋向缩小，形式也更为简便。酒会、冷餐会被广泛采用，而且中午举行的酒会往往不请配偶，不请随行人员。

（四）确定时间地点

1. 遵守民俗惯例

大多数情况下，确定正式宴请的具体时间要遵守民俗惯例。比如，在国内外举办的正式宴会，通常都安排在晚上，但有的工作餐就会安排在中午。而在广东、海南等地，朋友聚餐又安排在早晨，称为"吃早茶"。

2. 尊重主客意愿

宴请的时间应对主、客双方都合适。注意不要选择对方的重大节假日、有重要活动或有禁忌的日子和时间。小型宴请应首先征询主宾意见，最好先口头当面邀请，可电话联系。主宾同意后，时间即被认为最后确定，可以按此约请其他宾客。

3.宴请地点的选择

官方正式隆重的活动，一般安排在政府、议会大厦或宾馆内举行，其余则按活动性质、规模大小、形式、主人意愿及实际可能而定。选定的场所要能容纳全体人员。选定的餐馆应环境幽雅、安全卫生、设施完备。

（五）菜单的安排

在宴请他人之前，主人应对所选菜单进行再三的斟酌。主要应着重考虑宜选菜肴和忌选的菜肴。

1.宜选的菜肴

在准备菜单时，以下三类菜肴可以优先考虑。具有中餐特色的菜肴，吃中餐当然要选具有中国特色的菜肴，尤其是招待外国朋友时，可以达到事半功倍的效果。具有本地特色的菜肴，中国地大物博，各地区气候及物产都有着各自的优势，进而形成了不同风格的菜肴，在当地选择一些具有当地特色的菜肴，会比选择大众化的所谓高档菜肴更受欢迎。

本餐馆的特色菜肴，一些拥有一定名声的餐饮都有其拿手好菜，在点菜时应注意选择该菜馆的看家菜，这样不但会品尝到更优秀的美味，也会让宾客难以忘怀。

2.忌选的菜肴

在安排菜单时，如何让宾客吃得高兴、满意，是一件不太容易的事，因为我们并不知道宾客喜欢吃什么，也不好问，客人往往也不好意思说。因此，就需要深入了解宾客不吃什么，忌讳什么，确定菜单时应尽量避免冒犯了宾客的禁忌。一般来说，饮食方面我们需要注意的禁忌主要有以下四点：

（1）宗教禁忌。对宗教方面的禁忌一定要认真对待，绝不能疏忽大意。比如信奉伊斯兰教的穆斯林不吃猪肉和未诵安拉之名宰杀的动物；印度教徒不吃牛肉，奉牛为神。如果轻视宗教禁忌，会带来很大麻烦，甚至冲突。

（2）地方禁忌。在不同地区，人们的饮食习惯往往不同，相应的一些禁忌也不同。比如，西方人通常不吃宠物、淡水鱼、动物内脏、动物的头和爪。而中国却有"白水羊头""凤爪""干锅鸭头"等菜肴，都是很多人的最爱。

（3）职业禁忌。有些职业出于需要会有一些饮食的禁忌。如服务窗口工作的不能吃大蒜、葱、韭菜等。驾驶员不能饮酒。国家公务员不能吃请。

（4）个人禁忌。属于个人生理或心理原因而形成的某种习惯。如糖尿病人不吃甜食，高血压病人不饮酒。也有的人是心理原因，不吃形象怪异，或味道怪异的食物。这些都需要在请人吃饭时注意了解和规避。

（六）席位的安排

宴请往往是一种较大的社交聚餐活动。它所涉及的席位排列问题可分为桌次排列与位次排列。根据社交礼仪的规范，对其都有相应的规定。

1. 桌次的排列

桌次的排列就是解决桌次的尊卑问题。在进行具体的排列时会遇到两种基本情况。

（1）由两桌组成的小型宴请。如果两桌横排，其桌次为：以右为上，以左为下，即"以右为尊"。这里所说的右和左，是指以面对正门的位置来确定，即"面门定位"。如果两桌竖排，其桌次为：以远为上，以近为下。这里所说的远近，是以距离正门的远近而言的，称为"以远为上"。

（2）由三桌或三桌以上组成的宴请。在安排桌次时，除了要遵循"面门定位""以右为尊""以远为上"三条法则之外，还要考虑与主桌的远近。通常，距离主桌越近，桌次越高；距离主桌越远，则桌次越低。此即"主桌定位"。

2. 席位的安排

宴请时，每张餐桌上的具体位次也有主次尊卑的问题。排列位次的基本法则主要有以几点：

（1）面门为主。在每张餐桌上，以面对宴会厅正门的正中座位为主位，通常主人在此就座。有时主宾身份高于主人，为表示尊重，主宾安排在主人位置，主人在主宾位置。

（2）右高左低。在每张餐桌上，除主位外，其余座位位次的高低，应以面对宴会厅正门为准，右侧的位次高于左侧的位次。

（3）各桌同向。在举行大型宴会时，其他各桌的主陪之位，应与主桌主位保持同一方向。

3. 席位安排应注意的具体情况

每桌只有一名主人，主宾在其右侧就座，每桌只有一个中心。主人夫妇就座于同一桌，以男主人为第一主人，女主人为第二主人，主宾和主宾夫人分别在男女主人右侧就座。每桌在客观上形成了两个中心。如图 5-1、图 5-2 所示。如果主宾身份高于主人，为表示尊重，可安排其在主人位次上就座，而主人坐在主宾的位次上。如果本单位出席人员中有高于主人职业者，可请其居于主位而坐，而请实际的主人坐在其左侧。

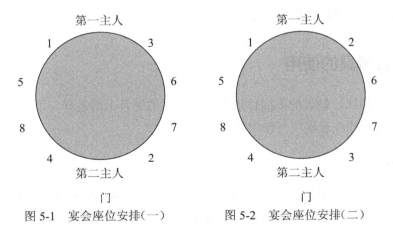

图 5-1　宴会座位安排（一）　　　图 5-2　宴会座位安排（二）

第二节 中餐礼仪

一、中餐餐饮文化

中国餐饮文化源远流长，是中华民族文化宝库的重要组成部分，与法国、土耳其烹饪并称世界三大烹饪体系，中餐文化具有绚丽多彩的文化内涵和雄厚坚实的技术基础，讲究色、香、味，讲究餐饮的形式，可以用"精""美""情"概括。

（一）精

精是对中华饮食文化的内在品质的概括，这种精品意识作为一种文化精神，渗透、贯彻到整个饮食活动过程中。选料、烹调、配料乃至饮食环境，都体现着一个"精"字。

（二）美

美体现了饮食文化的审美特征。这种美，是指中国饮食活动形式与内容的完美统一，是指它给人们所带来的审美愉悦和精神享受。中餐之美不仅表现在味道上，而且在形式上、颜色上、器具上，甚至在服务人员的服饰上，都透着美的成分，让人时时刻刻感觉到美的享受。

（三）情

中华饮食中，"情"为重要的功能。在中国，吃饭实际上是人与人之间情感交流的媒介，是一种别开生面的社交活动。古往今来，中国人习惯在饭桌上表达惜别或欢迎的心情，感情上的风波，人们也往往借酒菜平息。

二、中餐餐具的使用

中餐与西餐相比，最大的不同体现在就餐所用的餐具上的差异。下面我们就介绍一下中餐餐具使用的一些注意事项与使用礼仪。

（一）筷子

筷子的主要功能是用餐时夹取食物或菜肴，通常筷子应当成双使用，不可只使用单只。筷子一定要放在筷子架上，不能放在杯子或盘子上，否则容易碰掉。如果不小心把筷子碰掉在地上，可请服务员换一双。

在用餐过程中，已经举起筷子，但不知道该吃哪道菜，这时不可将筷子在各碟菜中来回移动或在空中游弋。在席间说话的时候，不要把筷子当道具，随意乱舞；或是用筷子敲打碗碟桌面，用筷子指点他人。

（二）勺子

中餐里勺子的主要作用是舀取菜肴和食物，在用筷子取食的时候，也可以使用勺子来辅助取食，但是尽量不要单独使用勺子去取菜。同时在用勺子取食物时，不要舀取过满，以免溢出弄脏餐桌或衣服。在舀取食物后，可在原处暂停片刻，等汤汁不会再往下流再移过来享用。

（三）碗

中餐的碗可以用来盛饭、盛汤。进餐时，碗的使用礼仪主要有以下几点：不要端起碗来进食，尤其不要双手端起碗来进食。食用碗内食物时，应以勺加以辅助，不要直接下手取用，或不用任何餐具以嘴直接食用。

（四）盘子

中餐的盘子有很多种，稍小点的盘子叫碟子，主要用于盛放食物，使用功能与碗大致相同。用餐时，盘子在餐桌上一般要求保持原位，不被挪动，也不宜几个碟子堆在一起。需要重点介绍的是一种用途比较特殊的盘子——食碟。食碟在中餐里的主要作用，是用于暂放从公用的菜盘中取来享用之菜肴。

（五）汤盅

汤盅是用来盛放汤类食物的。用餐时，使用汤盅有一点需注意的是：将汤勺取出放在垫盘上并把盅盖反转平放在汤盅上就是表示汤已经喝完。

（六）水杯

中餐的水杯主要用于盛放清水、果汁、汽水等软饮料。注意不要用水杯来盛酒，也不要倒扣水杯。另外需注意喝进嘴里的东西不能再吐回水杯里。

（七）水盂

有时品尝中餐者要用手直接拿取食物进食。此时餐桌上会摆上一只水盂。比如吃中餐上龙虾、鸡、水果时，会送上一只小水盂，水盂中盛放着清水，里面漂着柠檬片或玫瑰花瓣，水盂中的水不能喝，而只能用来洗手。在水盂里洗手时，可两手轮流沾湿指头，轻轻涮洗，然后用小毛巾擦干。

（八）牙签

牙签也是中餐餐桌上的必备之物。牙签的作用主要有两点：一是用于扎取食物；二是用于剔牙。但是用餐时尽量不要当众剔牙，非剔不行时，要用另一只手掩住口部，剔出来的食物，不要当众"观赏"或再次入口，更不要随手乱弹、随口乱吐。

（九）湿巾

中餐用餐前，一般会为每位用餐者上一块湿毛巾。这块湿毛巾的作用是擦手，擦手后，应该把它放回盘子里，由服务员拿走。宴会结束前，服务员会再上一块湿毛巾，和前者不同的是，这块湿毛巾是用于擦嘴的，不能用其擦脸或抹汗。

案例　日本人吃饭讲究多，筷子用法也有特定的礼仪

日本从唐代时开始，借鉴了中国许多的文化、建筑、饮食等方面的先进知识，并融入本民族独特的民族特性，形成了现在独属于日本的一整套文化体系。游客去日本要懂得这些讲究，筷子的用法，也有特定的禁忌。

日本人对于吃饭的讲究也很多，他们与中国古时候的人一样，得右手拿筷子，左手端起碗进食，而不是像韩国人那样，让碗放在桌上不动，也不能低头咽食。

你也不能没事舔筷子。日本人很注意餐桌礼仪，筷子的功能，主要就是为了避免使食物接触到食用者的手，是一种讲究卫生的配置。没事舔筷子，会让日本人觉得很没有礼貌、很脏，为了他人的健康着想，请避免这种行为的发生。

在日本，使用筷子蘸料不能重复二次。因为第一次之后，你的筷子就已经与你的嘴产生了直接的联系，为了不影响同行者的饮食卫生，请切勿在进食过程当中，用筷子进行二次蘸料。与中国一样，日本人吃饭之时，将筷子直接插在饭上被视为大不敬。只有在祭祀已故亲人之时，才会出现这种操作，一定要记得避免。

结束用餐之后，筷子最好平放在餐桌上，许多餐厅都会提供筷架。如果要放在碗盘这些餐具之上的话，请记得一定要平行放置，千万不能交叉。除了以上这些，据说在日本，还有一个关于筷子使用的禁忌，就是不允许筷筷相传。

所谓筷筷相传，就是指两人在用餐时，不要用自己的筷子为他人夹食物递到别人的筷子上，甚至同时夹到一块肉或食物都会被视为不吉利。实在要为别人夹菜，请夹在一个小盘子当中，再递给对方。日本葬礼之中有一个环节：会用特殊的筷子由家人用传递的方法将骨灰运入骨灰坛中，因而才会形成这样一种禁忌。

资料来源：https://baijiahao.baidu.com/s?id=1637459968150788249&wfr=spider&for=pc.2019-06.

三、中餐的礼仪规范

（一）餐前表现

在外用餐或参与宴会用餐时，应整洁、优雅，具有个性化风格。如果仪容不洁，着装不雅，会被视为不尊重主人，不重视此次聚餐或宴请。参加宴会或聚餐时，要准时到达，到达时间过早或过晚都是失礼的。参加正式宴会时，要按照指定的桌次、位次就座。如果没有确定桌次和位次，也要遵从主人的安排，或与他人彼此谦让。一般来说，入座时，应在主人、主宾之后就座，或与众人一道就座。

（二）餐时表现

进餐时坐姿要端庄，着装要整齐，不应随意宽衣解带，大声喧哗。同时要注意不乱挑菜，不要翻来覆去在餐盘内挑挑拣拣，已经咬过的菜不要放回盘子里，应将其吃完。在多人用餐时，不争抢菜，注意互相礼让，依次而行，取用适量。

案例　中国顶级的宴席：国宴！你了解多少？彰显大国风范

在我们中国，一般在重大节日或者逢喜事时，会办宴席庆祝，比如说婚宴、生日宴、小孩满月宴等，想必大家都参加过。不过这些都是小宴席，你知道中国顶级的宴席是什么吗？那就是"国宴"！作为中国人，你对国宴了解多少呢？

自从我们国家强大了之后，很多国家与我国建立了外交关系，每次迎接访华贵宾的时候，就会设宴招待他们。国宴是我国顶级的宴席，虽然只是吃饭，但非常的讲究，要求非常高，每一道菜都含有饮食文化和历史内涵。而且每一道菜都要符合贵宾的口味，前期的准备工作都非常多。

做每一道菜的时候，厨师们都会提前了解贵宾们的禁忌，然后再决定最后的菜单，不仅味道要可口，而且款式还要新颖。厨师们会把菜单交给外交部，让外交部交到各国贵宾手里，挑选了适合自己口味的菜之后，厨师们再进行汇总，定下最终的菜品。国宴上的菜品也是有很高要求的，国宴讲究"六无"：无骨、无刺、无筋、无籽、无核、无鳞。

毕竟来的都是各国首脑，吃饭会注意自己的礼仪，让人一边吃一边吐实在不太好看，所以做菜之前就已经处理干净了。别说菜品讲究，服务员也非常的讲究，都要求仪表端庄，而且还会多国语言。

资料来源：http://www.docin.com/p-716503205.html.2019-10.

四、中餐的饮酒礼仪

自古以来，在世界各地，酒水在社交场合，尤其在宴请活动中，都扮演着重要的角色。

在中国更有"无酒不成席"之说。如何使酒在餐饮活动中发挥出更好的作用，就需要了解饮酒的习俗及礼仪规范。

（一）白酒

白酒是用高粱、玉米、甘薯等粮食或某些果品，发酵、蒸馏制成的一种酒类。白酒通常没有任何颜色，一般酒精含量比较高，属于典型的烈性酒。白酒因制作工艺的不同分成各种香型。目前中国最著名的白酒有茅台酒、五粮液酒、剑南春酒、水井坊酒等。

（二）啤酒

啤酒是西方人发明的一种酒。在国外，人们主要把啤酒当成日常饮料，并不把它当作正式的酒来看待。目前世界各地都出产啤酒。根据工艺的不同分为生啤、熟啤、黄啤、黑啤、红啤等。

（三）葡萄酒

葡萄酒是以葡萄为主要原料，发酵酿制而成的一酒类。酒精含量不高，味道纯美。根据其色彩的不同，葡萄酒分为白葡萄酒、红葡萄酒、桃红葡萄酒。根据其所含糖分的不同，又分为干、半干、微甜、甜等几种。喝葡萄酒时要用专门的高脚杯。如图5-3所示。喝白葡萄酒时，应捏住杯脚，喝红葡萄酒时，讲究握住杯身。

（四）香槟酒

香槟酒又叫发泡葡萄酒。是一种经过特种工艺制成的、富含二氧化碳的、可产生大量泡沫的白葡萄酒。因其以产自法国香槟地区的最为有名，故得此名。香槟酒的酒精含量为10度左右，在摄氏6度时饮用最佳。饮用香槟酒需用郁金香形的高脚杯，如图5-4所示。饮酒时以手捏住杯脚。

（五）白兰地酒

白兰地酒是西方酒中最为名贵的酒。它是用葡萄汁发酵之后蒸馏精制而成，其酒精含量为40度左右。世界上知名的白兰地酒的品牌有马爹利、轩尼诗、人头马、拿破仑等，并以产自法国干邑地区、储藏时间较长者为佳。喝白兰地酒的最佳温度为摄氏18度以上，酒杯为矮脚杯，如图5-5所示。

图 5-3　葡萄酒杯　　　图 5-4　香槟酒杯　　图 5-5　白兰地酒杯

　　饮酒时可以用手托住杯身，以手掌为其加温。饮用白兰地酒宜慢慢地小口品味，一饮而尽被视为没有品位。

（六）威士忌酒

　　威士忌酒是一种用谷物发酵酿造而成的烈性蒸馏酒。它的口味浓烈、刺激，酒精含量40度左右。在世界各国生产的威士忌酒中，以产自英国苏格兰地区的威士忌酒为有名。饮用威士忌酒可以干喝，也可根据自己的偏好加入冰块、苏打水。喝威士忌酒一般使用专门的平底玻璃杯。

小贴士

饮酒时应注意的细节

　　俗话说，酒是越喝越厚，但在酒桌上也有很多学问讲究，以下总结了一些酒桌上的你不得不注意的小细节。

　　细节一：领导相互喝完才轮到自己敬酒。敬酒一定要站起来，双手举杯。

　　细节二：可以多人敬一人，绝不可一人敬多人，除非你是领导。

　　细节三：自己敬别人，如果不碰杯，自己喝多少可视情况而定，比如对方酒量，对方喝酒态度，切不可比对方喝得少，要知道是自己敬人。

　　细节四：自己敬别人，如果碰杯，可以说："我喝完，你随意"，方显大度。

　　细节五：记得多给领导或客户添酒，不要随便给领导代酒，就是要代，也要在领导或客户确实想找人代，还要表现出自己是因为想喝酒而不是为了给领导代酒而喝酒。

　　细节六：端起酒杯敬酒时，要记住自己的杯子永远低于别人。自己如果是领导，就不要放太低，不然叫下面的怎么做人？

　　细节七：如果没有特殊人物在场，碰酒最好按时针顺序，不要厚此薄彼。

　　细节八：碰杯，敬酒，要有说词，不然，人家干吗要喝你的酒？

　　细节九：酒桌上不谈生意，喝好了，生意也就差不多了，大家心里明白，不然人家也不会敞开了跟你喝酒。

第三节 西餐礼仪

西餐，是对西式饭菜的一种约定俗成的统称。西餐文化与中餐文化有很大的区别，西餐文化是在西方传统文化的基础上，经过现代工业文化的不断改进而形成的，其中无形地渗透着西方文化传统的一些方面，如"平等、自由、卫生、隐私"等文化内涵。

一、西餐的菜序

西餐的菜序是指西餐用餐时的先后顺序问题，与中餐、日餐不同，西餐的菜序有自己的特点。下面介绍西餐正餐的菜序。

西餐的第一道菜是头盘，也称为开胃菜。开胃菜的内容一般有冷头盘或热头盘之分，常见的品种有鱼子酱、鹅肝酱、熏鲑鱼、鸡尾杯、奶油鸡酥盒、焗蜗牛等。因为是要开胃，所以开胃菜一般都具有特色风味，味道以咸和酸为主，而且数量较少，质量较高。

与中餐有极大不同的是，西餐的第二道菜就是汤。西餐的汤大致可分为清汤、奶油汤、蔬菜汤和冷汤等4类。品种有牛尾清汤、各式奶油汤、海鲜汤、意式蔬菜汤、俄式罗宋汤、法式焗葱头汤。冷汤的品种较少，有德式冷汤、俄式冷汤等。

鱼类菜肴一般作为西餐的第三道菜，也称为副菜。品种包括各种淡、海水鱼类、贝类及软体动物类。通常水产类菜肴与蛋类、面包类、酥盒菜肴品均称为副菜。因为鱼类等菜肴的肉质鲜嫩，比较容易消化，所以放在肉类菜肴的前面，叫法上也和肉类菜肴主菜有区别。

肉、禽类菜肴是西餐的第四道菜，也称为主菜。肉类菜肴的原料取自牛、羊、猪、小牛仔等各个部位的肉，其中最有代表性的是牛肉或牛排。牛排按其部位又可分为沙朗牛排（也称西冷牛排）、菲利牛排、"T"骨型牛排、薄牛排等。其烹调方法常用烤、煎、铁扒等。

蔬菜类菜肴在西餐中称为沙拉。与主菜同时服务的沙拉，称为生蔬菜沙拉，一般用生菜、西红柿、黄瓜、芦笋等制作。沙拉的主要调味汁有醋油汁、法国汁、千岛汁、奶酪沙拉汁等。沙拉除了蔬菜之外，还有一类是用鱼、肉、蛋类制作的，这类沙拉一般不加味汁，在进餐顺序上可以作为头盘食用。还有一些蔬菜是熟食的，如花椰菜、煮菠菜、炸土豆条。

西餐的甜品是主菜后食用的，可以算作是第六道菜。从真正意义上讲，它包括所有主菜后的食物，如布丁、煎饼、冰淇淋、奶酪、水果，等等。

西餐的最后一道是上饮料，咖啡或茶。饮咖啡一般要加糖和淡奶油。

二、西餐的座次

（一）基本法则

西餐宴会也关注座次问题，但与中餐不同的是，西餐座次排列的规矩更突出对女士的尊重和彼此的交流。具体的座次排列法则有以下几点：

女士优先。在西餐礼仪中，女士是备受尊重的。在安排用餐位次时，尤其是安排家宴时，主位一般应请女主人就座，而男主人则退居第二主位。西餐宴会上女主人是第一顺序，女主人不坐，别人是不能坐的，女主人把餐巾铺在腿上就说明大家可以开动。倒过来说，女主人要把餐巾放在桌子上了，是宴会结束的标志。

以右为尊。在排定座位时，以右为尊是基本法则，这一点与中餐相同。依据这一法则，应安排男主宾坐在女主人右侧，安排女主宾坐在男主人右侧等。

面门为上。指的是面对餐厅正门的位子，此位在序列上要高于背对餐厅门的位置。

距离定位。一般来说，西餐桌次的尊卑与其距离主位的远近密切相关，在正常情况下，距离主位近的位子高于距离主位远的位子。

交叉排列。用中餐时，用餐者往往与熟悉的人，或与配偶坐在一起。但在西餐中，用餐者不能这么坐。西餐用餐礼仪更强调交际，在排列座次时，往往遵守交叉排列法则，依此法则，在安排座位时，会使男女交叉排列，生人与熟人交叉排列。因此，用餐时，一位用餐者的对面或两侧很可能是自己不认识的人，或者是异性。这样做的目的是使每一位用餐者通过餐饮活动广交朋友。

（二）桌次排列的具体情况

西餐的餐桌一般是长方形，也有少数用圆桌的情况。就长形桌来说，座位的排列又有两种形式。一种是主客双方或男女主人在长桌中央面对而坐，面门为上，其他客人按以右为尊的法则依次排列。另一种是主客双方或男女主人分别就座于长桌两端。

面门为上，其他客人也是按以右为尊的法则依次排列。在西餐中，使用圆桌的情况很少，一般在比较隆重而正式的宴会上会使用，其具体排列法则基本上是上述各种法则的综合运用。

小贴士

西餐席位的温馨提示

如果男女两人同时去西餐厅，男士应请女士坐在自己的右边，还得注意不可让她坐在人来人往的过道旁；若只有一个靠墙的位置，应请女士就座，男士坐在她的对面；如果是两对夫妻就餐，夫人们应该坐在靠墙的位置上，先生则坐在各自夫人的对面；如果两位男士陪同一位女士用餐，女士应坐在两位男士的中间；如果两位同性进餐，那么靠墙的位置应让给其中的年长者。

西餐便餐摆台顺序是先摆垫盘定位，然后在垫盘左边摆餐叉，右边摆餐刀，刀叉向内；汤匙放在垫盘前方，把朝右；面包盘放在餐叉左边，盘内放一黄油刀，刃向盘内；酒杯放在汤匙前方，摆法与中餐相同；口布折花放在垫盘内或者插入啤酒杯内；烟缸放在垫盘正前方酒杯外，胡椒粉、盐瓶放在烟缸左侧，牙签放在胡椒瓶、盐瓶左边，花瓶放在烟缸前面。

三、西餐餐具的使用

（一）刀叉

在正规的西餐宴会上，通常讲究吃一道菜换一副刀叉。也就说，吃每一道菜，都要使用专门的刀叉。即不可以乱用，也不可以一副刀叉用到底。在吃西餐正餐时，一般情况下出现在用餐者面前的刀叉会有多副，注意它们的功能和使用方法。如图 5-6 所示。

吃正规的西餐时，餐盘左右分别摆放的刀叉有三副之多，要想不把其拿错，就要记住一个基本准则：要依次分别从外侧向内侧取用刀叉。吃西餐时要求右手持刀，左手持叉。一边切割，一边叉住食物来吃。不可一次性全切完再吃，这种吃西餐的方法比较优雅。在使用刀叉切割食物时不可弄出声响。被切割好的食物，应刚好适合一下子入口。不可叉起之后，再一口一口咬着吃。要用叉叉着吃，不可用刀扎着吃。掉落到地上的刀叉不可再用，应请侍者另换一副。

使用刀叉可向侍者暗示某种信息，具体方法有以下几点。尚未用完餐，在吃西餐时，如果与人谈话，依礼应暂时放下刀叉。正确的做法是，将刀叉右刀、左叉，刀口向内，叉齿向下，呈汉字"八"字形状摆放在餐盘上。它的含义是：此菜尚未吃完。如图 5-7 所示。

用餐完毕，如果吃完了，不再吃了，则可以将刀口内向、叉齿向上，刀右叉左并排纵向放在餐盘上，或者刀上叉下并排横向放在餐盘上。此种做法的意思是，本人已经用餐完毕，请侍者将刀叉及餐盘一起收掉。

图 5-6　西餐刀叉的种类及摆放位置

图 5-7　暂时不用餐时刀叉的摆放

（二）餐匙

在西餐的正餐中，一般会出现两把餐匙，它们形状不同、用途不同，摆放的位置也不同。一把个头较大的餐匙称为汤匙，通常它被摆在用餐者右侧最外端，与餐刀并列纵放。

另一把个头较小的餐匙叫甜品匙。一般情况下，它应当被摆在吃甜品所用刀叉的正上方，并与其并列。如果不吃甜品，用不上甜品匙的话，有时它会被个头与其差不多的茶匙取代。

餐匙除可以饮汤、吃甜品外，绝不可以直接舀取其他任何菜肴。已经开始使用的餐匙，不可再放回原处，也不可将其插入菜肴，或将其"直立"于甜品、汤盘或杯子中。不用的餐匙应将其平放在盘子上。不能将餐匙含在口中。不能用餐匙舀取咖啡或茶饮用。

（三）餐巾

西餐中的餐巾有大有小，但无论大小，餐巾都应平铺在自己并拢的大腿上。一定不要把餐巾掖在领口、围在脖子上、塞进衣襟内，或者塞进裤腰上。吃西餐要求着装整洁有档次，为防止服装被菜汁弄脏，需要用餐巾盖在腿上，保证就餐时的风雅。用来擦拭口部。吃西餐强调保证良好的就餐形象。而吃饭时难免有些汤汁挂在嘴角，需要用餐巾擦拭。但是餐巾不能用来擦汗、擦脸、擦手等。

不能用餐巾擦餐具，那样做会被认为餐具不洁，这是对主人的失礼。在进餐时，如果遇到剔牙、吐东西等行为，由于这样的行为不雅，就需要用餐巾遮掩，如果没有遮掩会被认为失态，是不文明之举。

四、西餐中的饮酒礼仪

在正式的西餐宴会上，酒菜的搭配十分严格。一般来讲，吃不同的菜肴需要配不同的酒水，每吃一道菜，便要换上一种新的酒水。西餐中上的酒水分为餐前酒、佐餐酒、餐后酒三种。餐前酒又称为开胃酒。是开始用餐前饮用的，或在吃开胃菜时与搭配饮用。

一般情况下，餐前酒人们喜欢喝鸡尾酒、味美思和香槟酒。佐餐酒是在正式用餐期间饮用的酒。西餐中的佐餐酒均为葡萄酒，多为干葡萄酒或半干葡萄酒。在正餐或宴会上选择的佐餐酒，有一个重要的规矩，即"白酒配白肉，红酒配红肉"。

这里所说的白肉指的是鱼、海鲜、鸡肉，吃这些肉时需喝白葡萄酒与之搭配；红肉指的牛肉、羊肉、猪肉，吃这些肉时，要喝红葡萄酒与之搭配。餐后酒指的是用餐之后，用来助消化的酒水。最有名的餐后酒是白兰地酒。

五、就餐的礼仪规范

（一）衣着考究

参加西餐宴会讲究穿着打扮，否则被认为是失礼的。特别要注意的是，再昂贵的休闲服，也不能随意穿着上餐厅。根据用餐的规模和档次，用餐时的衣着要求也不尽相同。在隆重的宴会上要求穿礼服。男装为黑色燕尾服，扎黑色领结；女士穿拖地长裙。还可以穿本民族的盛装，如中国的中山装、旗袍等。在普通宴会上通常要穿正装。

这里所说的正装是指深色，如黑色或藏蓝色套装或套裙。男装不要色彩过淡，女装切忌过短过小。参加一般性的聚餐可以穿便装。当然这里所说的便装也是有严格规定的。男士可以穿浅色西装，或穿单件的西装上衣。女士可以穿时装，或以长西裤代替裙装。

（二）举止高雅

就座时，身体要端正，手肘不要放在桌面上，不可跷足，与餐桌的距离以便于使用餐具为佳。餐台上已摆好的餐具不要随意摆弄。用餐时，无论吃东西，还是喝东西，都不能发出声音。在西方人看来，吃东西发出声音是缺乏教养的表现。喝汤时不要啜，吃东西时要闭嘴咀嚼。如果汤菜过热，可待稍凉后再吃，不要用嘴吹。喝汤时，用汤勺从里向外舀，汤盘中的汤快喝完时，用左手将汤盘的外侧稍稍翘起，用汤勺舀净即可。吃完汤菜时，将汤匙留在汤盘（碗）中，匙把指向自己。

每次送入口中的食物不宜过多，在咀嚼时不要说话，更不可主动与人谈话。如果是谈话，可以拿着刀叉，无须放下。吃鱼、肉等带刺或骨的菜肴时，不要直接外吐，可用餐巾捂嘴轻轻吐在叉上放入盘内。如盘内剩余少量菜肴时，不要用叉子刮盘底，更不要用手指相助食用，应以小块面包或叉子相助食用。吃面条时要用叉子先将面条卷起，然后送入口中。

（三）尊重女性

中餐强调尊重长者，而西餐强调尊重女士，西餐中对女士的尊重体现以下三个方面。尊重女主人，在西餐宴请活动中，女主人处于"第一顺序"。具体表现是女主人要坐主位，要由女主人宣布用餐开始或结束。照顾女宾客，吃西餐时，无论是否相识，男士都要处处积极、主动地对女士多加照顾。比如在用餐前，帮助女士存外套，或找座位。在用餐期间，要帮助女士取菜、拿调味品，并陪其交谈等。

（四）积极交际

西餐宴请活动的主旨是促进人们的社交活动，因此不与他人交流是失礼的，进餐时与他人的交际主要表现为两个方面。宾主的交际，作为宾客要向主人致意，并找个时间与其聊聊，联络感情。不要吃完饭就走，更不能不把主人放在眼里。来宾的交际，西餐礼仪要与老朋友寒暄，要借机会多交新朋友。

第四节 饮茶礼仪

茶是中国人最喜爱的一种日常饮料，与咖啡、可可一道成为世界三大饮料。中国是茶叶的故乡，以茶待客已是人之常情。所谓茶道就是以茶待客之道，饮茶的礼仪具体涉及茶叶的品种、茶具的选择、敬茶的程序、品茶的方法等内容。

案例 正确养生法来了！国内研究表明，多喝绿茶可助长寿

近日，国内的一项大型研究显示，每周喝至少三次茶有益身体健康，经常喝绿茶能够降低心脑血管事件及全因死亡发生风险。

这项研究结果由中国科学院院士、中国医学科学院阜外医院顾东风团队发起，研究结果发表在欧洲心脏病学会（ESC）的期刊《欧洲预防心脏病学》上。

研究对100902名没有心脏病、中风或癌症病史的18岁以上中国人，并根据其饮茶习惯，将其分为两类：经常性饮茶者（每周至少3次）和无饮茶习惯者（从不饮茶或每周少于3次）。在研究的人群中约有50%男性、20%女性会有经常饮茶的习惯；49%的饮茶者习惯饮用绿茶，只有8%的人更喜欢红茶，其余的饮用花茶等其他种类茶。

结果发现与无饮茶习惯的人相比，习惯喝茶的人心脏病和中风的发病、死亡、总死亡风险分别降低了20%、22%和15%。相比50岁人群，无饮茶习惯的和经常饮茶的相比较，经常饮茶者发生心脑血管疾病时间推迟了1.41年，寿命延长了1.26年。

研究小组还进一步对14081名研究对象的疾病和死亡风险进行调查，在8.2年之后。与无饮茶习惯的相比，坚持长期饮茶者心脑血管疾病发病、死亡和全因死亡风险降低更加明显，分别为39%、56%和29%。

该研究进一步利用14081名研究对象时隔8.2年的两次饮茶习惯调查信息，分析发现与从不饮茶者相比，坚持长期饮茶者心脑血管病发病、心脑血管病死亡和全因死亡风险分别降低更加显著，降低比例达39%、56%和29%。研究人员表示，绿茶中茶多酚的含量较高，茶多酚具有抗氧化、调血脂、抗病毒、抗肿瘤等作用。但机理研究表明，茶叶中的主要生物活性物质，即茶多酚，在体内代谢较快，不能长期储存于体内，因此需要长期保持此习惯以从中获益。

资料来源：https://new.qq.com/omn/20200113/20200113A0ERTA00.html.2020-01.

一、茶叶种类

饮茶首先要了解茶叶的品种，不同品种的茶，沏茶的方法，品茶的要领是有差异的。

（一）绿茶

绿茶是我国产量最多的一类茶叶，其花色品种之多居世界首位。绿茶具有香高、味醇、形美等特点。绿茶是不经过发酵的茶，即将鲜叶经过摊晾后直接下到二三百摄氏度的热锅里炒制，以保持其绿色的特点。绿茶的主要品种有峨眉雪芽、西湖龙井、碧螺春、黄山毛峰、六安瓜片、太平猴魁、信阳毛尖、竹叶青、都匀毛尖、婺源茗眉。如图5-8所示。

（二）红茶

与绿茶恰恰相反，红茶是一种全发酵茶（发酵程度大于80%）。红茶因其汤色红而得名。红茶性情温热，适宜冬天饮用。我国红茶品种主要有产于安徽祁门的祁红；产于云南佛海、顺宁等地的滇红；产于江苏宜兴的宜红；产于广东英德等地的吴红。其中尤以祁门红茶最为著名。世界上红茶的品种很多，产地也很广，除我国以外，印度、斯里兰卡也有类似的红茶生产。功夫红茶是我国特有的红茶品种，也是我们传统出口商品。如图5-9所示。

图5-8　碧螺春　　　　　　　　　图5-9　功夫红茶

（三）乌龙茶

乌龙茶也就是青茶，是介于红绿茶之间的半发酵茶。乌龙茶在六大类茶中工艺最复杂费时，其中做青工序是形成乌龙茶品质的关键步骤。乌龙茶泡法也很讲究，所以喝乌龙茶也被人称为喝功夫茶。我国著名的乌龙茶多产于福建，其中最有名的有安溪铁观音、武夷岩茶等。如图5-10所示。

（四）普洱茶

普洱茶亦称滇青茶，是在云南大叶茶基础上培育出的一个新茶种。普洱茶又分两种：一种是传统普洱茶，也就是生茶，是以云南特有的大叶茶种晒青的毛茶，经蒸压自然干燥一定时间储放形成的特色茶。另一种即现代普洱茶，也就是熟茶，是经过潮水微生物固态发酵形成的。普洱茶香气高锐持久，带有云南大叶茶种特性的独特香型，耐泡，经五六次冲泡仍持有香味，具有降脂、减肥和降血压的功效，在东南亚和日本很普及。如图5-11所示。

（五）花茶

花茶是用花香增加茶香的一种产品，在我国很受喜欢。一般是用绿茶做茶坯，少数也有用红茶或乌龙茶做茶坯的。根据茶叶容易吸附异味的特点，以香花以窨料加工而成的。所用的花品种有茉莉花、桂花、珠兰等好几种，以茉莉花最多。苏州茉莉花茶是花茶中最有名的一种，是我国茉莉花茶中的佳品。如图5-12所示。

图 5-10　铁观音

图 5-11　普洱茶

图 5-12　茉莉花茶

二、茶具选择

中国茶道讲究五境之美，即茶叶、茶水、火候、茶具、环境，饮茶时，所选茶叶品种不同，所需使用的茶具也会有所不同。一般情况下，茶具主要包括储茶用具、泡茶用具、饮茶用具等。

（一）储茶用具

储茶用具指的是平时存放茶叶的专用空旷地器皿。其基本要求是：防潮、避光、隔热、无味。因此用来存放茶叶的器皿最好使用铝罐、锡罐，不要用玻璃罐和塑料罐。

（二）泡茶用具

正规的泡茶用具，最常见的是茶壶，其大小各异，外观不同，最早的茶壶使用金、银、玉等材料制成。现多以有助于茶水味道纯正的紫砂陶、陶瓷制成。如图 5-13、图 5-14 所示。

图 5-13　紫砂茶具

图 5-14　陶瓷茶具

（三）饮茶用具

饮茶用具指饮茶时所使用的茶具。在大多数情况下，饮茶用具主要是茶杯、茶碗。好的茶杯有助于茶汤纯正味道的发挥。符合这一要求的，首推紫砂陶或陶瓷茶杯。如果要欣赏茶叶形状与茶汤色泽，也可以用玻璃茶杯。

👤 三、茶水的选择

泡茶用水一般宜用软水，如洁净的泉水、雪水、天落水、溪水等。城市的自来水含有较多的氯离子，直接用来烧开水沏茶，会影响茶汤的色香味，故宜将自来水先在容器内储放24小时后使用，有条件者可用净水器。烧水宜用硬质木炭或电，忌用煤油、柴油、木柴等有烟气及异杂味的燃料。

冲茶水温要适当，高档茶水温控制在85℃左右，中、低档茶可用93℃～100℃水冲泡。冲泡时间与水温有关，85℃水温以4分钟为佳，沸水冲泡只需2分钟。据试验，93℃、3分钟可作为冲泡的最佳温度和时间来掌握。

👤 四、敬茶的程序

以茶敬客是待客时绝对不可或缺的重要礼仪，以茶敬客最重要的是要注意客人的嗜好、上茶的规矩、敬茶的方法、续水的时机等。

（一）客人的嗜好

不同地区及具有不同体质的人，喜欢饮用的茶是不同的。有的喜欢喝绿茶，有的喜欢喝红茶，也有的喜欢喝乌龙茶。有的喜欢喝热茶，有的喜欢喝凉茶。以茶待客应先注意了解客人的饮茶偏好，以及特殊的饮茶要求。以茶待客时要注意，茶不能过浓，否则会使饮茶者出现"醉茶"现象，严重者会影响其身体的健康。为客人倒茶不宜过满，以七分满为最佳。

（二）上茶规则

以茶待客时，应由谁来上茶，要看所招待的客人的情况。在家中待客，一般由晚辈或家中服务员为客人上茶。如果是重要客人则应由女主人或主人为客人上茶。在工作单位，一般由秘书、接待人员为客人上茶，如果是重要客人应由相关领导，或最高领导为客人上茶。如果招待的客人较多，应注意上茶的顺序：先为客人，后为主人；先为主宾，后为次宾；先为女士，后为男士；先为长辈，后为晚辈。

（三）敬茶的方法

为客人上茶时应从客人的左后侧双手将茶杯递上去，置于客人右前方。这种上茶方法，意在不妨碍其工作或交谈。如果条件不允许，可以从客人右侧上茶，尽量不要从其正面上茶。为客人上茶时，尽量不要用一只手，如果条件不允许，也要用右手上茶，不要用左手上茶。

（四）续水时机

为客人上茶时不宜斟得过满，应在杯深的 2/3 处，否则有厌客之嫌。以茶待客时可以为客人勤续水，但续水也有规矩。在中国以茶待客有"上茶不过三杯"之说。第一杯是敬客茶，第二杯是续水茶，第三杯是送客茶，如果频繁为客人续茶有逐客之嫌。

课后练习

一、多项选择题

1. 上茶的礼仪规则是（   ）。

A. 应由家中晚辈为客人上茶

B. 接待重要客人时，应由家中女主人或主人为客人上茶

C. 在工作单位应由秘书、接待人员为客人上茶

D. 为客人上茶时，不能将手接触到杯口

E. 在开会时要从客人的左后侧为客人上茶

2. 请人吃饭要了解他人的禁忌，主要有（   ）。

A. 宗教禁忌　　　　B. 地方禁忌　　　　C. 个人禁忌

D. 卫生禁忌　　　　E. 职业禁忌

3. 正式宴会座位安排的礼仪原则主要有（   ）。

A. 以右为尊　　　　B. 职位或地位高者为尊

C. 女士为尊　　　　D. 遵守社会伦理　　E. 年长者为尊

4. 就餐时应注意自身的形象，一般的礼仪原则是（   ）。

A. 适度修饰　　　　　　　　　　B. 遵守时间，准时到场

C. 在餐桌上不整理服饰，或者化妆、补妆

D. 吃东西不发出声音　　　　　　E. 自用餐具不可伸入餐盘取菜

5. 中国人用筷子几种忌讳，主要有（   ）。

A. 三长两短　　　　B. 仙人指路　　　　C. 击盏敲盅

D. 当众上香　　　　E. 交叉十字

6. 可以邀请（   ）舞伴跳舞。

A. 同性　　　　　　B. 异性　　　　　　C. 男士主动邀请女士

D. 女士主动邀请男士　　　　　　E. 以上均可

二、判断正误

1. 就餐时餐巾应放在盘子下面。

2. 喝葡萄酒时为了助兴可以干杯。

3. 舞会可以穿大衣跳舞。

实 践 课 堂

1. 请同学们对自身具备的礼仪知识进行回顾，并列举出其所缺少的部分。

2. 分组对各式不同的介绍方法进行设定和演练。

3. 认真分析，你平时是否做到了应有的礼仪？本章所学的内容是否对你的习惯产生了影响？产生了哪些影响？

拓 展 阅 读

外国游客吐槽中国人餐桌礼仪

现如今，旅游成了人们最主要的休闲方式之一，不少国人在经济条件许可的情况下会选择出门散心，除了追求物质生活，精神生活也需要得到很大的升华。对于一些吃货、驴友们来说，他们都很喜欢去一些网红城市吃当地的著名美食。要说到哪个国家的吃货最多，想必非中国莫属了，不过在吃的方面上，不仅要讲究如何挑好吃的东西，还要讲究餐桌礼仪。

餐桌礼仪体现了一个人的素养，尤其是在国外，但有不少外国游客抱怨我们中国人的餐桌礼仪很不好。像前一阵子，就有外国游客在网上热议中国人在自助餐上的陋习，甚至坦言不想跟中国人一起吃饭。

事件发生在邮轮游上，那辆邮轮上的餐饮是以自助餐为主，有外国游客吐槽自己和妻子想去取餐的时候，发现食物已经被拿光了。而旁边的中国游客，每个人面前都有好几个装满食物的大盘子，那些食物远远超过了一个人能食用的量。其实很多中国游客在吃自助餐的时候都有这样一个特点，他们觉得钱都给了，要多吃一点才不吃亏。但在外国人眼里，这是很浪费食物的一种行为。

还有一个例子是发生在日本，我们知道日本人在公共场合上是非常讲究礼仪的。一般他们在用餐的时候都会保持安静，或者低声讲话。中国人则喜欢烧烤摊式的聚餐，一边喝酒一边撸串。当有些中国游客到日本旅游，在餐厅用餐的时候，他们习惯性地大声讲话。有日本服务员提醒中国游客稍微小声一点，却被中国游客骂哭了。对于这个事件，不少中国网友都感觉丢国人的脸了。

当然，我国还是有很多讲究礼仪的游客的，他们到国外用餐也是很有礼貌。其实有不少网友也会吐槽，认为我国是文明礼仪之邦，应该讲究坐有坐相、吃有吃相，虽然一些游客的天性比较自由散漫，但无论到哪个公共场合，都还是要得体一点。

还有一些网友表示：我们每个人都理应提高自身的素质，做不给国家丢脸的文明人！

资料来源：https://baijiahao.baidu.com/s?id=1615832905763573491&wfr=spider&for=pc.2019-10.

第六章
人际沟通中的着装礼仪

学习要求与目标

1. 理解服装的基本功能，掌握着装原则；
2. 理解并掌握女士西装套裙礼仪与着装技巧；
3. 掌握男士穿正装西装的礼仪规范；
4. 掌握领带的基本打法。

引导案例

个人形象很重要，也许可以帮你创造人生的机会，加油

普林斯顿大学的研究表明，人们往往在1/10秒内评判一个人的竞争力、可信赖程度以及好感度，而判断的依据仅仅是这个人的外表。

现今的职场与之前"穿出成功"年代之间的区别是：如今的选择范围变得更加宽泛。各种规范已得到进化，并变得碎片化。在某些特定的场合里，红色运动鞋或T恤装扮能显现穿衣者的身份地位，但在其他情况下则不然。

比起10年或是20年前，现在你的头像被人看到的次数要频繁得多。千禧一代貌似正面临这样一个矛盾，即他们既是穿着最不正式的一代，又是最注意自我风格和个人品牌的一代。这可能令人困惑不已。

所以，我们如何应对这一切呢？我们如何知道什么时候该投资升级自身呢？为了实现目标而进行形象升级时什么又是最好的方式呢？下面有几点可供参考：

确定时机是否恰当

形象升级为求职者在更换工作或改变工作环境时加分不少；当人们扮演新的或更公众的角色时，新的形象也会助力良多。如果你正处于转型的阶段，或者你此时感到刻板乏味、一成不变，那么也许现在就是合适的时机了。如果你还不确定，可以先问问身边信任的朋友、同事或者专业人士，他们最真实的反馈是什么样的。看看在别人的眼里，你是怎样的。也许，事实上还没必要这样做。

明确自己的目标

要弄清你希望达到什么样的效果。你是希望完全刷新自己的形象，还是适当改善。你的目标可能是树立更专业的形象，想被他人更加认可。

而另一个人的目标可能是看起来更加可亲，或是更加时髦潇洒。如果一个人以前从事金融业，现在却要转行到广告业了，或许他就会想看上去更像"居家办公"。

了解工作环境

你可以像人类学家那样分析一下所处的工作环境。有哪些规范，什么能体现一个人的身份地位？谁是你最重要的受众？那些你敬仰的人，他们是怎样展现自己的？你越是了解自己所处的文化环境，也就越能把握你的影响力。

所以，提升形象不是要你爱慕虚荣，或是花更多时间去烦恼穿什么，而是要把它当成一次机遇。

资料来源：https://baijiahao.baidu.com/s?id=1656068220896305670&wfr=spider&for=pc.2020-01.

第一节　服装的功能与着装原则

在人际交往中，第一印象首先来自人的外部特征，除相貌和举止外，就是着装。在一般情况下，人们经常根据衣着来判断一个人的身份和人品。穿着威武的军装、笔挺的西服、轻便的运动装、简洁的白大褂时，其身份不言而喻。

一、服装的功能

1. 表示能力和成就

现实生活中，大部分人在自然状况下都有着这样或那样的不足，如过胖、不高，体形不美，等等，这些不足使人们不同程度地缺乏自信。如何弥补或掩盖这些不足，就成为人们在社会交往中常常思考的问题。据心理学家研究发现，第一印象的93%是由服装、外表修饰和非语言的信息组成。优秀的着装能增加着装人的成就感，让人表现得自豪、沉着、优雅、出众。

2. 表示身份和地位

在中国，服装一向被看成权力和地位的象征。孔子曾说："君子不可以不饰，不饰无貌，不貌无敬，不敬无礼，无礼不立。"毫无疑问，服装在视觉上传递你所属的社会阶层的信息，帮助人们建立自己的社会地位。在大部分场合，要看起来就属于这个阶层的人，就必须穿得像这个阶层的人。人们把优质的服装与优秀的人、不菲的收入、高贵的社会身份、一定权威、高雅的文化品位等相关联。

3. 决定竞争胜负

马克·吐温曾说："服装建造一个人，不修边幅的人在社会上是没有影响力的。"一个人的着装在社会交往过程中是构成第一印象的主要因素，你的着装会影响别人对你的专业能力和任职资格的判断。服装是一种语言，它不仅能反映出一个人的社会地位、文化修养、审美情趣，也能反映出一个人对自己、对他人以及对生活的态度，得体和谐的服装会使人有一种无形的魅力。

二、着装原则

（一）TPO 原则

TPO 原则是目前国际上公认的衣着标准，只有当我们的着装遵循了这个原则的时候，它才是合乎礼仪的，才能给交往对象可敬、可信的感觉。T、P、O 分别是三个英文单词的首字。T 指时间，泛指早晚、季节、时代等；P 代表地点、场所、位置、职位；O 指目的、目标、对象。

1. 时间原则

着装要体现时间的协调性，一年有春、夏、秋、冬四季的交替，一天有 24 小时变化，显而易见，在不同的时间里，着装的类别、式样、造型应因此而有所变化。比如，冬天要穿保暖、御寒的冬装，夏天要穿通气、吸汗、凉爽的夏装。时间原则还强调早、中、晚着装应是不同的。

2. 地点原则

地点原则强调的是着装应考虑所处的位置，驻足于闹市或乡村，停留在国内或国外，身处于单位或家中，在这些不同的地点，着装的款式应当有所不同，如果不考虑这种差异性，不管在什么地点、什么环境下都只穿一身西装，也不会给人以美感，也是不得体的。

3. 目的原则

人们的着装往往体现着一定的意愿，即自己想通过着装给他人留下怎样的印象，这是有一定预期的。整洁而正式的着装表明对交往对象及所谈事项的重视；着装与众不同，个性突出，表明自我表现欲望较强，而且不太合群；着装过于另类，表明生活态度的颓废与消沉；着装朴素、平庸，表明为人低调；等等。着装应适应自己扮演的社会角色，服装的款式在表现服装的目的性方面发挥着一定的作用。

（二）整体性原则

正确的着装能起到修饰整体、容貌等的作用，形成一种整体的和谐美。培根说："美不在部分而在整体。"服饰的整体美的构成因素是多方面的，包括人的形体、气质，服饰的款式、色彩、质地、工艺及着装环境等，服饰美就是从这些因素的和谐统一中显现出来的。

（三）个性化原则

着装的个性化原则主要指根据个人的性格、年龄、身材、气质、爱好、职业等要素，力求在外表上反映一个人的个性特征。不要盲目效仿他人，要根据自己的体形、气质特点展示所长，遮掩所短，展示自己的最佳风貌。

成功的服饰搭配观念

整体观念：服饰是立体活动彩色雕塑，所以不要把上下装分开来看造型，而要从整体上往瘦长婀娜型装扮。

肤色观念：大脑里要先有适合自己肤色的色彩系列。一定要注意所有服装是要穿在自己的"肤色"上的，而绝对不是配在白墙或白黑色模特儿架上。

配饰观念：配饰品与服装密不可分，买完衣服仅仅是万里长征走完了第一步，要预算出一半的钱来考虑配饰。认为配饰可有可无或对配饰不重视的人会被认为是没有品位的。

发型观念：服装设计师的最新作品，有时是通过奇特的发型展示出来的，发式的风格（尤其是色彩）决定着服装搭配，发型变换少的国人更应注意这点。

保养观念：这是一般国人所有功课中最差的一项。这包括两个方面：一方面是服装的洗涤、熨烫、收藏和保管；另一方面是每周提前做好衣着计划。

第二节 女士职业套装礼仪与着装技巧

一、女士职业套装礼仪

女士在正式场合的着装，以裙装为佳。在所有的裙装中，女士在正式场合应穿套裙，套裙是西装套裙的简称，上衣是西装，下身是西式裙子。套裙款式的变化主要体现在上衣和裙子方面。

上衣的变化主要体现在衣领方面，除常见的平驳领、驳领、一字领、圆状领之外，青果领、披肩领、燕翼领也并不罕见。裙子的式样主要有两类：西装裙、一步裙、筒式裙等，款式端庄、线条优美；百褶裙、旗袍裙、"A"字裙等，飘逸洒脱、高雅漂亮。如图6-1所示。

（一）选择西装套裙应注意的问题

1.面料

西装套裙的面料最好纯天然质地，比较上乘的质地，柔软、悬垂，不起球，不起皱。上衣、裙子、背心等应选用同一种面料。

2.色彩

基本要求是以冷色调为主，借以体现着装者的典雅、端庄与稳重。不应选择太鲜亮抢眼的色彩。一套套裙的全部色彩不要超过两种，否则会显得杂乱。选择套裙色彩时还要考虑肤色，形体、年龄与性格，还要与环境相协调。

裙装不一定非要深色，也可以不受单一色彩的限制。如上衣与裙子可以是一种色彩，也可上深下浅，上浅下深，也可是两件并不相同的颜色，以强化它所留给人的印象，但色彩组合要庄重，要适合自己的条件与气质特征。

3.图案

按照国际惯例，正式场合所穿的西装套裙可以不带任何图案，要素朴简洁。如果本人喜欢，可选择带格子或圆点的图案，但不宜有花卉、宠物、人物、文字等图案。

4.点缀

正式场合所穿西装套裙时点缀不宜多，多则杂乱、低俗和小气，也有失稳重。

5.尺寸

穿西装套裙的尺寸要求，上衣不宜过长，下裙不宜过短。裙子下摆恰好在小腿最丰满处，是最为标准的、最为理想的裙长。紧身式的上衣，显得较为正统，松身式上衣，看起来更加时髦一些。

（二）西装套裙穿着礼仪

1.穿套裙时的衬衫搭配

衬衫面料轻薄柔软，基本色是白色，其他颜色只要搭配合理即可，不过不能过于鲜艳，最好不要有很多花、图案等。衬衫的款式很多，与套裙配套穿的衬衫不必过于精美，领型不必过于夸张新奇。

2.穿套裙时的鞋袜搭配

鞋袜是女士的"腿部景致"，对此不可马虎大意。宜穿黑色高跟或半高跟船型皮鞋，以牛皮或羊皮制品为佳。系带式皮鞋、丁字皮鞋、皮靴、皮凉鞋等，都不宜与西装套裙同时穿用。袜子为尼龙袜或羊毛袜。鞋袜的色彩有很多要求，与套裙配套的皮鞋以黑色最为正统，此外，与套裙色彩一致的皮鞋也可选择。

穿套裙时要有意识地注意鞋、袜、裙三者之间的色彩是否协调。一般认为，鞋、裙的色彩必须深于或略同于袜子的色彩。如图6-2所示。

图6-1　西装套裙　　　　　图6-2　西装套裙与鞋袜的搭配

3. 穿套裙时的妆饰搭配

高层次的穿着打扮，讲究的是着装、化妆与佩饰风格统一。相辅相成，因此穿套裙时要有整体原则，将其与化妆、佩饰一道通盘考虑。穿西装套裙时不可以不化妆，但又不可以化浓妆。穿西装套裙时可以没有佩饰，如果有也以少为宜，合乎身份。佩戴首饰，至多不应超过三种，每种也不能多于两件。

4. 注意适当场合

西装套裙虽然非常端庄，尤其在正式场合更能显现女性的干练与魅力。但并不意味着不论干什么事情都可以穿西装套裙。与任何服装一样，套裙也有适用的场合。着装礼仪规定：女士在各种正式的交际场合中，一般以穿西装套裙为最好。比如在会议、商务谈判、演讲、涉外商务活动时，务必要穿西装套裙。

二、女士着装的技巧

（一）女士服装的色彩搭配

色彩的浓淡给人的感觉是不一样的，浅淡的亮色给人以轻快的感觉，而深暗的色彩则使人感到凝重、沉稳。应该根据礼仪场合的需要和自己的性格特征，来选择适合自己的服装色彩。选择适当的服装色彩进行合理搭配，是穿好服装的第一需要。

俗话说："没有不美的色彩，只有不美的搭配。"日常生活中我们经常看到，同一套衣服，不同的人的不同搭配，产生的效果是截然不同的。在进行色彩的搭配时既要考虑身材、肤色等因素，也要考虑与服装本身色彩的和谐。如图6-3所示。

1. 认识色彩

色彩中的"黑、白、灰"是"万能色"，它们可以与任何颜色搭配，尤其是黑色与白色的搭配永远都不会落伍。世界上许多著名的服装设计大师，都以黑、白为主题创造了时装的理想境界。色彩的选择还要注意职业特征，场合的要求。

从事教育、医疗卫生工作，以及在国家机关等部门工作的人，服装色彩的选择往往偏重于素雅、端庄的色彩。而从事娱乐、文体、休闲等工作的人色彩选择更倾向于鲜艳、活泼，富有动感。色彩选择还要注意场合，如果选择不恰当会影响到着装效果，以及相应目的。如图6-4所示。

2. 色彩搭配的基本方法

统一法，即使用同一色系，根据同明暗深浅的不同来搭配，造成一种程度美感。如黄色与咖啡色的搭配就属于此类。对比法，即用对比色进行搭配。如黑与白、红与黑、黄与蓝等。调和法，即用相近的颜色搭配。如红与橙、绿与蓝，配色的明度、纯度有所差别，会给人以特殊的美感。

图 6-3　女式服装搭配

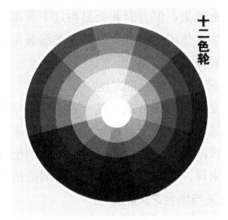

图 6-4　十二色轮

3.色彩搭配的技巧

（1）根据肤色确定服装颜色

人的肤色有白、黄、黑、小麦色、粉红色等。白皙肤色选择服装色彩的范围比较广，穿淡黄、淡蓝、粉红、粉绿等淡色系列的服装，都会显得格外青春，柔和甜美；穿上大红、深蓝、深灰等深色系列，会使皮肤显得更为白净、鲜明、楚楚动人。黝黑肤色的人，宜穿暖色调的弱饱和色衣着，亦可穿纯黑色衣着，以绿、红和紫罗兰色作为补充色，可选择三种颜色作为调和色，即白、灰和黑色。

黄色肤色有一种忧郁的美感，适合穿蓝色或浅蓝色的上装，它能衬托出皮肤的洁白娇嫩，也适合穿粉色、橘色等暖色调服装。小麦色肤色适宜穿黑白两色的强烈对比服装。深蓝、炭灰等沉实的色彩，以及深红、翠绿等色彩也能很好地突出开朗的个性。

（2）根据人的性格特征选择服装颜色

色彩会带给人不同的感觉，比如蓝色有高雅、理性、稳重的意义，能让人产生信服感、权威感；灰色由于属性比较中庸、平和，所以不易表现出威严感，但会显得很庄重；红色会使人感到热情奔放。因而性格活泼的人宜选暖色、花色面料，性格沉着的人宜选深色、素色面料。

（3）根据不同场合选择颜色

英国女王伊丽莎白二世访问中国时，走出机舱门的第一个亮相，穿的是黄色西装套裙，戴的是黄色的帽子。其实伊丽莎白二世最喜欢红色和天蓝色，很少穿黄色服装。但在中国，几千年来，黄色都是皇帝所穿服装的颜色。女王到中国选择黄色服装，既表示尊重中国的传统习俗，也展示出她作为一国之君的高贵身份。

（二）女士服装的组合搭配

1.服装与服装之间的组合

主要是颜色和款式的搭配要合理。比如说：红衣服配绿裙子会产生对比关系，有比较强烈的视觉效果，但有时就会显得过于热闹。再比如：服装大致可分为礼服、正装、运动服、居家装、休闲装等五类，这五类服装是不要混在一起穿的，如果上穿正装，下穿休闲装，就会显得不伦不类。

2. 服装与配饰之间的组合

配饰是为服装服务的，这一点首先要明确，除非你是珠宝代言人，否则不要让配饰喧宾夺主。其次，不是所有的配饰都可以用来搭配所有的服装，我们经常说，精致的服装一定要配精致的配饰，隆重的服装配隆重的配饰。最后，配饰不像衣服一样是非要不可的，从理论上来说，不佩戴任何饰品，比胡乱搭配更容易给人好感。

3. 服装与场合之间的组合

（1）喜庆欢乐的场合

庆祝会、联欢会、生日、婚礼、聚会等，这时的穿着要跟人们高兴、快乐、兴奋的情绪协调，女士可以穿得色彩鲜艳、丰富一些，款式也可以新颖一些，以烘托活跃欢快气氛。太深沉的色彩或太古板的款式都不太适合。

（2）隆重庄严的场合

开幕闭幕式、签字仪式、剪彩仪式、重要的或高层次会议、重要的会见活动、新闻发布会等，这些场合，要特别注意个人的公众形象和媒介形象，注意仪表，衬托隆重庄严的气氛，可以穿上套装或较为端庄的连衣裙，体现职业女士的正规场合的风范。

（3）华丽高雅的场合

这类场合多半是晚上举办的正式社交活动，如正式宴会、酒会、招待会、舞会、音乐会等。这时，女士要把自己打扮得漂亮一点，显示出女士独有的美好气质和修养。可以穿连衣长裙、套裙，面料要华丽、质地要好，色彩应单纯。可以有花边装饰，或用胸针、项链、耳环加以点缀。式样简洁的裙装，更能体现一种超俗的美。

（4）悲伤肃穆的场合

比如吊唁活动、葬礼。到这种场合来的人，应该抱着沉痛的心情、肃穆的情绪。所以，在着装上应该避免突出个性，而是将自我的个性揉进这种特殊场合的氛围中。可以穿黑色或深色套服，西装配白衬衣、黑领带；女士不抹口红、不戴装饰品、不用鲜艳的花手绢，全身衣装是深色或素色，让外表的肃穆和内心的沉痛协调一致起来。

几个让女性"掉价"的着装错误

错误一：着装不符合自己的年龄，尤其是穿得过于幼稚。

错误二：在公共场合穿特别劣质但样式流行的衣服。

错误三：穿低腰裤，配高腰低价普通肥大花内裤，并蹲在街边。

错误四：身材过于丰满却穿紧身衣服，让挤出的多个"面包圈"一览无余。

错误五：在公共场合穿磨损破旧的高跟鞋。

错误六：身材矮小的女性穿过高的高跟鞋，走起路来摇摇晃晃。

错误七：穿着与体型不相配的衣服，如身材不高、腿比较粗的女士穿肥腿裤就不太合适。

错误八：背着假冒的名牌皮包在正式场合出入。

错误九：穿着带有色情意思的英文或者其他外文的衣服乱逛。

（三）女士饰品的搭配

饰品的佩戴要注意与个人的风格、服装质地与整体形象等相一致，具体需要注意以下几个方面。

1. 围巾

围巾是女士着装时常用的饰品。围巾质地有毛线、丝绒、真丝等。一条围巾可以为服装增添色彩。一条围巾的随意变化，或围在肩上，或挂在脖子上下垂，或在头上改变发型都会起到意想不到的美感效果。冬季时一条长围巾披在肩上，也会有意想不到的风貌和魅力。如图 6-5、图 6-6 所示。

图 6-5　长围巾的佩戴效果　　　　图 6-6　方围巾的佩戴效果

女士丝巾的几种系法

系法 1

步骤一：双手握住丝巾的两端将丝巾拧成麻花状，两头稍微留一段不要拧。如图 6-7（a）所示。

步骤二：将拧成麻花的丝巾围在脖子上，绕 2～3 圈，使两端位于同一个侧面，两端交叉在一起，把放在上面的一端拉长，然后将长的一段从短的一端的下面向上过去系成一个平结。如图 6-7（b）所示。

步骤三：将打好的平结整理整齐即可。如图 6-7（c）所示。

（a）　　　　　　　（b）　　　　　　　（c）

图6-7　丝巾系法1

系法2

步骤一：将丝巾对折使两端重叠然后拧成麻花状，如图6-8（a）所示。

步骤二：围在脖子上使丝巾两端稍微分开，如图6-8（b）所示。

步骤三：将丝巾两端分别打成结后穿过另一端的环内，如图6-8（c）所示。

步骤四：调整角度，将丝巾角展开成漂亮的形状，如图6-8（d）所示。

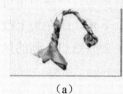
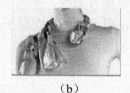
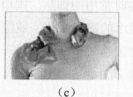

（a）　　　　　　（b）　　　　　　（c）　　　　　　（d）

图6-8　丝巾系法2

系法3

步骤一：将大方巾对角往中心点对折，再对折。如图6-9（a）所示。

步骤二：最后折成长条状围在脖子上，长的一端压住短的一端。如图6-9（b）所示。

步骤三：短的一端从左至右从下面绕过来包住长的一端，以形成一个结眼。如图6-9（c）所示。

步骤四：再将长的一端从下面绕过脖颈正面的环，穿出来，调整长度即可。如图6-9（d）所示。

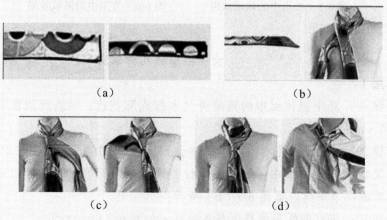

（a）　　　　　　　　　　　　　　（b）

（c）　　　　　　　　　　　　（d）

图6-9　丝巾系法3

系法4

步骤一：将方巾折成风琴状百褶长带围在颈上，如图6-10（a）所示。

步骤二：打两次活结，即成一个平结。或者也可以用别针把两端固定起来，如图6-10（b）所示。将平结调至适当位置，整理成花朵形状。如图6-10（c）所示。

（a）　　　　　　　（b）　　　　　　　（c）

图6-10　丝巾系法4

系法5

步骤一：将丝巾对角往中心点对折，如图6-11（a）所示。

步骤二：对折2次，成3～5厘米宽。如图6-11（b）所示。

步骤三：丝巾一长一短拉住，将长的一端从短的一端的下面向上穿过来系活结。如图6-11（c）所示。

步骤四：将从下面穿过来的一端绕过较短的一端再系一个结。整理好形状，将结移到喜欢的位置。如图6-11（d）所示。

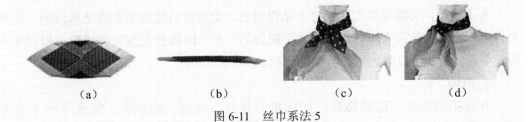

（a）　　　　　　　（b）　　　　　　　（c）　　　　　　　（d）

图6-11　丝巾系法5

系法6

步骤一：将长丝巾对折，如图6-12（a）所示。

步骤二：再次对折，成约5厘米宽度，如图6-12（b）所示。

步骤三：围在脖子上，如图6-12（c）所示。在胸前V领处打上蝴蝶结即可，如图6-12（d）所示。

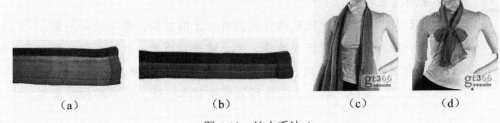

（a）　　　　　　　（b）　　　　　　　（c）　　　　　　　（d）

图6-12　丝巾系法6

系法7

步骤一：将长巾对折后再次对折成适当宽度，如图6-13（a）所示。

步骤二：系在脖子上打个活结，将短的一边向着反方向做成环状，如图6-13（b）所示。

步骤三：再将另一边绕过这个环，将这一边丝巾的中间部分从上面穿过去，系成蝴蝶结。将蝴蝶结一边展开成花朵状，如图6-13（c）所示。另一边也整理成花朵状，将两朵花仔细整理成漂亮的形状，再将结移至颈侧，将长的丝巾一端搭到肩后去，如图6-13（d）所示。

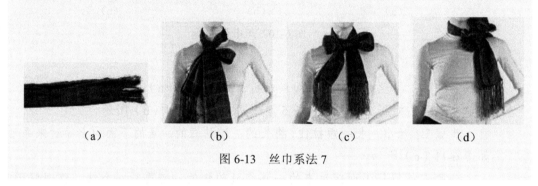

| (a) | (b) | (c) | (d) |

图6-13　丝巾系法7

2. 眼镜

关于眼镜，可能很多人认为它不是很重要，觉得它只是用来看清楚东西的，但是在时尚界里，它却时常被大师们所用，属于配饰的一种。眼镜和发型完美搭配可以衬托出脸部的线条，同时也可以起到修饰脸型的作用。

3. 首饰

首饰指功能专一的装饰品，如戒指、耳环、项链、胸针等。佩戴首饰不是为了显示珠光宝气，而是要对整体服装起到提示、浓缩或扩展的作用，以增强一个人外在的节奏感和层次感。像服装一样，首饰也有它自己的季节走向，春夏季可戴轻巧精致些的，以配合衣裙和缤纷的季节，秋冬季可戴庄重和典雅的，可以衬出毛绒衣物的温暖与精致。

首饰的使用规则

数量以少为好。在必要时，可以不用佩戴首饰。如果想同时佩戴多种首饰，最好不要超过三种。

同色最好。如果同时佩戴两件或两件以上的首饰，要求色彩一致。

质地一致。比如带镶嵌类首饰，要让镶嵌物质地一致，托架也要力求一致。

符合身份。选戴首饰时，不仅要照顾个人爱好，更应当服从自己的身份，要和自己的性别、年龄、职业、工作环境保持基本一致，而不要相差太多。

为体型扬长避短。选择首饰时，应充分正视自身的形体特点，努力使首饰的佩戴为自己扬长避短。避短是其中的重点，扬长就要适时而定。

和季节吻合。季节不同，佩戴的首饰也要不同。金色、深色首饰适合冷季节佩戴，银色、艳色首饰适合暖季佩戴。

和服饰协调。佩戴首饰，是服装整体中的一个环节。要兼顾服装的质地、色彩、款式，并努力让它在搭配、风格上相互般配。

遵守习俗。不同的地区、不同的民族，佩戴首饰的习惯做法也有所不同，要了解并且尊重。

戒指是爱情信物，佩戴戒指可表明你的婚姻状况。戒指一般只戴一枚，而且戴在左手上。传说左手中指的爱情之脉直通心窝，戒指戴在上面可被心里流出的血浇灌，从而使配戴者永葆爱情的纯洁和忠贞不渝。

佩戴戒指的注意事项

在和别人谈话的时候，不要抚弄自己的戒指。否则，别人会认为你不是心不在焉，就是有意展示自己的戒指。带薄纱手套时戴戒指，应戴在手套里面，只有新娘可以戴在手套外面。一个手指头上不要戴多枚戒指，一只手上不要戴两个以上的戒指。想在两只手指上戴戒指，最好选择相邻的两只手指，否则就像在中间隔着一座山似的。从事医疗、餐饮、食品销售的服务部门的工作人员不适合佩戴戒指。

耳环是女性的主要首饰，其使用率仅次于戒指。佩戴时应根据脸型特点来选配耳环。如圆形脸不宜佩戴圆形耳环，那样会强化"圆"的特征；方形脸也不宜佩带圆形和方形耳环，因为圆形和方形同时呈现在脸部，对比之下，方形更方，圆形更圆。

项链是很受女性青睐的主要首饰之一。项链是平安、富有的象征，应根据身材和个性特点，选择适当的款式和色彩。项链的种类很多，大致可分为金属项链和珠宝项链两大系列。佩戴项链应和自己的年龄及体型协调。如脖子细长的女士佩戴仿丝链，更显玲珑娇美；马鞭链粗实成熟，适合年龄较大的妇女选用。

手镯或手链如果戴在左手腕或左右两腕全戴，表示佩戴者已经结婚；如果仅在右手腕上佩戴，则表明佩戴者是自由而不受约束的。另外，手镯或手链的戴法还要考虑民族习惯。中国人习惯将手镯或手链戴在右手上，而一些西方人则习惯戴在左手上。一些女士戴手镯或手链就不戴手表。一般来说，手镯和手链不能同时戴。一只手腕不能同时戴两个手镯。

第三节　男士西装礼仪与着装技巧

西装产生于欧洲，作为西方普遍穿着的服装，有着悠久的历史。相传欧洲的渔民因为常年往返于海上，穿着领子敞开、纽扣少些的上衣比较方便，于是出现了现代西装上衣的雏形。到中世纪欧洲，马车夫为了驾驶的方便，又在西装后襟上开了衩，这就成了西装中佼佼者——燕尾服的前身。

今天的西装就是在那时的基础上提高发展起来的，并逐渐增加了领带或领结的佩戴。如何穿西装，有着很多的规矩，不懂这些规矩，就会闹出笑话，影响正常的社会交往及相应的商务合作。

一、西装的区分

正确地穿西装，以提高男人的魅力，首先要区分西装的种类。对于不同种类的西装，穿着的要求是不一样的。西装的区分从大的方面来说，主要有正装西装和休闲西装两大类。如何区分正装西装和休闲西装呢？主要有以下一些方法。

（一）颜色

从色彩的角度来讲，正装西装的基本特点是单色的、深色的。一般是蓝色和灰色居多，有时候也有咖啡色和黑色。但是黑色西装一般是当作礼服穿着的。而休闲西装，色彩上就会异彩纷呈，可以是单色的，也可以是艳色的，还可以是多色。有的颜色还不止一种。或者是宝石蓝的、灰蓝的、浅蓝的、咖啡的，或者是粉色的、绿色的、紫色的、黄色的都可以，比较随意。有的还有格或者条纹图案，正装西装一般没有格或图案。

（二）面料

正装西装一般都是纯毛面料，或者是含毛比例比较高的混纺面料。这种面料悬垂、挺括、透气，显得外观比较高档、典雅。而休闲西装的面料就无奇不有了，有麻的、皮的、棉的，还有真丝的，不一而足。

（三）款式

在款式上，正装西装是套装，两件套，或者三件套。而休闲西装则是单件。正装西装与休闲西装在款式的区别上，还有一个突出表现就是衣兜。休闲西装一般都是明兜，明兜就是没有兜盖的。而正装西装则属于暗兜，它是有兜盖的。

西装的式样较多，各类西服看似大同小异，其实细部多有不同。从纽扣看，西装有双排扣、单排扣，如图 6-14、图 6-15 所示。单排扣又有三粒扣、两粒扣之分；从领型看，有大翻领、小翻领、平翻领等不同式样。人们可依据自己的审美眼光，选择款式新颖、适身合体的西装。

图 6-14　单排扣正装西装　　　　　图 6-15　双排扣正装西装

国际三大主流西装款式流派

小贴士

　　目前，国际流行的西装在外观造型为三大流派——英式、美式和欧式。

　　英式西装的特点：肩部与胸部线条平坦、流畅，轮廓清晰明快，最能体现出绅士风度。面料一般以纯毛织物、色彩以深蓝和黑色为主，配以白衬衣和黑领结。整体效果是威严、庄重、高贵。许多上层人物在正规场合都喜欢选择英式西装，故英式西装素有正式西装之称。

　　美式西装的特点：特别重视服式机能性，面料较薄，且有一定的伸缩性，也不强调光泽的强弱，在造型上略收腰身，后背开单衩或双衩，肩部不用过高的垫肩，胸部也不过分收紧，保持自然形态。这种西装不那么刻板，穿着时比较随便，反映了美国人自由清新的着装观念。美式西装最适宜用作日常办公服穿。

　　欧式西装的特点：裁剪得体，造型优雅、规矩、肩部垫得很高，有时甚至给人一种双肩微微耸起的感觉，胸部用上等的内衬做得十分挺括，面料多以黑、蓝精纺毛织物为主，质地要求细密厚实。就整体造型来看，欧式西装与英式西装十分相似，但比英式更考究、更优雅，腰身紧收，袖管窄，背后开衩，裤管呈锥形身收紧。显得人特别自信和挺拔，并略带浪漫情怀。

　　男士们可以根据自己的爱好、身材和具体场合来选用以上三大流派西服。一般来说，在宴会、酒会、庆典、会见贵宾等高级社交场合，应穿英式西装；在舞会、访友、会议等半正规场合可穿欧式西装；平时上班、购物可穿美式西装，显得大方、自然。

二、男式西装礼仪

西装是一种国际性服装。一套合体的西服，可以使着装者显得潇洒、精神、风度翩翩。人们常说："西服七分在做，三分在穿"，那么，怎样穿西装才算得体呢？

（一）三色原则

穿正装西装时，全身上下的颜色不能多于三种。我们看一位男士有没有品位，是什么社会地位，不用问他的头衔，只要数一下他服装的颜色就可以了。少于三种颜色是正规，多于三种，甚至五六种颜色就是超越正常规范了。

（二）三一定律

所谓三一定律，就是男士在重要场合穿正装西装出现时，身上有三个要件应是同一个颜色和质地。这三个要件就是：皮鞋、腰带和公文包。它们应是同一颜色，最好是黑色。男士不像女士，浑身上下没有那么多装饰品，如果这三个要件再选择不好，会严重影响男士的魅力。

（三）穿好衬衫

衬衫为单色，领子要挺括，不能有污垢、油渍。衬衫下摆要放在裤腰里，系好领扣和袖扣。衬衫衣袖要稍长于西装衣袖 0.5 ～ 1 厘米，领子要高出西装领子 1 ～ 1.5 厘米，以显示衣着的层次。衬衫色彩的选择一般是白衬衫、浅蓝衬衫，这是比较庄重和固定的模式，可以在适当的场合选择鲜艳的条纹衬衫，穿这种衬衫时领带就免了。

不论什么样的花衬衫都会引起注意，成为社交场合的亮点，不过面部结构不那么立体的亚洲人，还是应该尽量避免硕大绚烂的花卉丝绸衬衣。尤其在一些比较正式的场合应避免选择花衬衫。

（四）选好领带

西装驳领间的"V"字区最为显眼，领带应处在这个部位的中心，领带的领结要饱满，与衬衫的领口吻合要紧凑，领带的长度以系好后下端正好触及腰上皮带扣上端处为最标准。领带夹一般夹在衬衫第三粒与第四粒扣子间为宜，西装系好纽扣后，不能使领带夹外露。

> **小贴士**
>
> ### 4种打领带的方法
>
> 平结：平结为最多男士选用的领结打法之一，几乎适用于各种材质的领带。
>
> 要诀：领结下方所形成的凹洞需让两边均匀且对称。如图 6-16 所示。

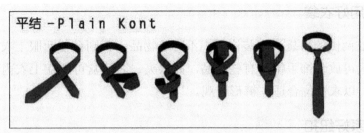

图 6-16　平结打法

双环结：一条质地细致的领带再搭配上双环结颇能营造时尚感，适合年轻的上班族选用。该领结完成的特色就是第一圈会稍露出于第二圈之外，可别刻意给盖住了。如图 6-17 所示。

图 6-17　双环结打法

温莎结：温莎结适合用于宽领型的衬衫，该领结应多往横向发展。应避免材质过厚的领带，领结也勿打得过大。如图 6-18 所示。

图 6-18　温莎结打法

交叉结：这是对于单色素雅质料且较薄领带适合选用的领结，对于喜欢展现流行感的男士不妨多加使用"交叉结"。如图 6-19 所示。

图 6-19　交叉结打法

（五）用好衣袋

西服上衣两侧的口袋只作装饰用，不可装物品，否则会使西服上衣变形。西服上衣左胸部的衣袋只可放装饰手帕。有些物品，如票夹、名片盒可放在上衣内侧衣袋里，裤袋亦不可装物品，以求臀位合适，裤形美观。

（六）系好纽扣

双排扣的西服要把纽扣全部系上，以示庄重。单排两粒扣，只扣上面一粒纽扣，三粒扣则扣上面两粒纽扣。穿正装西装系纽扣的原则是：系上不系下。双排扣西装在正式场合穿着时纽扣应都系上。

（七）穿好皮鞋

穿西服一定要穿皮鞋，而且裤子要盖住皮鞋鞋面。不能穿旅游鞋、轻便鞋或布鞋、露脚趾的凉鞋，也不能穿白色袜子和色彩鲜艳的花袜子。男士宜穿深色线织中筒袜，切忌穿半透明的尼龙或涤纶丝袜。

三、男士着装技巧

要使男士穿出魅力，穿出自己的风格，需要在一些细节上下功夫。要对皮肤、相貌、体形、内在气质进行对比、测量和分析，了解到自身的优缺点，然后再针对这些细节去寻找最适合的设计，服装用色、款式、质地、图案、鞋帽款式、饰品风格与质地、眼镜形状与材质、发型等。

（一）注意着装的场合差异

西装虽然最能展现男士的魅力，但并不意味着在任何一个场合都可以穿，如果穿错了，不但会影响个人魅力，还会闹出笑话。

（二）注意不同场合下的服装组合

喜庆欢乐的场合，如庆祝会、联欢会、生日、婚礼、聚会等，男士可以穿着白色或其他浅色西装、戴花色漂亮醒目的领带，以表现出轻松愉快的心情。隆重庄严的场合，如开幕闭幕式、签字仪式、剪彩仪式、重要的或高层次会议、重要的会见活动、新闻发布会等，男士要西装革履，正规、配套、整齐、洁净、一丝不苟。

华丽高雅的场合，如正式宴会、酒会、招待会、舞会、音乐会等，男士穿着深色西装就可以了。悲伤肃穆的场合，如吊唁活动、葬礼，男士可以穿黑色或深色套服（西装或中山西装），西装配白衬衣、黑领带。

领带的搭配

常见搭配有：

1. 黑色西服，采用银灰色、蓝色调或红白相间的斜条领带，显得庄重大方，沉着稳健。

2. 暗蓝色西服，采用蓝色、深玫瑰色、橙黄色、褐色领带，显得纯朴大方，素净高雅。

3. 乳白色西服，采用虹色或褐色的领带，显得十分文雅，光彩夺目。

4. 中灰色西服，配系砖红色、绿色、黄色调的领带，另有一番情趣。

5. 米色西服采用海蓝色，褐色领带，更能显得风采动人，风度翩翩。

（三）注意配饰的使用

男士着装所用的配饰较少，现实中，一个高雅的男士，一般以少戴为佳。如果佩戴首饰仅可以戴项链和戒指。项链寓意是祝福，戒指寓意是婚否，因此戒指只戴一枚。在男士的配饰中，手表是较为普遍的，可以根据着装的特点与风格选择不同风格和档次的手表，可以提升男士的独特魅力。

课 后 练 习

一、单选题

1. 女士穿西装套裙以（　　）色调为主。

A. 冷色调　　　　　　　　　　B. 暖色调

C. 冷暖色调　　　　　　　　　D. 以上均可

2. 男士穿西装只能配（　　）鞋。

A. 皮鞋　　　　　　　　　　　B. 运动鞋

C. 休闲鞋　　　　　　　　　　D. 布鞋

二、多项选择题

1. 在正式场合男士穿西服要求（　　）。

A. 要扎领带，穿浅色的袜子　　B. 不能露出衬衣袖口

C. 穿西服背心，扣子都要扣上　D. 穿浅色的袜子

E. 领带夹应夹在衬衣的第三、第四个扣子中间

2. 男士西服单排扣有两个，在正式场合站立时，应如何扣？（　　）

A. 只扣上边一个　　　　　　　B. 只扣下边一个

C. 两个都扣上　　　　　　　　D. 两个都不扣

实 践 课 堂

1. 请同学们对自身具备礼仪知识进行回顾，并列举出其所缺少的部分。

2. 分组对各式不同的介绍方法进行设定和演练。

3. 认真分析，你平时是否具备了应有的礼仪？本章所学的内容是否对你的习惯产生了影响？产生了哪些影响？

拓 展 阅 读

中西文化中的颜色差异

不同文化的人对颜色的认识尽管有相似之处，但他们对各种颜色的感觉有可能不同，甚至截然相反，其原因在于国家的地理位置、历史文化背景和风俗习惯不同。例如，蓝色在英语国家有忧郁的含义，美国有"蓝色星期一"（blue Monday）的说法，指心情不好的星期一。

Blue sky 在英语中意思是"没有价值"，所以，把"蓝天"牌台灯翻译成 Blue Sky Lamp，意思便是"没有用的台灯"，这样的台灯怎能销得出去呢？另外，埃及人和比利时人视蓝色为倒霉的颜色。

蓝色在中国人心中一般不会引起"忧郁"或"倒霉"的联想。尽管如此，世界知名品牌"蓝鸟"汽车并不是"伤心的鸟"的汽车，否则怎么会用 Blue Bird 作为汽车商标呢？ Blue Bird 是产于北美的蓝色鸣鸟，其文化含义是"幸福"，所以，英语国家人驾驶 Blue Bird 牌的汽车，其文化取向是"幸福"。但是，驾驶 Blue Bird 牌汽车的中国人恐怕不知道身在"福"中，而只感到驾驶世界名牌汽车是一种身价的体现和财富的象征。

英语国家视"红色"为残暴、不吉利，红色意味着流血。在中国红色预示着喜庆，中国人结婚习惯穿红色衣服。经商时，商人希望"开门红"。经营赚钱了，大家都来分"红利"。某员工工作出色，老板发给他"红包"。美国人一般不喜欢紫色；法国人不喜欢墨绿色却偏爱蓝色。在马来西亚，绿色被认为与疾病有关。巴西人忌讳棕黄色。西方人视白色为纯洁、美好的象征，在中国白色有不吉祥的文化含义。在西方文化中，人们可能将绿色和"缺少经验"联系起来，而在中国绿色代表春天，象征春天和希望。

资料来源：https://wenku.baidu.com/view/db7da76915791711cc7931b765ce0508763275bf.html.2019-03.

第七章
人际沟通中的聚会礼仪

学习要点与目标

1. 掌握拜访礼仪基本礼仪规范；
2. 掌握待客礼仪的具体内容；
3. 了解舞会礼仪的要求。

引导案例

特朗普访英见女王又被批"无礼"：握手像"打拳"，不行屈膝礼

2019 年 6 月 3 日，美国总统特朗普偕夫人梅拉尼娅及子女抵达英国，展开为期 3 天的国事访问。但抵达英国开始访问仅几个小时，特朗普一家就给英国人留下了"深刻印象"。

据"今日俄罗斯"（RT）4 日报道，特朗普在白金汉宫会见英国女王时，出现了一些小插曲。英国小报"Viking FM News"在推特上晒了一张特朗普与女王握手的照片，并称特朗普与女王不像在握手，而像给了她一拳。

除了这个问题，RT 还"补刀"称，特朗普夫妇没有依照英国王室礼仪，对王室成员行屈膝礼。报道说，特朗普夫妇不仅接受了英国女王的仪式性欢迎，迎接者还包括查尔斯王子及公爵夫人卡米拉。根据英国王室礼仪，宾客应向王室成员鞠躬，并行屈膝礼，但显然特朗普一家并没有依照这一传统行事。

除了问候礼仪被批评外，梅拉尼娅的衣服也被英国人挑剔了。

报道称，梅拉尼娅当天选择了一身白色套装，似乎与卡米拉"撞衫"了。《独立报》采访的一位专家表示，梅拉尼娅的着装表明"她对康沃尔公爵夫人（卡米拉）的着装选择缺乏了解"。

案例点评：

当前，聚会活动日益成为人们社交活动的基本形式，要通过聚会活动给别人留下良好的印象，进而扩大社交圈，就要懂得聚会活动中的基本礼仪规范。

资料来源：https://baijiahao.baidu.com/s?id=1635382131353676163&wfr=spider&for=pc.2019-06.

第一节　拜访礼仪

拜访又叫拜会、拜见，是指前往工作单位或住所，去会晤、探望对方，进行接触、交流。拜访的基本礼仪如下：

一、要有约在先

（一）提前预约

到住宅拜访，由于住宅是私人的生活领域，多有不便，所以要事先约好时间，以便主人及家人有所准备。不论因公还是因私而访，都要事前与被访者提前联系。

联系的内容主要有四点：自报家门（姓名、单位、职务）；询问被访者是否在单位（家），是否有时间或何时有时间；提出访问的内容（有事相访或礼节性拜访）使对方有所准备；在对方同意的情况下定下具体拜访的时间、地点。最后，对对方表示感谢。

（二）选择时间

在一年四季中，春夏秋冬都可以找到探亲访友的好时机，不过，夏天因为天气炎热，穿戴举止都不太方便，如果可能，应尽量避免在夏天安排太多的私宅拜访活动。公务拜访，尽量不要选择在周一上午和周五下午。因为周一刚上班，对方可能还没有调整过来；周五下午对方容易心不在焉，可能达不到拜访目的。

如果是到家拜访，最好选择在节假日前夕。约见的时间不宜太早或太晚，尤其是周末或节假日，考虑对方休息，不要太早。应选择宾主双方都方便的时间，最好在下午或晚饭后，尽量避开吃饭、午休、晚睡的时间和早晨忙乱的时间，特别是留意吃饭时间。

二、要如约而至

时间约定后，要准时或略提前几分钟到达。如遇有特殊情况不能赴约或不能按时赴约，应提前通知主人，并表示歉意，再重新约见。

三、视情况准备礼品

初次到别人家拜访，最好适当带些礼品。如主人家有老人或小孩，所带礼品应尽量适合他们的需要。熟人一般不必带礼物，但遇到重要节日或特殊约见，不妨带些大家所欢迎的礼品。

四、要修饰仪容仪表

拜访前对自己的仪容仪表做适当的修饰是十分必要的。这样，一方面注重了自身的形象，同时也显示出了对主人的尊重。

五、注意言谈举止

（一）讲究敲门的艺术

要用食指敲门，力度适中，间隔有序敲三下，等待回音。如无应声，可稍加力度，再敲三下，如有应声，再侧身隐立于右门框一侧，待门开时再向前迈半步，与主人相对。按对讲机不宜太多次，要是多次不停地按，让对讲机响得令人心烦，只会让别人认为不懂事或缺乏常识。按一次对讲机后等待两三分钟，如果没有应答，就再试一次，再等待数分钟，如果还是没有回应就要想到可能对方不在家，此时应回去。

如果对方门上安装的是门环，叩响时应将两次算作一次。只需轻轻地叩响就行了，并不需要连续不断地叩。如果主人询问是谁，除了天天见面的熟人，主人能辨别你的声音外，应通报自己的信息，或姓名或单位，而不能只是回答"我"。

（二）要注意物品的搁放

大门打开后，当然应问候对方，但在此处的寒暄应尽量简短，也不要在大门口反复鞠躬，说明访问的理由，以及询问对方的近况。应与主人互作简短的问候，等对方说"请进"之后再进去。适当摆放物品，拜访时应先在门口将大衣、围巾和帽子脱掉，如带有物品或礼品，或随身带有外衣和雨具等，应该搁放到主人指定的地方，而不应当乱扔、乱放。

进门后应主动问候主人并根据主人要求换上拖鞋；切忌换鞋时露出脏袜子，做客之前应该保证自己的脚是干净的，换上干净的袜子，不要穿有破洞的袜子。主人不让座不能随便坐下。如果主人是年长者或上级，主人不坐，自己不能先坐。主人让座之后，要口称"谢谢"，然后采用规矩的礼仪坐姿坐下。

（三）要注意行为礼节规范

如主人家有其他人在家，要微笑点头致礼。进屋随主人招呼入座后，要注意姿势，不要太过随便，即使是十分熟悉的朋友。架二郎腿、双手抱膝、东倒西歪也都是不礼貌的行为。若主人送上茶水，应从座位上欠身，双手接过，并向主人表示感谢。

水不要一直端在手里，多少要喝一点，即使不口渴也应该喝一两口。主人献上果品，要等年长者或其他客人动手后，自己再取用。即使在最熟悉的朋友家里，也不要过于随便。不要向主人索要主人家没有的饮料和食品，不要向主人索要自己喜欢的物品，不要提出有悖主人习惯的作息方式。

做客逢主人做事时，客人应主动询问是否需要帮助。主人忙不过来时，客人应为其做自己力所能及的事情。主人做事时，客人如果不能帮助对方，则不要使主人分心。做客时吃什么饭可以向主人提建议，但是做饭时应该听从主人安排。做饭是主人向客人表示尊重和热情的机会和手段，应该尊重主人的劳动。主人做饭时可以适当帮忙，但不要在旁边指指点点。

小贴士 在宴席上最让人开胃的就是主人的礼节。

——莎士比亚

（四）掌握谈话技巧

要根据情况控制好逗留的时间，掌握好交谈的技巧；与主人交谈要善于察言观色，选择时机表明拜访的目的。谈话应该有明确的目的和主题，不要东拉西扯、漫无边际闲谈与主题无关的事情，不要在枝节问题上纠缠不清。

如果主人情绪较好、谈兴较浓，待的时间可长一点；如果发现主人心不在焉，说明主人有厌倦情绪，应该及时收住话题，适时起身告辞。拜访前应该确定自己是去拜访谁，如果要找的人不在，不要和其他人长时间交谈，以免妨碍对方，拜访某人时如果遇到其他人，不要将目标转向他人。

（五）要尊重主人的生活习惯

到别人家拜访，应尽量适应主人的习惯。如果主人客厅里没有摆放烟缸，说明主人没有吸烟习惯，应尽量克制不吸烟，以示对主人习惯的尊重。拜访过程中，应听从主人的安排，充分谅解主人。如果主人家里有两个卫生间，要使用次卫而不要使用主卫。

使用主人卫生间时尽量避免大便和长时间待在里面。参观主人的房间和陈列时不要一言不发，应对主人房间设计和独特之处进行赞美，不要吹毛求疵地指点主人房间布置的缺点。

对待主人家的孩子和宠物时也要表示出喜爱之情。即使害怕宠物，也不要对其表示出害怕和驱赶动作。做客时，最好能热情地抱一抱主人的孩子，摸一摸主人家的宠物。

借宿时要讲究卫生，应将自己制造的垃圾主动收集放置一处，放在垃圾筐或袋子里；借宿时不要将脏水乱倒；借宿时不要将主人的被褥及桌椅等陈设弄脏。借宿时要看主人的作息时间和习惯。借宿期间出门要打招呼。应让主人知道你的行程表，如果出门，一定告诉主人，如果在外面需要多待一段时间，应及时告诉主人。

（六）要控制好拜访时间

拜访者一般不宜在主人家待的时间太久，第一次拜访应以 20 分钟为好。当宾主双方都已谈完该谈的事情，应及时起身告辞。如果发现主人有急事要办或有其他事情，或又有新的客人来访，要及时告辞。应避免做出看表、跺脚等动作，应保持良好的姿态，应保持从容的态度。

告辞时，应向主人及其他家人，特别是向长辈打招呼，要和主人及其家人一一道别，并诚意邀请他们到自己家做客，要向主人表示"打扰"之歉意。同时，对主人友好热情的接待表示感谢。

第二节　待客礼仪

接待又叫迎访，即迎接客人来访，包括迎客、待客、送客三个环节。待客的基本礼仪如下：

一、待客的准备

当知道有客人来访，待客前应该认真打扫室内外的卫生。如果有临时性访客上门，不要当着客人的面打扫房间。如果来不及打扫，至少应该把物品摆放得稍微整齐一点。接待客人前应洗澡、穿上干净整齐的服装，家庭布置要干净美观，孩子要妥善安排教育，水果、点心、饮料、烟酒、菜肴等要提前备好。如果是正式宴请，如婚礼、寿诞等，还要预先送请柬或电话邀请，确定宴请时间、场所，排好座次，遴选客人，落实宴请形式、规模、档次。

客人满怀欣喜和期待前来拜访，却发现主人满面倦容，一定会觉得主人是在勉强应对，同时自己心里也会有些歉疚。待客期间客人正热情高涨地发表见解，却看到主人疲倦的表情，客人的热情马上就会像遭遇冷水一样迅速减退。待客时主人露出倦容，无疑是在暗示客人，"我累了，该休息了，你该走了"。

如果对方是慕名而来，因为没有联系方式，打听了很多人、走了很远的路才找到你家，拒绝这样的不速之客会让对方受到伤害；如果对方临时有急事，来不及联系你，拒绝这样的不速之客会让对方对你失去信任；如果对方是多年不见的校友或亲戚，路过你所在的城市特意顺便访问，拒绝这样的不速之客会让对方觉得你不近人情。即使你必须马上出门办事，也不应毫不留情地拒绝不速之客。

二、迎接客人

客人在约定时间到达，主人应提前到门口迎接，不宜在房中静候。如果客人第一次来访，提前迎接客人可以免去客人费力寻找之苦；如果客人身份高贵，即使不是初次来访，提前迎接也是客人应得的礼遇；如果客人不善长途跋涉，提前迎接客人有助于客人恢复精神和体力。反之，主人就会留给客人留下傲慢自大的印象，从而有碍主宾交往。

三、问候寒暄

如果客人到来，主人该看电视继续看电视，该浇花仍然浇花，顶多抬头向客人努努嘴，意思是说"坐"，客人到来时不肯起立迎接的主人，即使笑容再灿烂、话语再动人，也会使客人失望和误解。因此，客人到来时，主人应马上放下手中的事情，或停止与别人交谈，应该起身相迎。

当同时招待几位互不相识的客人时，作为主人不为他们作介绍是很无礼的。不为互不相识的客人作介绍，他们就不方便很快认识彼此。因为彼此不知道对方的身份、性情、背景等各方面情况，某些客人很容易无意间说出令其他人反感的话题。不为互不相识的客人作介绍，地位高的客人会觉得自己没有面子，地位低的客人会认为主人不屑于向别人介绍自己。

四、请客人入座

主人待客时应将客人请到上座。如果客人是几个人，应将年长和辈分高的让到上座。如果客人的身份不好区分，可以按照进门的顺序请他们落座。

五、沏茶敬烟

按照中国人的待客习惯，要给客人敬茶，并遵守敬茶的礼仪。如果是年轻人，可以在征得个人同意的情况下，为其准备矿泉水和饮料。敬烟一般是晚辈敬长辈，下级敬上级，主人敬客人，敬烟忌用手直取烟，应打开烟盒弹出几支递给客人面前请客人自取，敬烟不能忘了敬火，若主人也会吸，应先客后主。

六、陪客交谈

客人坐下，奉敬烟茶糖果之后，应及时与之交谈，话题内容可因实际而定。一般来说应谈一些客人熟悉的事情，若无法奉陪客人交谈，可安排身份相当者代陪或提供报纸杂志、打开电视供客人消遣，切不可出现主人只管自己忙，把客人晾在一旁的现象。

（一）不可在客人面前与家人争吵

待客时应与家人和睦相处。待客期间，不要故意与家人发生口角和争执，当着客人与家人发生争吵，甚至打骂，这会制造出紧张、难堪的气氛，会让在场的客人感到自己"来得不是时候"；主人当着客人与家人争吵，容易被客人认为是"指桑骂槐"，误以为真正的矛头是针对自己。如果与家人产生矛盾，应待送走客人之后再解决。

（二）不可任由自家小孩打扰客人

招待客人时，应该首先安顿好自家小孩。当自家小孩哭闹时，主人应尽快好言抚慰，不应当客人的面呵斥、打骂。如果自家小孩已经懂事，要事先教其礼貌地称呼客人，并嘱咐其不打扰客人。

（三）留宿客人要问客人的习惯

让客人在自己家留宿时，应事先询问客人对住宿环境的要求，不问客人的习惯，按自家习惯照顾对方是不对的。应针对客人的年龄、性别、身份进行安排，尽量为客人营造整洁、安静的环境。

（四）待客应尽力方便客人

待客时，应该"主随客便"，讲究"宾至如归"才是上策。不要将自己的喜好强加给客人，不询问客人需要什么就自作主张，实际上是连对客人最起码的尊重都没有实现，这样的主人是费力不讨好的，在客人心目中也是不懂礼仪的。应该主动体察客人的需要并进行照顾。

（五）不可冷落和嘲笑客人

如果主人有事不能照顾客人，应该让亲戚朋友代为照顾。同时招待几个客人时，主人因为照顾不过来而冷落个别客人，这样做不合适。如果客人身份较低，冷落他是对他的不屑；如果客人地位较高，冷落他是对其挑衅；如果客人生性腼腆，冷落他是以强欺弱。待客时，对于客人的身体缺陷、礼仪上的小失误，不能嘲笑。由于不同国家、不同民族、不同地域的文化不同，容易引发一定的误会，因此要求大同存小异，要尊重客人。

（六）待客交谈时要避免冷场

待客时，如果主人不说话或说话很少，客人就会感到紧张和无聊，会认为主人是在故意制造难堪，暗示客人"你不受欢迎"；如果客人谈话热情不高，主人也停止发言，客人会认为主人是在赌气，这时应主动寻找话题；如果客人对某些话题很感兴趣，主人应主动顺应并配合客人。

（七）要照顾第一次远道而来的客人

客从远方来，而且是头一次来，主人要关心他是否吃得惯异地的饭，问他对什么地方感兴趣，告诉他出门应该注意什么。主人应悉心照顾其饮食和生活，客人出行，主人应向首次远道而来的客人提供当地交通路线和出行建议。

（八）待客殷勤有度

待客过于殷勤并不是礼貌的表现，应该适度。客人喜欢安静，主人却热情地滔滔不绝，对方一定会烦躁；客人不希望主人客套，主人却一口一个"您请"，时时保持鞠躬的姿态，对方一定会感到承受不了；客人饭量很小，主人却不依不饶地往客人碗里堆菜，并预先盛两三碗饭预备客人吃完第一碗后替换，对方一定会感到为难且"吃不消"。

七、送客

当客人散席或准备告辞时，主人应婉言相留。客人要走，应等其起身后，主人再起身相送，家人也应微笑起立，亲切告别。若客人来时带有礼物的，应再次提及对礼物的感谢或回赠礼物，并不忘提醒客人是否有东西遗忘，或有什么事需要帮忙。

（一）送客时走在长者后面

1.走在长者后面

尊敬长辈、尊敬贵客的行为应该体现在待客始终的任何一个细节。送客时走在长者前面，会让客人有"主人嫌我走得慢，他巴不得我早点离开"的误解，还会让客人觉得主人不懂尊重长辈、好大喜功、爱出风头。主人要主动搀扶年老体弱的客人；主人行走的速度不要太快，不要距离客人太远。

2.适当告别

当客人带有较多或较重的物品，送客时应帮客人代提重物。与客人在门口、电梯口或汽车旁告别时，要与客人握手，目送客人上车或离开，要以恭敬真诚的态度，笑容可掬地送客，不要急于返回，应挥手致意，待客人移出视线后，才可结束告别仪式。

3.发出邀请

如果是初次来客，主人应主动指路或安排车辆接送，远方来客则应送至火车站、机场或码头，并说祝愿话或发出再来的邀请。

（二）送客时要等客人的车离开后再返回

1.目送客人离开视线

初次见面的客人时，不等对方的车离开就返回，对方会认为你无心与其交往；送贵客时，不等对方的车离开自己家或单位门口就返回，对方会认为你不把他放在眼里；送久别重逢的朋友时，不等对方驶离你就返回，对方会觉得自己受到冷落和敷衍。

周恩来总理送客礼仪故事

1962 年，周总理到西郊机场为西哈努克亲王和夫人送行。亲王的飞机刚一起飞，我国参加欢送的人群便自行散开，准备返回，而周总理这时却依然笔直地站在原地未动，并要工作人员立即把那些离去的同志请回来。

这次总理发了脾气，他严厉起来了，狠狠地批评了相关同志。当天下午，周总理就把外交部礼宾司和国务院机关事务管理局的负责同志找去，要他们立即在《礼宾工作条例》上加上一条，即今后到机场为贵宾送行，须等到飞机起飞，绕场一周，双翼摆动三次表示谢意后，送行者方可离开。

案例解析：

送客是接待过程中的最后一步聚，不可忽视，要目送客人远走，再离开。如果条件允许，可以送点小礼物，虽然礼轻但是情意重。

资料来源：https://zhidao.baidu.com/question/548780092.html.2016-09.

2. 客人走后要轻声关门

客人走后马上大力关门，给人的感觉是主人对客人很不耐烦，早就盼着客人离开，甚至还有厌恶和故意做给客人看的嫌疑。如果客人此次上门的目的是道歉，主人这样做显然是不接受客人的道歉；如果客人上门的目的是求助，主人这样做会让客人感到心灰意冷；如果来客是长者或上级，主人这样做无疑是搬起石头砸自己的脚。

3. 不可在客人刚走后就议论客人

客人没走远就议论客人很容易引起对方误解，是不应该的。客人没走远就议论对方最近发生了哪些事，议论对方和哪些人交往等，如果主人对客人的议论是好的评价，客人会觉得主人在作秀给他看；如果主人对客人的议论是负面的，客人会觉得主人招待自己是违心的。无论主人议论客人的什么方面，都是在客人背后议论，这样的人是不受欢迎的。

4. 送客不必太远

送客要有分寸，除非客人对路线确实很不熟悉，否则不必送太远。送客一程又一程，并非热情的表现，反倒会让客人感到过意不去，觉得拖累了主人。遇到喜欢独行的客人，则会觉得主人太琐碎。如果待客时宾主已经尽兴，送客时难免会沉默，从而产生无话可说的尴尬。

5. 不可深夜让客人独自返回

如果客人年老体弱或者是年轻女性，深夜令其独自返回是对其安全的不负责任；如果客人住处很远，深夜令其独自返回会让客人受颠簸以及牺牲睡眠之苦；如果天气不好，让客人独自在深夜返回会让客人深受恶劣天气的侵扰。深夜让客人独自返回的主人，会给人以无情无义、铁石心肠的印象。无论如何，深夜时分让客人独自返回，从交通、安全、健康等各方面看，对客人都很不利。

6. 贵客走后要及时问候

全心全意地招待过贵客，不等于已经尽心。贵客离开后主人不闻不问，会让客人感到自己接受过的招待是出于客套、是虚伪的，显得主人做事虎头蛇尾，不懂得"善后"，而且对客人缺少发自内心的尊重和关心。如果客人往返都需要鞍马劳顿，客人走后再不向其问候，主人在客人心目中的形象和地位一定会一落千丈。

7. 下逐客令要讲究方式

下逐客令不讲方式，任何人都不会坦然接受。觉得客人坐的时间足够长了，主人不耐烦地对客人出言不逊、语气生硬、横眉竖目地向客人说"走吧走吧"，客人一定会很尴尬。一点不为别人的感受着想的主人，一定很难有机会再接待曾经遭遇他驱赶的客人。客人如果迟迟不走，主人应该委婉而礼貌地进行提示。主人可以用看表的动作来暗示客人，也可以用询问客人是否有其他事以及告诉客人自己的安排来暗示客人。

第三节　舞会礼仪

一、基本礼仪

对个人而言，约束自己在舞场上的表现，主要是要注意修饰、邀人、拒绝、舞姿、交际等五个方面的基本问题。

（一）修饰

参加舞会之际，依礼必须先进行必要的、合乎惯例的个人形象修饰。其中，修饰的重点主要有三点。

1. 仪容

在仪容方面，舞会的参加者均应沐浴，并梳理适当的发型，指甲要修剪整齐。男士务必剃须，女士在穿短袖或无袖装时须剃去腋毛。出席舞会之前，一定要洗澡、理发、漱口。认真清除口臭、清除身体的异味。禁食气味刺激的食物，不要吃葱、蒜、韭菜、海鲜、腐乳之类气味经久不散的食物，不要饮酒。

在舞场上下，都不要吸烟，不要为消除异味而大嚼口香糖。外伤患者、感冒患者以及其他传染病患者，应自觉地不要参加舞会，否则不仅有可能传染于人，而且还会影响大家的情绪。

2. 化妆

参加舞会前，应该确切地知道舞会的性质，再决定该穿的衣服与做适当的修饰，过与不及都要避免。不可浓妆艳抹地参加舞会，也不要穿牛仔裤挤在人群里。有条件的人都要根据个人的情况，进行适度的化妆。男士化妆的重点，通常是美发、护肤和祛味。女士化妆的重点，则主要是美容和美发。穿戴打扮完毕，别忘了洒些香水，使舞会中的你芬芳高贵。

3. 服装

舞会着装的选择要根据活动的主题和舞会的类型来决定。如果请柬上有注明着装提示，那么就应该按照其标准选择出席的服装。大型舞会的着装要求是正式的晚礼服，男士和女士都应该盛装出席；小型舞会在着装方面的要求会稍微随意一些。如果不清楚该舞会的着装要求，可以向主人询问，以免因着装不当而引起尴尬。

如果是亲朋好友在家里举办的小型生日宴会等活动，女士则最好穿便于舞动的裙装或穿旗袍，搭配色彩协调的高跟皮鞋。如果应邀参加的是大型正规的舞会，或者有外宾参加，女士要穿晚礼服。近年也有穿旗袍改良的晚礼服，既有中国的民族特色，又端庄典雅，适合中国女性的气质。

晚礼服一定要配戴首饰，露肤的晚礼服一定要配戴成套的项链、耳环、手镯，小手袋是晚礼服的必须配饰，手袋的装饰作用非常重要。随身携带的手袋应较为小巧，最好与鞋子搭配和谐，避免携带过大的手袋出席舞会。鞋子要选择穿高跟鞋，如果穿的是露出脚趾的鞋子，记住不要穿丝袜。

在一般情况下，男士可以选择穿着西服套装，黑色西装配白色衬衫永远是最经典的正式着装。必须选择长袖衬衫，除非是休闲的活动，否则短袖衬衫不能作为任何正式社交活动的着装。在社交活动中，领带的颜色也会体现活动的隆重程度，颜色越素则表示越隆重，所以一般参加舞会最好选择纯色的领带。袜子要选深色的，最好与裤子的颜色一致。参加舞会时选择一双舒适的皮鞋也很重要，一定要擦亮，确保鞋子干净无土。

案例　　　　　　　　　　　**穿着大衣跳舞**

小张喜欢追逐时尚，穿着很讲时髦。一次，他买了一件很漂亮的大衣，正好周末本单位举行舞会，他便来到会场，只见人们都在翩翩起舞，小张兴致很高，便邀请一位在座位上休息的女士跳舞，那位女士看了他一眼，很礼貌地拒绝了他。接着小张又邀请两位女士跳舞，结果均被拒绝了。

案例解析：

穿着大衣邀请女士跳舞，是不礼貌的。小张不懂得舞会礼仪，才会被拒绝。

资料来源：李元授. 人际沟通训练. 武汉：华中科技大学出版社，2014.

（二）邀请舞伴

在舞会上，邀请他人与自己共舞一曲，是其参加者必做之事。舞会礼仪规定，在邀人共舞时，特别要关注常规、方法、选择、顺序等几个要点：

1. 常规

在舞会上，邀请舞伴的下述基本规范，是人人必须严格遵守的。不然的话，就会失敬于人，或是令人见笑。

（1）邀请

请舞伴时，最好是邀请异性。通常是男士要主动邀请女士。根据惯例，在舞会上邀请舞伴时，男士应当主动邀请女士。舞曲响起后，男士可走到拟邀跳舞的女士面前，先跟与她一起在座的男士或其他人点头示意，然后向邀舞女士点一下头，或者欠身施礼，目视对方轻声说："请您赏光。"或"可以请您跳舞吗？"

一般情况下，女士是不用主动邀请男士的，但特殊情况下，需要请长者或者贵宾时，则可以不失身份地表达：先生，请您赏光。或：我能有幸请您吗？不同的是，一般情况下女士可以拒绝男士的邀请，而男士一般不宜谢绝女士。

（2）不能邀请同性

在较为正式的舞会上，尤其是在涉外舞会上，同性之人切勿相邀共舞。两位男士一同跳舞，会给人以关系异乎寻常之感。而两位女士一起跳舞，则等于是在宣言："没有男士相邀"，所以迫不得已以此举呼请男士们"见义勇为"。

2. 方法

邀请他人跳舞，应当力求文明、大方、自然，并且注意讲究礼貌。千万不要勉强对方，尤其是不要出言不逊，或是与其他人争抢舞伴。

一般来说，邀请舞伴时，有两种具体的办法可行。

（1）直接法

舞曲奏响以后，男士要大方地走到女士面前邀请，如果女方的家人同在，则应先向女方的亲属点头致意，并征得他们的同意后，走到女士面前立正，微欠身致意说：小姐，可以请您跳舞吗？有时还要向陪伴女士的男士征求说："先生，我可以请这位小姐共舞吗？"得到允许后，再与女士走进舞池共舞。

（2）间接法

即自觉直接邀请不便，或者把握不是很大时，可以托请与彼此双方相熟的人士代为引见介绍，牵线搭桥。

3. 选择

在舞会自行选择舞伴时，亦有规范可循。有可能的话，不要急于行事，而是最好先适应一下四周的气氛，进行一下细心的观察。一般说起来，以下八类对象，是自选舞伴之时理智的选择。

第一类，年龄相仿之人。年龄相似的话，一般是容易进行合作的。

第二类，身高相当之人。如果双方身高差距过大，未免会令人感到尴尬难堪。

第三类，气质相同之人。邀气质、秉性相近的人一同共舞，往往容易各对各眼，互相因产生好感，从而和睦相处。

第四类，舞技相近之人。在舞场，"舞艺"相近者"棋逢对手"，相得益彰，有助于更好地发挥技艺，产生快感和满足。

第五类，无人邀请之人。邀请较少有人邀请之人，既是对其表示的一种重视，也不易遭到回绝。

第六类，未带舞伴之人。邀请未带舞伴的人共舞，成功的机会往往是较大的。

第七类，希望结识之人。想结识某人的话，不妨找机会邀对方或是其同伴共舞一曲，以舞为"桥"，接近对方。

第八类，打算联络之人。在舞会上碰上久未谋面的旧交，最好请其或其同伴跳一支曲子，以便有所联络。

除以上几种情况之外，在舞会上倘若发现有人遇上异性的纠缠骚扰，最得体的做法，是应当挺身而出，主动邀请被纠缠者跳一支曲子，以便"救人于水火之中"。

4.顺序

在较为正式的舞会上，根据舞会礼仪的规定，人们除了要与自己一起来的同伴同跳开始曲、结束曲，或是可以酌情自择舞伴之外，还须按照某些既定的顺序，去"毫无选择"地邀请其他一些舞伴。以下就简介一下男士邀请舞伴的合礼顺序。

（1）主人

就主人方面而言，自舞会上的第二支舞曲开始，男主人应当前去邀请男主宾的女伴跳舞，而男主宾则应回请女主人共舞。接下来，男主人还需依次邀请在礼宾序列上排位第二、第三……的男士的女伴，则应同时回请女主人共舞。依照正规的讲究，结伴而来的一对男女，只要一同跳第一支舞曲就可以了。从第二支曲子开始，大家应该有意识地交换舞伴，认识更多的朋友。

（2）来宾

就来宾方面而言，有下列一些女士，是男宾应当以礼相邀，共舞一曲的。他们主要包括：一是舞会的女主人；二是被介绍相识的女士；三是自己旧交的女伴；四是坐在自己身旁的女士。以上女士若被男宾相邀后，与其同来的男伴最好回请该男宾的女伴跳上一曲。

二、拒绝

拒绝邀请应该得体。舞会是通过跳舞交友、会友的场合，所以在舞会上女士不能轻易拒绝他人的邀请。女士可以拒绝个别"感觉不佳"的男士的邀请，但要注意分寸和礼貌用语，要委婉地表达。当你不想跳，而刚好有人向你邀舞，你可以拒绝他，但请注意拒绝的艺术，不要让他有"下不了台"的感觉。最佳的拒绝方法是"我想暂时休息一下"，或者"这首舞曲我不大会跳"，以便给邀请者一个台阶下。而女士也不要马上接受其他人的邀请。

三、跳舞过程的礼仪

（一）尊重舞伴

尚不会跳舞者最好不在舞场现学现跳，待学会后再进舞池。上场时，男士应主动跟在女士身后，让对方来选择跳舞地点。下场时，不宜在舞曲未完之际先行离去。男士可在原处向女士告别，或是把对方送回原来的地方再离开。舞会正在进行中，不可因音乐、气氛的感染而表现得太过放肆，尤其是在跳舞时，不要闭上眼睛。

（二）舞姿应当文明优美

跳舞时，身体要端正。通常为男士领舞，领舞与伴舞者之间不宜相距过近，双方胸部应有 30 厘米左右间隔，以维护人格尊严。跳舞时，男女双方都不要目不转睛地凝望对方，也不要表情不自然。

男士不可把女士的手捏得太紧，不可把整个手掌全贴在女士的腰上。不要在旋转时把女士拖来扯去，或是腿部过分伸入女方两腿之间。女士不要把双手套在男士的脖子上，也不把头部主动俯靠在对方的肩上。不要把口红沾染在男伴的衣襟上或领带上。

（三）共舞时如何聊天

如果是初次见面，共舞时候先介绍自己是必要的，作自我介绍时，态度要谦虚，即使自己有一技之长或身居要职也不要夸耀自己，以免招来别人的反感。与女士共舞的时候可以适度赞美自己的舞伴，但是不应以诋毁别人或者恶意点评其他女士的行为去讨好你的舞伴，没准她们就是好朋友。对方问你的姓名时你可以告诉他，如果不想让他知道，只告诉他你的姓便可以。他问你的地址时，如果不愿意让他知道，你可以说："××知道我住在什么地方。"要巧妙拒绝。作为男士，也应知所进退了。

（四）中场整衣冠

舞会上中场尽量去洗手间整理一下衣服，因为动作较大很有可能把衣服弄脏或者出现褶皱，为了保持清新的口气，舞会中途也有必要去咀嚼个口香糖，如果您的女友要去稍事整理，您可以把她送到大厅，但要小心地绕行，以免打扰正在跳舞的人。

（五）离开时间

任何人出席舞会都不应一支舞都没有跳就离开。即使你不善于跳舞，在决定出席舞会之前也应做好准备工作，学习基础舞步。参加舞会最好能尽情享受整个过程，这样主人也会感到高兴。如果必须提前离开，可以与主人悄悄地打声招呼，并简单解释早退的理由。千万不可在大众面前，言明要早走之意，以免破坏其他人的玩兴，而使主人难以控制场中的气氛。

课 后 练 习

陪客交流应注意什么？

实 践 课 堂

1. 请同学们对自身具备礼仪知识进行回顾，并列举出所缺少的部分。

2. 分组对各式待客情景进行设定和演练。

3. 认真分析，你平时是否具备了应有的礼仪？本章所学的内容是否对你的习惯产生了影响？产生了哪些影响？

拓 展 阅 读

春节聚会礼仪，这些一定要教给孩子

春节是一个充满欢乐的节日！在热闹、喜庆、祥和的春节里，探亲访友是少不了的节目。我们会见到许多很久不见的亲人，很多来自四面八方的朋友，大家一起吃饭，一起开开心心、团团圆圆。而孩子的教养，在聚会时最能体现。

陈丹青曾说：

所谓教养，所谓礼貌，全看小事情。所谓没礼貌，不是你不尊敬人，是你不知道尊敬的方式。

在聚会中，如果孩子不太懂礼仪，会影响到别人的感受。

因此，春节期间正是教育孩子与人和睦相处的好机会。下面这些礼仪知识，不仅在春节期间适用，平时也需要多讲这样的"规矩"，教孩子从小做一个"知礼仪，有教养"的人。

说话礼仪

要点一：见人称呼不可少。一般来说，比较常见的亲人，懂礼貌的宝宝们都会称呼，如外公、外婆、叔叔、阿姨等。如果聚会中有不熟悉的人或者人比较多，需要爸爸妈妈提前给孩子"排练"。

要点二：祝福话语要多说。多说"恭喜发财""新年快乐""岁岁平安"之类的吉祥话和祝辞。平时，可以说祝福长辈身体健康之类的祝福语。

餐桌礼仪

要点一：好吃的东西别独享。吃饭之前要跟孩子讲好："好东西大家都喜欢，所以饭桌上有好东西，你不要自己一个人吃光，要留点给别人吃才行。太自私的孩子没人喜欢的。"

要点二：用餐卫生要注意。吃饭时，取菜要取自己面前的，看准那块儿就夹，不要翻来翻去；带汤汁的肉菜更要小心夹，以免溅脏了衣服；吃完饭后放下碗，要有礼貌地

说："请大家慢用。"

待客礼仪

要点一：对待客人要亲切。有客人时，家长要引导和鼓励孩子亲切、主动地和客人打招呼，客人进屋后，大一点的孩子，可以做些简单的招待工作，如：招呼客人坐下、给客人倒茶水等。

要点二：大人讲话莫插嘴。在大人谈话时，要让孩子明白安静地做自己的事才是乖孩子，来回走动和随便插话是对客人的不尊重。

做客礼仪

要点一：主动问候说声谢。领着孩子去别人家做客，进门后，家长要引导孩子在问好之后主动把脱下的鞋子排整齐。当孩子受到招待时记着让孩子说声"谢谢"。

要点二：他人东西别乱动。孩子的天性就是好奇，在陌生的环境中更是如此，告诉孩子随便乱动别人的东西是不礼貌的，如果想玩玩具或看书，一定要经过主人的同意。在自己玩时记住不要打扰大人谈话，玩过之后，记着让孩子把东西放好。

交际礼仪

要点一：主动分享别吝啬。当有小客人时，大方地拿出玩具和小客人一起玩，会让小客人格外开心；客人走时，主动说再见，有空下次再来。

要点二：和睦相处要忍让。现在的孩子大多数是独生子女，在家里是小皇帝，家里没人跟他们争夺什么。可是到有孩子的人家家里做客，或者有孩子来自己的家里做客，情况就不同了。若不加以教育，孩子之间常会闹个不愉快。因为孩子将来长大了，也要具备谦让、团结的品德。

趁着春节假期，教育孩子称呼、致祝辞，对训练孩子的胆量、口语表达能力、交际能力大有裨益。同时，这也正是教育孩子与他人和睦相处的好机会。当然，父母首先要身体力行，为孩子做好表率。

除了通过言传身教教会孩子日常礼仪，还可以通过生动有趣的小故事传递中国传统礼仪文化的精髓，让孩子从中受到启发，努力成为知礼、懂礼、受欢迎的人。

资料来源：https://new.qq.com/omn/20190213/20190213A03IHX.html 2019-02.

第八章
人际沟通中的公共礼仪

学习要点与目标

1. 掌握行路的基本礼仪及特殊要求；
2. 掌握乘坐轿车的礼仪规范；
3. 了解乘坐公共汽车的礼仪；
4. 掌握会议和观赛礼仪。

引导案例

保持大国沟通　共抗新冠肺炎疫情

国家主席习近平2020年2月7日上午应约同美国总统特朗普通电话。

习近平强调，新冠肺炎疫情发生以来，中国政府和人民全力以赴抗击疫情。我们全国动员、全面部署、快速反应，采取了最全面、最严格的防控举措，打响了一场疫情防控的人民战争。有关工作正在逐步取得成效，我们完全有信心、有能力战胜疫情。中国经济长期向好发展的趋势不会改变。

习近平指出，中方不仅维护中国人民生命安全和身体健康，也维护世界人民生命安全和身体健康。我们本着公开、透明、负责任态度，及时向世卫组织以及美国在内的有关国家和地区作了通报，并邀请世卫组织等相关专家前往武汉实地考察。中国是这次疫情防控的第一线。我们及时采取果断有力措施，得到世卫组织及许多国家充分肯定和高度评价。

习近平指出，中美就疫情防控保持着沟通。我赞赏总统先生多次积极评价中方防控工作，感谢美国社会各界提供物资捐助。流行性疾病需要各国合力应对。当前疫情防控处于关键阶段。世卫组织从专业角度多次呼吁，所有国家不要过度反应。希望美方冷静评估疫情，合理制定并调整应对举措。中美双方可保持沟通，加强协调，共同防控疫情。

特朗普表示，美国全力支持中国抗击新型冠状病毒感染肺炎疫情，愿派遣专家前往中国，并以其他各种方式向中方提供援助。中方在极短时间内就建成专门的收治医院，令人印象深刻，这充分展示了中方出色的组织和应对能力。相信在习近平主席领导下，中国人民毫无疑问一定能够取得抗击疫情的胜利。美方对中国经济的发展抱有信心。美方将本着冷静态度看待和应对疫情，愿通过双边和世卫组织渠道同中方保持沟通合作。

习近平强调，中美双方不久前签署了第一阶段经贸协议。中美达成这样的协议有利于中国，有利于美国，有利于世界和平繁荣。这充分说明，尽管中美存在一些分歧，但只要双方本着平等和相互尊重精神，总能通过对话磋商找到彼此都能接受的解决办法。希望美方同中方相向而行，认真落实两国元首达成的共识，坚持协调、合作、稳定的总基调，推动中美关系在新的一年沿着正确轨道向前发展。

特朗普表示，美国愿同中方一道努力落实好协议，共同推进两国关系。

两国元首同意，继续通过各种方式保持密切沟通。

资料来源：http://www.xinhuanet.com/politics/2020-02/07/c_1125542069.htm.2020-02-07.

公共礼仪，是指人们置身于公共场合时所应遵守的礼仪规范。它既是个人文明素质的具体体现，又是社会人际关系的桥梁纽带。它是社交礼仪的重要组成部分，也是人们在交际应酬之中所应具备的基本素养。

第一节 行路礼仪

一、行路的基本礼仪

（一）遵守交通规则

遵守交通规则是行路安全的重要保障，也是关系着千家万户平安幸福的大事。交通法规对行人和车辆的行驶均有严格的规定，人人都应自觉遵守。

1.注意各行其道

步行时要走人行道，不要走自行车或机动车道。过人行横道时，动作要迅速，不要拖延迟缓，也不可埋头快跑，更不可看手机等电子设备，如果没有红绿灯，应特别注意要避让来往车辆，确保安全。如图8-1所示。

2.遵守交通指示

红灯停，绿灯行，对红绿灯的遵守是市民素质最直接的体现。在部分城市，许多人还没有养成遇到红灯停下来的习惯，看到红灯亮了，还要强行通过，这不仅会影响交通的正常秩序，而且很容易发生交通事故，造成人身伤亡。如图8-2所示。

图 8-1　过马路看手机

图 8-2　闯红灯

（二）注意行路文明

文明行路是现代文明的体现。行路的文明与否，影响着自己，也影响着他人。如图8-3、图 8-4 所示。

图 8-3　不文明行为

图 8-4　不文明行为

1. 注意形象，始终自律

走路时不要边走边吃东西。这既不卫生，又不雅观。如确实是肚子饿或口渴了，也可以停下来，在路边找个适当的地方，吃完后再赶路。行走时还应自觉让出盲道。走路时不要围观、窥视私宅，街头围观是一种极不文明的习惯。

2. 爱护环境，保持距离

走路时要注意爱护环境卫生，不要随地吐痰、随手抛弃废物。环境是需要我们每一个人共同去爱护的，这样才能保证我们拥有一个清洁的生存空间。在走路时要注意爱护环境卫生，不能毁坏公物，践踏草坪、攀折花枝等。

3. 路遇朋友，热情有度

走路时遇到亲朋好友、同事故知，应主动热情地打招呼或进行问候，可以招手致意，也可以点头致意，不能视而不见，把头扭向一边，擦肩而过。如果在路上碰到久别重逢的朋友，不要站在路中间或拥挤的地方，以免妨碍交通，增加不安全的因素。

4.相互礼让，与人方便

人行道行走，应主动给老弱、妇幼、病残者让路。在人群特别拥挤的地方，要有秩序地通过，如果不小心踩了别人的脚或撞到别人的身体应及时赔礼致歉。如果是别人踩了自己的脚或碰掉了自己的东西，应表现出良好的修养和自制力。

5.问路有礼，乐于助人

问路需要礼貌，也需要一种技巧。选择好对象和时机，然后根据对方身份使用尊称，忌用"喂""嗨"等不雅称呼。当打扰对方时要说"劳驾""抱歉"，问路语言要简短清晰准确，获得答案应诚恳致谢，未获答案也需表达谢意。

6.特殊场合，脚步放轻

在医院、办公室、会议室、实验室这些特殊场合走路要控制脚步的轻重，尽量不发出声音，以维护这些场合肃静的气氛和安静的环境，不影响病人休息和他人的工作。切忌穿钉有铁掌的鞋子在这种场合走路。上下楼道或夜深人静时，也要注意脚步不能太重。

案例　　重塑健康"礼仪"　预防新型冠状病毒肺炎

解放军总医院第三医学中心原急诊科主任、教授、博士研究生导师，南京医科大学心肺复苏研究院院长王立祥撰文指出，重构礼仪健康文化、推行新礼对于防控新型冠状病毒肺炎具有时代意义。王立祥从日常礼仪的角度出发，给出防控新型冠状病毒肺炎以及其他传染性疾病的建议。

一、拱手复"礼"

在我国古代，人们相见时双手拱于胸前，不仅体现了我国古时的文明礼仪，也构成了一道无形的屏障。正如林语堂先生所说的那样，中国人传统的见面礼仪比西洋人的卫生，因为中国人是"握"自己的手（拱手），不必去握别人的手。施拱手礼，保护自己，健康他人。

二、口鼻戴"礼"

新型冠状病毒作为呼吸道传染病毒，主要经呼吸道飞沫传播，因此，戴口罩被认为是主要的预防措施之一。口鼻是微尘病菌进入体内的主要关口，选择合适的口罩进行防护很有必要。古时候，宫廷里的人为了防止粉尘和口气污染而开始用丝巾遮盖口鼻，如《礼疏》载："掩口，恐气触人。"和《孟子·离娄》记："西子蒙不洁，则人皆掩鼻而过之。"

三、手护洗"礼"

戴口罩、勤洗手、室内通风换气、家庭和个人卫生是预防此次新型冠状病毒肺炎的关键手段。手与外界接触最为广泛，传播急性传染性疾病的机会就多。我们提倡：百姓要像医务人员一样，用七步洗手法清洁自己的手，以减少传染病的传播。

四、肘臂习"礼"

打喷嚏时用手直接遮掩口鼻，沾满口沫的双手就容易变成病菌迅速传染的"温床"，如果没有马上洗手，可能传染给别人。如果打喷嚏时改用手肘弯曲部位遮掩口鼻，那么大部分口沫就留在自己的袖子或手臂上，相较之下，手肘与他人密切接触的概率比双手低了许多，确实是"保护自己也保护别人"的方法。

五、一米见"礼"

当感冒旺季来临且家中有人患感冒时，避免传染的最好办法之一，是跟已患感冒的人保持一米以上的距离，这也是人飞沫传播的安全距离。尤其是在公共场所，对于防患新型冠状病毒感染的肺炎更有其现实意义。

对于防控人传人的新型冠状病毒肺炎的今日，推行新礼即拱手复"礼"、口鼻戴"礼"、手护洗"礼"、清噪有"礼"、肘臂习"礼"、鞋底托"礼"、一米见"礼"、降尘净"礼"、遗像别"礼"，重构礼仪健康文化，对于防控新型冠状病毒等传染性疾病具有时代意义。

资料来源：http://www.xinhuanet.com/health/2020-01/22/c_1125493688.htm. 2020-01-22.

（三）讲究位次关系

在外行走时，应注意行走时与别人的位次关系，把礼仪做到细微处，做生活的有心人。

1. 单独走路时

单独走路时，路上遇到残疾人、年长者、尊者、女士时，应恰当调整自己与其的行走位次关系。具体做法是：应让残疾人、年长者、尊者、女士行走在马路内侧，自己走在靠近街道的一侧；如果是在狭窄的通道上与人相向而行，则应礼让，让其先行。

2. 与他人同行时

如果是与尊者同行，单行行进时，应遵守"前为尊，后为卑"的原则，应当请客人、女士、尊长行走在前，主人、男士、晚辈与职位较低者则应随后而行。双行行进时，应遵守"内为尊，外为卑""左为卑，右为尊"的原则，自己走在道路的外侧或左侧。若是三人同行，应在不阻塞过道的情况下，让尊者走在中间。

3. 与女士同行时

如果是与女士同行，除了应让女士行走在内侧或右侧，还需注意：需要调换位置时，男子应从女士背后绕过；当一个男子与两个以上的女子结伴而行时，男子不应走在女士们的中间，而应走在女士们的外侧。男士还应注意适当调整步幅，与女士步调一致。

二、特殊情形下的具体要求

（一）上下楼梯

应单行行走，不要多人并排行走。应身靠右侧而行，将左侧留出来，方便有紧急事务者快速通过。不要站在楼梯上或楼梯转角处长谈，有碍他人通过。上楼时尊者、妇女在前，下楼时则相反，位低者在前，尊者、妇女在后。不要在上下楼梯时拥挤或快速奔跑，保持与前后人员的距离，以防碰撞。

（二）进出电梯

当电梯关门时，不要扒门，或是强行挤入；当电梯载客已满时，耐心等候下一趟；当电梯在升降途中因故暂停时，要及时拨打救援电话，耐心等候，不要冒险。与不相识者同乘电梯，进入时要讲先来后到，出来时则应由外而里依次而出；与尊长、女士、客人同乘电梯时，如进入有人管理的电梯，应主动后进后出，如进入无人管理的电梯，应先进后出，主动控制电梯。

电梯内空间比较狭窄，站位很重要。当与陌生人同乘电梯时，或者电梯内人较多时，所有人都要依次"面门而立"；当引领客人同乘电梯，而电梯内又无其他人时，应让对方站在里侧面向门站立，自己则站在电梯控制面板处，侧身与对方呈45度角站立。

（三）出入房间

出入房间，都要以手轻推、轻拉、轻关，不要以身体的其他部位代劳。一般情况下，要请尊长、女士、客人先进入房间，先走出房间，必要时要主动替对方开门或关门。若出入房间时除逢他人与自己方向相反，则要对其礼让。一般是房内之人先出，房外之人后入。倘若对方为尊长、女士、客人，可优先对方。

（四）排队

排队在很多情况下对全体人员来说是效率较高的解决问题的方式之一，简单来说，就是人们按照先来后到的顺序一个挨一个地排列成队，以便依次从事某事。排队的时候，要保持耐心，不要起哄、拥挤、加塞或破坏排队。

排队的基本顺序是先来后到、依次而行。排队时，一定要遵守并维护这一秩序，不仅要自己做到不插队，而且还要做到不让自己的熟人插队。排队时，大家均应缓步而行，人与人之间最好保持0.5米左右的间隔，至少不能前胸贴着后背，否则会让人很不舒服，甚至会影响他人所办的事情。

第二节　乘车礼仪

在快节奏的现代生活中，人们经常要乘坐各种车辆，也会接触各种车辆，利用这些现代的交通工具，方便舒适、快速省时、较为安全，因而其已成为现代社会中人们日常生活的重要组成部分。车辆类型很多，下面主要介绍乘坐轿车、公共汽车等机动车相应的礼仪规范。

一、乘坐轿车的礼仪

自轿车发明以来，车内座位就根据安全、舒适、方便等因素，被人们规定了尊卑、主次之座次。乘车之时，即使短暂，仍要保持风度、以礼待人。乘坐轿车时，应当注意的礼仪问题主要涉及座次、举止、上下车顺序等几个方面：

（一）上下车的姿态

男士上下轿车一般采用侧进侧出式，即上车时先单脚侧身跨进车内，不可先把头钻进去，身子还留在外面；下车时也应先伸出一只脚踏在地面上，眼睛看着前方，上身自然侧身而出，起身的同时，迈出另一只脚，身体站稳后再缓缓离开。如图 8-5、图 8-6 所示。

图 8-5　男士上车礼仪

图 8-6　男士下车礼仪

女士上下轿车，要采用背进正出式。上车时，将身子背对车内臀部先坐下，同时上身及头部入内，坐定后随即将再将并拢的双腿同时收入车厢。如穿长裙，在关上门前应先将裙子理好。准备下车时，应将身体尽量移近车门，车门打开后，正面朝车门，双脚先着地，然后将身体重心移至双脚，头部先出，然后再站立起来。

这样可以有效避免"走光"，也会显得姿态优雅。如穿低胸服装，不妨加披一条围巾，以免弯身下车时出现难为情的局面，也可利用钱包或手袋轻按胸前，并保持身体稍直。如图 8-7、图 8-8 所示。

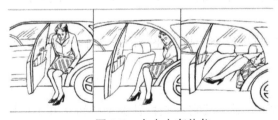

图 8-7　女士上车礼仪

图 8-8　女士下车礼仪

（二）座次有别

座次礼仪规则可概括为"四个为尊，三个为上"。"四个为尊"是客人为尊、长者为尊、领导为尊、女士为尊，此四类人应为上座；"三个为上"是方便为上、安全为上、尊重为上，以这三个原则安排座次，其中"尊重为上"原则最为重要。轿车上座次的尊卑，在礼仪上来讲，主要取决于下述四个因素。

1. 轿车的驾驶者

驾驶轿车的司机一般有两种人：一种是轿车主人；另一种是专职司机。国内目前所见的轿车多为双排座与三排座，车上座次尊卑的差异如下：

（1）主人亲自驾车时

当主人或领导亲自驾车的时候，此时一般称之为社交用车，上座为副驾驶座。这种情况，一般前排座为上，后排座为下；以右为尊，以左为卑。这种坐法体现出"尊重为上"的原则，体现出客人对开车者的尊重，表示平起平坐，亲密友善。

双排五人座轿车，顺序是：副驾驶座→后排右座→后排左座→后排中座。

双排六人座轿车，顺序是：前排右座→前排中座→后排右座→后排左座→后排中座。

三排七人座轿车，顺序是：副驾驶座→后排右座→后排左座→后排中座→中排右座→中排左座。

三排九人座轿车，顺序是：前排右座→前排中座→中排右座→中排中座→中排左座→后排右座→后排中座→后排左座。

乘坐主人驾驶的轿车时，最重要的是不能冷落主人，也就是不能令前排座位"虚位以待"，一定要有人坐在那里，以示相伴。由男士驾驶自己的轿车时，若夫人或女友在场，她一般应坐在副驾驶座上。

（2）专职司机驾车时

由于右侧上下车更方便，因此要以右尊左卑为原则，同时后排为上，前排为下。在接待非常重要客人的场合，比如说政府要员、重要外宾、重要企业家，这时候上座是司机后座，因为该位置的隐秘性好，而且是车上安全系数较高的位置。

双排五人座轿车，顺序是：后排右座→后排左座→后排中座→副驾驶座。

双排六人座轿车，顺序是：后排右座→后排左座→后排中座→前排右座→前排中座。

三排七人座轿车，顺序是：后排右座→后排左座→后排中座→中排右座→中排左座→副驾驶座。

三排九人座轿车，顺序是：中排右座→中排中座→中排左座→后排右座→后排中座→后排左座→前排右座→前排中座。

2. 轿车的类型

上述方法，主要适用于双排座、三排位轿车，对于其它一些特殊类型的轿车并不适用。

吉普车，简称吉普，它是一种轻型越野轿车。它大都是四座车。吉普车底盘高，功率大，主要功能是越野，减震及悬挂太硬，坐在后排颠簸得厉害。不管由谁驾驶，吉普车上座次由尊而卑均依次是：副驾驶座→后排右座→后排左座。

多排座轿车，指的是四排以及四排以上座次的大中型轿车。其不论由何人驾驶，均以前排为上，以后排为下；以右为尊，以左为卑；并以距离前门的远近，来排定其具体座次的尊卑。以一辆六排十七座的中型轿车为例，依次应为：第二排右座→第二排中座→第二排左座→第三排右座→第三排中座→第三排左座→第四排右座……

3. 轿车上座次的安全系数

从某种意义上讲，乘坐轿车理当优先考虑安全问题。在轿车上，后排座比前排座要安全得多。最不安全的座位，当数前排右座。最安全的座位，则当推后排左座（驾驶座之后），或是后排中座。如果遇有特别重要的政府高官、部队将领，这时车内的尊位是后排左座，因为这个位置在车内不仅安全系数最高，而且隐蔽系数也是最高的。

当主人亲自开车时，之所以以副驾驶座为上座，既是为了表示对主人的尊重，也是为了显示与之同舟共济。由专人驾车时，副驾驶座一般也叫随员座，通常坐于此处者多为随员、译员、警卫，等等。因此，一般不应让女士坐于专职司机驾驶的轿车的前排座，孩子与尊长也不宜在此座就座。

4. 轿车上嘉宾的本人意愿

通常，在正式场合乘坐轿车时，应请尊长、女士、来宾就座于上座，这是给予对方的一种礼遇。然而，更为重要的是，必须尊重嘉宾本人对轿车座次的选择，嘉宾坐在哪里，即应认定那里是上座。即便嘉宾不明白座次，坐错了地方，轻易也不要对其指出或纠正。这时，务必要讲"主随客便"。

（三）上下车顺序

上下轿车的先后顺序，也是有礼可循的。倘若条件允许，须请尊长、女士、来宾先上车、后下车。具体而言，又分为多种情况，主要包括：

1. 主人亲自驾车

主人驾驶轿车时，出于对乘客的尊重和照顾，如有可能，应后上车，先下车。

2. 分坐于前后排

乘坐由专职司机驾驶的轿车时，坐于前排者，大都应后上车，先下车，以便照顾后排者，因为此时，后排客人是受尊重的一方。

3. 同坐于后排

应请尊长、女士、来宾从右侧车门先上，自己再从左侧车门后上车；下车时，自己先从左侧下，从车后绕过来帮助对方。

若车停于闹市，左侧车门不宜开启，则于右门上车时，自然里座先上，外座后上；下车时相反。总之，以方便易行为宜。

4. 折叠座位的轿车

为了上下车方便，坐在折叠座位上的人，应当最后上车，最先下车。

5. 乘坐多排轿车

乘坐多排轿车时，通常应以距离车门的远近为序。上车时距车门最远者先上，其他人随后由远而近依次而上。下车时距车门最近者先下，其他人随后由近而远依次而下。

案例　女司机跑滴滴顺风车，看到乘客位置，怒怼：不懂坐车礼仪

现在滴滴司机，入职门槛很低，只要年龄合适，又有私家车就可以成为一名滴滴司机，但是有的人虽然在平台上注册成了一名滴滴司机，但从心理上他并没有把自己当成一名滴滴司机。

近日有位女滴滴司机发了一个帖子，有个乘客打滴滴顺风车，直接就打开后门，坐在后面，也不知道这乘客是怎么想的，真以为打出租车吗？我是一个女的，你坐在副驾驶上我能把你怎么样？真把我当司机了，你坐在后面我还害怕你做小动作呢，下次我要把后座堆满东西，看你们怎么坐！

资料来源：https://new.qq.com/rain/a/20190420A0E4O3.2019-04.

（四）车内礼仪

与他人一同乘坐轿车时，虽然轿车的空间很小，但那也是一处公共场所。由于这个移动的公共场所的特殊性，因此更有必要注意相应的礼仪。

1. 上下轿车相互礼仪

上下轿车，要井然有序，相互礼让。轿车上的座位有的宽敞舒适，有的位置相对狭小。不能按照自己的意愿抢占座位，也不能替别人占座。

2. 乘坐轿车动作要优雅，注意分寸

在轿车上，更要注意举止。因为轿车的空间相对较小，空气流动相对不很顺畅，遇到天冷或者天热，车内温度可能不尽人意。因此，在轿车内不要东倒西歪、嬉笑打闹，也不能因为温度过高随意脱掉衣衫。尤其有异性同乘轿车更要注意保持距离、把握分寸，以免给人"轻薄"之感。

3. 格外注意轿车内卫生

尽量不要在车上吸烟，尤其轿车的主人是女士，更要倍加注意。轿车内吸烟是火灾的巨大隐患，不能在车上连吃带喝，随手乱扔，杂物更不能抛出车外。在车上脱鞋、脱袜、换衣服，都很不雅。

4. 乘坐轿车时刻注意安全

与驾驶者交谈，要注意分寸，避免其走神，不要让驾驶者接听手机或看报纸等。协助老人、女士、来宾上车时，可为之开门、关门、封顶。车门要轻开轻关，注意别夹伤人。自己上下车时，应先看后行，避免疏忽大意、造成事故。

二、乘坐公共汽车的礼仪

公共汽车，指的是由单位或专人经营，有着固定线路和车站，供社会公众付费乘坐的多排座轿车。乘坐公共汽车，应当注意上下车辆、购买车票、座位选择、乘车表现等四个方面的问题。

（一）上下车辆

乘坐公共汽车的人比较多，因此，务必要注意维护上下车的秩序，以求大家方便。只有大家方便，才真正能使个人方便。

1. 上车依次排队

候车要先看清站牌和行车方向，然后排队候车，不要"夹塞"，也不要往车道上挤。排队候车，应站在站台上，不要拥入街道之上，妨碍交通。还要注意，队列不要排得过度拥挤。若等候公共汽车的人较多，则一定要自觉地以先来后到的顺序排队候车，排队上车。

2. 下车提前准备

在拥挤的公共汽车上，下车一定要提前准备。在自己目的地的前一站，就要向车门靠近，不要等车到站后才不慌不忙地向外挤，让大家为自己一个人浪费时间。进行下车的准备时，如需他人让路，应有礼貌地先打一声招呼，如说"借光""劳驾"或"请您让一下"，不要默不作声地猛挤猛冲，更不要发脾气或出言不逊。要按次序下车，注意扶老携幼，后下车的乘客应主动给先下车的乘客让道。

（二）购买车票

乘坐公共汽车，一定要遵守有关车票购买的规定事项，购买并保管好车票，不要投机取巧，逃票或者使用无效的车票。常见车票 / 乘车卡如图 8-9、图 8-10 所示。

图 8-9　北京地铁单程票　　　　　　　图 8-10　北京公交一卡通

1. 使用智能卡

在一些公共汽车上，并无专人售票，而由乘客自行使用事先购买的储值智能卡刷卡上车。使用智能卡车票时，要主动刷卡，不可蒙混过关。

2.购买车票

需购买车票时，应积极主动。不准逃票，使用假票、废票，或坐"过站车"。与尊长、女士一同乘车时，应主动为之购票。带小孩时，亦应按有关规定购票。

3.无人售票

在无人售票的公共汽车上，应主动投币，不要不交车费或少交车费。坐不找零的公共汽车时，还应事先备好零钱，不得以无零钱为由赖账，或强词夺理，胡搅蛮缠。

（三）座位选择

乘坐公共汽车时，座位的选择有其特殊性，以下几点需加以注意：

1.主动让座

与尊长、女士、来宾一同坐公共汽车时，应请其优先入座，或请其就座于较好的位置，比如靠前、靠窗、面向前方的位置。遇上老人、病人、残疾人、孕妇、抱孩子的人，亦应主动让出自己的座位，切勿熟视无睹。当他人为自己让座时，应立即道谢，不要自认为理所应当而一语不发。如图 8-11 所示。

2.留出特殊座位

在不少公共汽车的前门或中门附近，都有专门为老、弱、病、残、孕预留的特殊座位。这些座位即使空着也不应去坐，更不能假冒身份去混座位坐。

3.不随处乱坐

在公共汽车上，除座位外不宜随处乱坐。比如窗沿、地板、扶手、发动机等处，一般情况下均不宜就座。挤坐他人座位，若非身体感觉不适，亦为不当之举。

（四）乘车表现

乘坐公共汽车时多无熟人在场，此时，应一如既往地严于律己，注意个人的表现，不可肆意放纵。具体来说，应注意以下几点：

1.注意安全

上车后不要争先恐后地抢座位，不与他人挤坐，也不随便乱坐，比如窗沿、地板、扶手、发动机盖等不安全的地方。坐在座位上时要扶稳坐好，站立时不要忘了去扶扶手，不要手扶门缝、窗缝。在公共汽车上切勿吸烟，不要随手往地上或窗外乱扔废弃物，不要将头探出窗外，不要在过道上乱晃。上下车时不要起哄、硬挤、猛挤、推人、拉人。

2.放好物品

携带的随身之物，应不使之有碍于他人或有碍环境。不要带有碍安全的物品上公共汽车。携带重、硬、尖或易碎品上车时，需要提醒他人留心注意。上了公共汽车后，应将随身所带的物品放到适当的位置，注意不要让它占座位、挡路或有碍他人安全。雨雪天乘车，雨具应妥善处理，切勿将湿的雨具或物品放在无人的邻座。

3. 举止文明

乘车时应保持车厢清洁、空气畅通，避免在车内吸烟、随地吐痰、吐口香糖、吃东西、乱丢果皮杂物等，更不能扔出车窗外。乘车时还应注意在车上不要大声聊天、谈论别人隐私、嬉笑打闹，即使遇到熟人，也不要远距离大声交谈，点头示意、打个招呼即可。在车内接打电话要尽量放低音量，不要影响到他人。不要当众脱鞋、更衣，夏天乘车还要注意衣着文明，男性不要赤膊露背，女性最好不穿过短的衣裙。如图 8-12 所示。

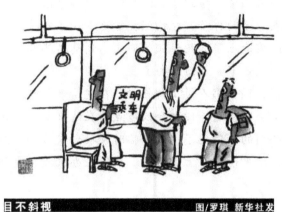

图 8-11　不文明行为

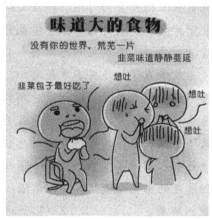

图 8-12　不文明行为

第三节　集会及赛事礼仪

广义上讲，集会的形式很多，有会议型的、典礼型的、聚会型的，等等。由于集会的目的和方式多种多样，礼仪也相应的有所不同。聚会礼仪在前面第七章已经介绍过，本章重点介绍最为常见的会议型和赛事型的礼仪。

一、会议礼仪

举办会议是一项大工程，其中有许许多多的细节需要注意，特别是商务会议，更离不开礼仪规范的指导，任何一个细节的疏忽都可能导致会议的不成功。会议礼仪主要包括筹备工作、座次安排、会议服务礼仪、发言礼仪、与会礼仪、主持人礼仪等内容。

（一）筹备工作

1. 确定接待规格，拟定详细接待方案

接待规格由会议的规模，会议的种类、主题以及参加会议的主要来宾的身份等内容来确定。会议接待方案主要包括：接待对象和目的，接待方针，接待规格，接待内容，接待

日程，接待地点，接待任务的具体分工情况，接待经费等。

2. 确定邀请对象，发放会议通知和日程

根据会议的内容和要求来确定邀请对象。重要的会议，通知后应附回执。

【案例】 请柬发出之后

某机关定于某月某日在单位礼堂召开总结表彰大会，发了请柬邀请有关部门的领导光临，在请柬上把开会的时间、地点写得一清二楚。接到请柬的几位部门领导很积极，提前来到礼堂开会。一看会场布置不像是开表彰会的样子，经询问礼堂负责人才知道，今天上午礼堂开报告会，某机关的总结表彰会改换地点了。几位领导同志感到莫名其妙，个个都很生气，改地点了为什么不重新通知？一气之下，都回家去了。

事后，会议主办机关的领导才解释说，因秘书人员工作粗心，在发请柬之前还没有与礼堂负责人取得联系，一厢情愿地认为不会有问题，便把会议地点写在请柬上，等开会的前一天下午去联系，才知得礼堂早已租给别的单位用了，只好临时改换会议地点。但由于邀请单位和人员较多，来不及一一通知，结果造成了上述失误。尽管主办机关领导登门道歉，但造成的不良影响终究难以消除。

案例解析：

发放请柬之前要确定好相关的各个环节，以免出了差错难以弥补，造成恶劣的影响。

资料来源：https://www.docin.com/yz/document/15349015/%E7%A4%BC%E4%BB%AA%E7%9A%84%E6%AD%A3%E5%8F%8D%E9%9D%A2%E6%A1%88%E4%BE%8B.2019-07.

3. 合理选择会场，做好会场布置

选择会议会场时，应满足三个要求：会场大小适中、会场地点合理、会场设施设备齐全。会场布置方面，要注意场内悬挂关于会议主题的横幅。较正式的会议都需摆放茶杯、饮料，并且摆放整齐、美观。

4. 备齐会议辅助器材

现代化的会议离不开各种辅助器材，在召开会议之前，就应该把各种辅助器材准备妥当。主要有以下几类：

（1）桌椅、名牌、茶水

桌椅是最基本的设备，可以根据会议的需要摆成圆桌型或报告型，如果参加会议的人数较多，一般应采用报告型，不需要准备座位牌，如果参加会议的人比较少，一般采用圆桌型，并且要制作座位牌，即名牌，让与会人员方便就座。会议上的茶水饮料最好用矿泉水，如果没有特别的要求，矿泉水是最能让每个人都接受的选择。

（2）签到簿、名册、会议议程

签到簿的作用是帮助了解到会人员的多少，分别是谁，一方面使会议组织者能够查明是否有人缺席，另一方面能够使会议组织者根据签到簿安排下一步的工作，比如就餐、住宿等。印刷名册可以方便会议的主席和与会人员尽快地掌握各位参加会议的人员的相关资料，加深了解，彼此熟悉。

（3）黑板、白板、笔

在有的场合，与会人员需要在黑板或者白板上写字或画图，从而说明问题，虽然视听设备发展得很快，但是传统的表达方式依然受到很多人的喜爱，在黑板或白板上表述具有即兴、方便的特点。此外，粉笔、万能笔、板擦等配套的工具也必不可少。

（4）各种视听器材

现代科技的发展带来了投影仪、幻灯机、录像机、激光指示笔或指示棒等视听设备，给人们提供了极大的方便。在召开会议前，必须先检查各种设备能否正常使用，如果要用幻灯机，则需要提前做好幻灯片。录音机和摄像机能够把会议的过程和内容完整记录下来，有时需要立即把会议的结论或建议打印出来，这时就需要准备一台小型的影印机或打印机。

（5）资料、样品

如果会议属于业务汇报或者产品介绍，那么有关的资料和样品是必不可少的。比如在介绍一种新产品时，单凭口头泛泛而谈是不能给人留下深刻印象的，如果给大家展示一个具体的样品，结合样品一一介绍它的特点和优点，那么给大家留下的印象就会深刻得多。

（二）座次安排

环绕式，就是不设立主席台，把座椅、沙发、茶几摆放在会场的四周，不明确座次的具体尊卑，而听任与会者在入场后自由就座。这一安排座次的方式，与茶话会的主题最相符，也最流行。

散座式，散座式排位，常见于在室外举行的茶话会。它的座椅、沙发、茶几四处自由地组合，甚至可由与会者根据个人要求而随意安置。这样就容易创造出一种宽松、惬意的社交环境。

圆桌式，圆桌式排位，指的是在会场上摆放圆桌，请与会者在周围自由就座。圆桌式排位又分下面两种形式：一是适合人数较少的，仅在会场中央安放一张大型的椭圆形会议桌，而请全体与会者在周围就坐。二是在会场上安放数张圆桌，请与会者自由组合。

主席式，这种排位是指在会场上，主持人、主人和主宾被有意识地安排在一起就坐。国际惯例，要遵循"以右为尊的原则"。政务礼仪，主席台座次则讲究前排高于后排，中央高于两侧，左座高于右座。

（三）会议服务礼仪

会议正式开始前一两个小时，应准备一次全面、细致的检查，确保物品齐全、设备完好。在入口处设置签到台，备好签到簿、签字笔，做好签到服务，同时，还应引导参会人员入座。工作人员在提供服务时，要注意仪容仪表，使用正确的规范手势，保持良好的身体姿态，配合恰当的面部表情，礼貌服务。

会议进行中，要分工明确，服务人员要及时奉茶，礼貌通知发言者，保证会场秩序良好、服务到位。会议结束后，要做好善后服务工作，礼貌送别参会人员，并及时清理会议文件，编发简报、会议记录或新闻。

（四）发言礼仪

会议发言有正式发言和自由发言两种，前者一般是领导报告，后者一般是讨论发言。正式发言者，应衣冠整齐，走上主席台应步态自然，刚劲有力，体现一种成竹在胸、自信自强的风度与气质。发言时应口齿清晰，讲究逻辑，简明扼要。

自由发言则较随意，发言应讲究顺序和秩序，不能争抢发言；发言应简短，观点应明确。如果有会议参加者对发言人提问，应礼貌作答，对不能回答的问题，应机智而礼貌地说明理由，对提问人的批评和意见应认真听取，即使提问者的批评是错误的，也不应失态。

（五）与会礼仪

在参加会议之前，要提前了解会议议题、时间及日程，做好参加会议所需资料的准备。开会前，如果临时有事不能出席，必须通知对方。会议参加者应衣着整洁，仪表大方，准时入场，进出有序，依会议安排落座。

开会的时候，要聚精会神地倾听他人发言，并适当用笔记录，不要随便插话，也不要说悄悄话、打瞌睡、看书报或手机，破坏会议的气氛。发言人发言结束时，应鼓掌致意。没有特别的情况不要中途退席，即使要退席，也要征得会议主持人的同意后轻手轻脚退场。

会议进行中，要关闭手机或调至静音，不要在会场内接打手机。会议结束后，也应当有序退场，不挤不抢，并请尊者先行退场。

（六）主持礼仪

各种会议的主持人，一般由具有一定职位的人来担任，其礼仪表现对会议能否圆满成功有着重要的影响。主持人应衣着整洁，大方庄重，精神饱满，切忌不修边幅，邋里邋遢。走上主席台应步伐稳健有力，行走的速度因会议的性质而定，对欢快、热烈的会议步频应较快。入席后，如果是站立主持，应双腿并拢，腰背挺直。

持稿时，右手持稿的底中部，左手五指并拢自然下垂。双手持稿时，应与胸齐高。坐姿主持时，应身体挺直，双臂前伸。两手轻按于桌沿，主持过程中，切忌出现搔头、揉眼、拦腿等不雅动作。此外，主持人对会场上的熟人不能打招呼，更不能寒暄闲谈，会议开始前，可点头、微笑致意。

二、观赛礼仪

我们经常有机会观赏体育赛事、演讲比赛、选秀比赛等各类赛事，良好的观赛礼仪格外重要。这不仅是个人行为的体现，更是国民素质和修养的展示。

1. 提前了解比赛规则

懂比赛才能懂礼仪，不同的比赛项目有不同的特点，因而观赛礼仪也有不同的具体要求。要做到文明观赛，首先要了解比赛的规则，比赛选手的技术或战术，观众的哪些行为会影响选手的发挥，这样才能更好地欣赏比赛。

2. 入场配合安检员

观看比赛，应提前或准时入场，并在入口处主动出示票证配合工作人员检查。在设置安检的现场、比赛场馆，入场时，要依次排队安检，不要拥挤，自觉服从、配合安检人员的工作。

一般来说，进入场馆不得携带管制器具、软硬包装饮料、打火机、易燃易爆等违禁物品。入场后，抓紧时间对号入座。若比赛已开始，应就近入座，待中间休息时再寻找自己的座位。同时还应自觉把手机调整为静音、振动状态或关闭。

3. 衣着整洁观比赛

观众着装基本要求是文明、得体，以舒适、整洁、大方为宜。入场前应该根据场地要求及比赛项目选择合适的着装，不可过于随便。夏天的露天场地虽然灼热，但观众千万不可赤裸上身。作为贵宾出席须穿正装。

4. 尊重国旗和国歌

在涉外比赛中，举行升旗仪式时，无论升哪国国旗，奏哪国国歌，观众都必须起立脱帽，面向国旗行注目礼；也可跟着乐曲正常音量唱国歌；不能嬉笑打闹或随意走动。

5. 助威加油不添乱

应当为每位参赛选手的精彩表现和良好成绩助威或鼓掌喝彩，切忌起哄、吹口哨、怪声尖叫、喝倒彩，或嘲讽、辱骂评委、裁判员、运动员、选手、教练等。不向场内投掷东西，不干扰选手正常比赛。

6. 手机、照相按规定

进入观赛场地后，要将手机关闭或设置为静音、振动状态。如有事，可用短信交流，或当比赛告一段落时，走出现场接打电话。应遵守一些比赛场馆不允许带照相机入场、不允许使用闪光灯的规定。凡是运动员有仰视动作、须高度集中注意力的比赛项目，都不得使用闪光灯，在乒乓球、羽毛球、网球等球类，以及体操、跳水、全集、柔道、击剑等项目中，均有这样的严格规定。

7. 退场同样要礼貌

观众应尽量避免提前退场。倘若有急事须中途退场，最好在比赛间隙，不影响他人观赛时有序退场。比赛结束时，要向双方运动员鼓掌致意。退场时，按座位顺序退场，向最近的出口缓行或者顺着人流行进，绝不能为图自己能快速离场而踩座位或翻越栏杆。应主动将饮料杯、矿泉水瓶、果皮果核等杂物带出场外。

课 后 练 习

乘坐轿车时最重要的原则是什么？

实 践 课 堂

1. 请同学们对回忆生活中与工作中，乘车时的情景，并说出自己出现过的问题。

2. 分组对各式乘车情景进行设定和演练。

3. 认真分析，你平时是否具备了应有的礼仪？

拓 展 阅 读

专家：日本、韩国等近年来都不再倡导"左行右立"

据"上海市场监管"微信公众号4月9日消息：针对很多网友关于地铁自动扶梯"左行右立"究竟安全不安全、科学不科学的疑问，我们专门邀请了上海市特种设备监督检验技术研究院的技术专家从专业的角度作出技术分析。敲黑板，划重点：地铁自动扶梯"左行右立"，不安全！不科学！不提倡！

"左行右立"不符合安全准则

"左行右立"指行人在搭乘自动扶梯时，靠右边站立，空出左边的位置，从文明出行的行为礼仪角度出发，给有急事需要先行的人留出一个通道。但不是乘坐扶梯的安全准则，也不是普遍公认的国际惯例。

在自动扶梯的相关国家标准中并无"左行右立"的要求，就目前实施的国家标准GB 16899—2011增加了指令标志"握住扶手带"，要求在乘坐扶梯时握住扶手带，没有可以在扶梯上行走的表达。

自动扶梯不能作为固定楼梯使用

GB 16899—2011定义3.1.9中，对自动扶梯进行了定义，自动扶梯不能作为固定楼梯使用，即自动扶梯上不能有行人行走（3.1.9自动扶梯的定义：自动扶梯是机器，即使在非运行状态下，也不能当作固定楼梯使用）。

因此，为保证自动扶梯正常运行和乘客乘梯的安全，不仅在标准中明确自动扶梯不能作为固定楼梯使用；同时自动扶梯的梯级的尺寸要求梯级高度不能大于0.24米，梯级深度不能小于0.38米，而国家对普通楼梯踏步的高度规定是0.13～0.18米。所以一般自动扶梯的梯级高度要大于一般固定楼梯的高度，同时在运行中的自动扶梯上行走，可能会造成跌倒的风险，还可能会带到其他乘客而导致摔倒。所以，在运行中的自动扶梯上行走是有一定的安全风险，不应提倡。

国外关于"左行右立"的现状

在日本的东京、大阪等人口密度较高的城市，人们在使用电动扶梯的过程中，逐渐形成了左行右立或者左立右行的习惯，但是，那只是人们在生活中自然形成的"习惯"而已。

近年来世界各国也正在改变"左行右立"的规则，据相关的公开资料显示，加拿大多伦多因每年有 100 多人在自动扶梯上受伤的案例，撤除了自动扶梯的"左行右立"标语；同年，韩国也在首尔的地铁所有自动扶梯上取消了"左行右立"的规定；日本在努力宣传"安全正确"的自动扶梯搭乘方式，其主题就是"自动扶梯，不要走，不要跑"。

"左行右立"易造成电梯零部件磨损

根据 GB 16899—2011 的 5.3.3.2.1 与 5.3.3.3.1.1 梯级的静载和动载试验过程中，在同样载荷情况下，最容易产生损坏的是滚轮。同时，实行"左行右立"后，更容易造成在梯级上形成动载荷和静载荷的组合载荷，容易对梯级滚轮造成磨损。另据某知名电梯制造商的公开报告，实行"左行右立"，右侧轮子的受力是左侧轮子的 3 倍，长此以往，这些轮子将会先行疲劳、磨损直至报废。

综上所述，乘坐自动扶梯时"左行右立"，从电梯安全管理和技术等角度出发，使用、管理单位不宜提倡。

资料来源：https://www.thepaper.cn/newsDetail_forward_3276823.2019-04.

第九章
人际沟通中的通联礼仪

学习要点与目标

1. 了解电话和手机礼仪的具体内容；
2. 掌握网络礼仪的具体要求；
3. 掌握馈赠礼仪的具体要求。

引导案例

陈小姐在宾馆开电梯。有位中年男子乘电梯时，经常会抱着一大堆书报，有时在电梯里难免掉了几份书报，陈小姐每次见状总不厌其烦地为中年男子捡起书报。有趣的是，她从没问及中年男子从事何种职业。彼此每次遇到多是"谢谢你"和"不客气"的情形。

一次，中年男子说完"谢谢你"时，陈就说："你不必每次客气，举手之劳而已。"中年男子依然表明自己的观点："你的工作只要开好电梯就行了，却每次不声不响地为我做你工作之外的事情，我当然要说'谢谢'才合乎情理。"日复一日，陈一如既往为中年男子捡起掉落在电梯里的书报，依旧没问中年男子的身份。

一天，那位中年男子突然对陈小姐说："我还不知道你的名字呢。"陈小姐笑道："叫我小陈就可以了。"中年男子又说："你怎么一直不问我是做什么的？"陈小姐若有所思地说："反正你在这座宾馆上面办公嘛。"

这天早上，中年男子发现陈小姐不在电梯里了。大厅的清洁工告诉中年男子："宾馆效益下滑，上层研究后决定将电梯小姐辞退。"中年男子通过宾馆人事部找到了陈的住址："陈小姐，我们商务公司要招聘两名接待员，就是接接电话或者给客人倒倒开水的工作，你的为人告诉我你能胜任这份差事。"这时，陈小姐才知道中年男子是一家商务公司的副总。

案例解析：

上面这则有关职场礼仪的小故事中，就是小陈每天一个小小的动作，体现了她比较专业的职场礼仪，也正是这细小的职场礼仪为她赢得了这家商务公司副总的青睐，也给自己赢得了工作的机会。有的时候，注重礼仪细节让你通向成功之道。

资料来源：http://www.ruiwen.com/gushi/1202252.html.2018-01-15.

第一节 电话礼仪

在现代人际交往中，电话日益成为人们沟通的桥梁，聊天谈事情，约会交朋友，人们在享用电话所带来的便捷的同时，也发现烦恼随之而来。运用得体，它会带来成功，运用不得体，它又会成为人们交往中的绊脚石。

一、打电话的礼仪

（一）选择时间

不论与他人有多熟，也最好不要在别人休息时打电话，比如：用餐时间、午休时间，尤其是晚上的睡觉时间，有的人习惯早睡，所以不要太晚打电话，早上 7 点之前也不宜打扰。如果对方是单位，力求避免在对方的通话高峰和业务繁忙的时间内打电话。

即使是公事，也尽量不要占用他人的业余时间，尤其是节假日；为避免影响他人的休息，在打电话前应尽量搞清各地区时差以及各国工作时间的差异，尽量不要在休息日打电话谈生意。即使客户已将家中的电话号码告诉你，也尽量不要往客户家里打电话。

（二）规范内容

打电话时要力求遵守"三分钟原则"。所谓"三分钟原则"是指：打电话时，拨打者应自觉地、有意识地将每次通话时间控制在三分钟内，尽量不要超过这个限定。在通话之前，最好把对方的姓名、电话号码、通话要点等内容列出一张清单。这样做可以避免通话者在谈话时出现现说现想、缺少条理的问题。电话接通后，除了首先问候对方外，还要记得自报单位、职务和姓名。如果请人转接电话时，一定要向对方致谢。

在接电话时、讲话一定要务实，不能吞吞吐吐、含糊不清。寒暄后，就应直奔主题。打电话时，如果要说的话已经说完，就应该果断地终止通话。话讲完后，如果仍然反复铺陈、絮叨，会让对方觉得你做事拖拉，缺少素养。

（三）语言文明

在对方拿起电话的时候，首先要向接电话的人热情地问候："您好！"然后再谈其他，不能一上来就"喂"，或是开口就说事情，让对方感到莫名其妙。在问候对方后，要自报家门，如："我是×××"，或者"我是×× 公司的×××"，以便让接电话的人明白是谁打来的电话。终止通话，放下话筒前，要和对方说"再见"；如果少了这句礼貌用语，会感觉通话终止得有些突然，让人难以接受。

职场中如何优雅地接电话

1.礼多人不怪

打电话是工作和生活中司空见惯的常事，有许多需要注意的礼仪规则。打电话应该是有限的和得体的，应该掌握好时间，尽量在朋友的空闲时间内通话。特别是国际电话，通话的两地有时差，应尽量避免在午夜叫醒对方。电话语言应该简洁明了，闲聊则应问一下对方是否有时间，应按彩色指示灯的规定使用，红灯亮时，是告诉对方是一次重要电话，非接不可，绿灯亮时则表示是一次无关紧要的电话，对方正忙可以不接。

给在办公室工作的朋友打电话应先询问一下对方时间是否合适，经对方允许后说话也务必注意简短。社交中的电话多是邀请通知，聚会后的致谢，事后讨论聚会虽可能是有趣的闲谈，但也要征求一下对方的意见，问清此刻闲谈是否适宜。

其次，接电话时应先报出自己的电话号码和地址，只报一声"喂"是不礼貌的。仅是一声"您好"也并不完全合适，因为由此可能造成打错电话的误会，双方文不对题地交谈了一通才发现打错了电话，至少是浪费了时间。只有商业业务通话才能用这种方式。当对方谈完打电话有关主要事项后又没完没了地闲谈，而接电话的人不愿奉陪时，可以这样委婉地道别："同您谈话真高兴，但我不能再浪费您的时间了，因为我知道您是很忙的。"

如果打电话时朋友不在，而他的电话是有接录机的电话，打电话的人要像对朋友那样讲话，尽量简明扼要而不说太多废话，也不可立即将电话挂上，即使你明知对方在家而没来接。电话与对方电话接录机接通后，会先报出："这是××的电话接录机，请按照信号指示留下您的姓名、电话号码和通话内容，我将给您回电。"接着接录机会发出一种单调的信号，打电话的人即可开始讲通话内容。

以下是接电话的基本程序：

（1）电话用语应简洁，顺当。电话铃声一响，就应立即拿起电话并自报家门："你好！这里是××单位××部门"；"你好，我是××"。

（2）电话用语要礼貌热情，使电话听者感到心情舒畅，留下美好印象。

（3）电话交流要认真理解，并对对方的谈话给以必要的重复和附和，以显示你给对方的积极反馈。

（4）一般应备有电话记录本，对重要的电话做记录。记录的内容应该包括时间、地点、联系事宜及要解决的问题。

（5）电话内容谈完之后，应该让对方自己结束电话，并以"再见"作为结束语。对方放下电话后，再轻轻放下电话以示对人的尊重。

2.怎样选择最佳的通话时间

选择最佳的通话时间，是必须掌握的原则。稍有常识的人都知道，选择不同的通话时间，将会收到不同的效果。

一般说来，由于行业性质、作息时间以及个人的生活习惯不同，通话时间的选择要依据上述情况来分别确定。需要指出的是，不可以自己的时间安排或需要来确定向对方打电话的时间。通话之前应考虑以下几个方面问题：

（1）除非紧急重要的事情，要尽量避开正常的休息时间。如用餐时间，以及餐后1个小时之内都不宜打电话，再就是晚上10点钟之后，没有特殊的事情，也不宜打扰对方。

（2）因人而异。大部分业务主管、公司经理都有夜间工作的习惯，和他们通话时最好避开上午9点钟之前的一段时间。因为上班后他们需要一些时间来处理信件，布置当天工作，时间比较紧张，会使通话效果受到影响。理想的时间可选择在上午10点到11点。如果是下午通话，以2点到4点为宜。

（3）如果是新接触的人士，可以征求对方意见，提出以下问题：

"一天中什么时间给您打电话最好？"

"什么时间容易找到您？"

"一天里，什么时间您最方便？"

通常对方会按照自己的时间安排来告诉您通话时间。

3. 怎样在电话中自我介绍

自我介绍应当达到两个目的，一是让对方知道自己的姓名及工作单位。二是通过介绍使对方产生初步印象，前者是必需的礼貌行为，后者则为了下一步事情进展的需要。

人们比较注重第一印象，如：得体的服饰，彬彬有礼的言谈举止等，都能给对方留下一个不错的印象。然而电话受条件限制，一切都是通过声音来判别，能否给对方留下一个好的印象，完全依赖于谈吐技巧，倘若缺乏这一技巧，就难以通过电话给对方留下比较深刻的印象。

自我介绍应注意下列问题：

（1）语言简洁明了，准确无误。

（2）讲究语言艺术。同样的话，不同的讲述方式其结果有着很大的差别，语言技巧高的人，说出的话易于让对方接受。

（3）介绍过程中，如果对方发问，不可打断话头，应当尽量给予满意的回答。

（4）掌握适宜的谈话节奏，给对方留有充分的倾听及发问的时间。

4. 怎样正确使用电话的基本用语

怎样正确使用电话的基本用语呢？这里举一些例子来说明一下（前面表示不妥用词，后面为正确用语）。

（1）"喂！"（不妥当用语）"您好！"（正确用语。下同）

（2）"喂，找谁？""您好，这里是××公司，请问您找哪一位？"

（3）"给我找一下××。""请您帮我找一下××好吗？谢谢！"

（4）"等着。""请稍等一会儿。"

（5）"他不在这儿。""他在另一处办公，请您直接给他打电话，电话号码是……"

（6）"他现在不在。""对不起，他不在，如果您有急事，我能否代为转告？"或："请您过一会儿再来电话。"

（7）"你是谁啊？""对不起，请问您是哪一位？"

（8）"你有什么事？""请问你有什么事？"

（9）"你说完了吗？""你还有其他事吗？"或"你还有其他吩咐吗？"

（10）"那样可不行！""很抱歉，没有照您希望的办。"

（11）"我忘不了！""请放心，我一定照办。"

（12）"什么？再说一遍！""对不起，请您再说一遍。"

（13）"把你的地址、姓名告诉我。""对不起，您能否将您的大名和地址留给我？"

（14）"您的声音太小了。""对不起，我听不太清楚。"

无论是哪个单位，都有可能接到抱怨电话，此时接电话的人要注意自己的礼貌用语。

二、接电话的礼仪

（一）及时接听

电话铃声一响起，就应立即放下手头的事去接听。接听不及时，就会反映出一个人散漫的态度，应该亲自接听电话，轻易不要让他人代劳。正常情况下，不允许不接听来电，特别是"应约而来"的电话。

（二）确认对方，介绍自己

一般情况下，对方打来电话后都会主动介绍自己。如果对方打来电话，没有主动介绍自己或者自己没有听清楚，你就应该主动问："请问您是哪位，我能为您做什么？您找哪位？"如果拿起电话听筒后向对方盘问："喂，哪位？"这让对方会感到陌生而且感情疏远，缺少人情味。接电话、拿起听筒后应首先自我介绍："您好，我是×××。"

（三）非常规电话的处理

如果接到打错的电话，不要发怒更不能出口伤人，正确做法是简短向对方说明情况后挂断电话。有时候接起电话，问候多声却听不见对方说话，这时绝对不可以不分青红皂白，认为是恶意骚扰电话而破口大骂。因为，这种情况极有可能是由电话线路问题引起。使你听不见对方的声音，但是对方能听见你声音。万一对方是客户或上级，听到破口大骂，会造成恶劣的后果。如果对方是恶意骚扰的话，应简短而严厉地批评对方，不必长篇大论，更不应该说脏话，如果问题严重，可以考虑报警解决。

（四）分清主次

接听电话要专心，一边与其他人交谈，一边听电话、看文件、看电视那都是很不礼貌的行为。如果在会晤贵宾或会议期间接到电话，可向其歉意地说明不能立即通话的原因，并承诺稍后再联系。

接听电话时如果有别的电话打进来，千万不要不理睬，因为很可能是急事。可请求正在通话的一方稍等片刻，并对其讲明原因，然后立即去接另一个电话，问清情况后先请对方稍候，或晚一会儿再打进来，之后再继续和前者通话。除特殊情况外，不能因为图清净随便拔下电话线，或者关闭手机。

小贴士☺	礼貌是人类共处的金钥匙。
	——松苏内吉
	礼貌使有礼貌的人喜悦，也使那些受人以礼貌相待的人们喜悦。
	——孟德斯鸠
	礼貌是最容易做到的事，也是最珍贵的东西。
	——冈察尔

（五）代接电话的礼仪规范

代别人接电话时，要特别注意讲话顺序，首先要礼貌地告诉对方来历，才能问对方是何人，所为何事，但不要询问对方和所找人的关系。尊重别人隐私，代接电话时，忌远远地大声召唤对方要找的人。不要旁听别人通话、更不要插嘴。不要随意扩散对方托你转达的事情。

记忆准确要点，如果对方要找的人不在，应先询问对方是否需要代为转让。如对方有此意愿，应照办。最好用笔记下对方要求转达的具体内容，如对方姓名、单位、电话、通话要点等，以免事后忘记，对方讲完后，应再与其验证一遍，避免不必要的遗漏。及时传达内容，代接电话时，要先弄清对方要找谁，如果对方不愿问答自己是谁，也不要勉强。

如果对方要找的人不在，要如实相告，然后再询问对方："还有什么事情？"这二者不能颠倒先后次序。之后要在第一时间把对方想要传达的内容传达到位。不管什么原因，都不能把自己代人转达的内容，托他人转告。

小贴士

表 9-1　电话沟通的运用测试

序号	问　　题	经常	有时	很少
1	铃声响过五次，拿起听筒			
2	首先报出姓名、部门，接着说："要我帮忙吗？"			
3	边听电话边看备忘录或信件，以节省时间			
4	核实一下对方当时是否方便交谈，然后再开始话题			
5	中途打断对方以尽快结束交谈			
6	不明白对方的意思时，请求再次澄清一下			
7	某个电话谈话时间很长或涉及的事情很复杂时，不能集中注意力			
8	从不记录谈话内容			
9	定期检查并更新电话内容			
10	电话结束之后，总是立刻记下具体事情			

评分标准：

1、3、5、7、8，回答"经常"得 1 分，回答"有时"得 2 分，回答"很少"得 3 分；2、4、6、9、10，回答"经常"得 3 分，回答"有时"得 2 分，回答"很少"得 1 分；得 26 分以上，直接交流的能力很强，但在某些方面还有提高的余地；得 20～26 分，具备一定的技能，但有待进一步提高；得 20 分以下，技能有待全面提高。

三、手机礼仪

手机要及时接听，当手机铃声响起时，要及时接听。因故未能接听电话或阅读短信，发现信息后要尽快回话或回短信。要语言文明，要使用礼貌语言通话，使用文明字眼发短信。要遵守公共秩序，在教室、图书馆、会议室、音乐厅、电影院等公共场合自觉关机或将手机调至静音、振动状态。在电梯内、火车、公共汽车上使用手机通话时，应压低嗓门，轻声细语，而不要大喊大叫。要尊重他人，在别人家做客时，要尊重主人。没有特殊情况，不要不停地使用手机打电话。

发短信一定要署名，署名既是对对方的尊重，也是达到目的的必要手段。如果是正事，不署名更会耽误事。有时要给身份高或重要的人打电话，知道对方很忙，可以先发短信："有事找，是否方便给您打电话？"如果对方没有回短信，一定不是很方便，可以在较久的时间以后再拨打电话。

要及时删除不希望别人看到的短信，上班时间不要没完没了发短信。发短信不能太晚，会影响对方休息。如果事先已经与对方约好参加某个会议或活动，为了怕对方忘记，最好事先用短信提醒一下，语气应当委婉，不可生硬。

职场新人，手机应该放哪儿?

作为一个职场新人，有时候真的很迷茫。比如说现在基本上人手一部手机，关于手机放哪儿，作为职场新人的你知道吗? 有时候，明明感觉和同事的做法区别也不是很多，但是往往却通过观察得知，大家的反馈情绪确实有很大的不同，所以这些职场上的小细节真的不容忽视! 那么职场新人，手机应该放哪儿? 这些小细节多注意，掌握职场礼仪小知识!

作为初入职场的纯新人，在享受手机提供给我们的这些便利的同时，也是要遵守一些手机礼仪的，小小的手机，摆放在哪儿有讲究，你发现了吗?

很多人在生活中喜欢将手机随意摆放，不过在职场上可不要这样，公共场合手机的随意摆放，不仅会增加手机丢失的风险，也可能会对其他人造成一些困扰，可能让其他人对你的印象变得没那么好。一般公共场合下，手机摆放有讲究，手机在不使用的时候，可以选择将手机放在口袋里，也可放在随身携带的书包里，这样可以保证自己能够随时将自己的手机拿出来。

在和他人面对面交流的时候，如果不需要使用到手机，那么最好不要用手拿着手机，也尽量不要让手机对着其他人，这样可能会形成一个攻击型的压迫状态，或者让人觉得太过随意，让人感觉不是很舒服。另外，作为职场人，我们还要注意，手机尽量不要挂在脖子上，这样可能会显得人比较散漫，让人感觉不够专业，这些虽然是一些小细节，但是却在无形当中影响着我们的职场生活，职场新人，这些职场礼仪小知识要掌握哦!

作为职场新人，我们要注意自己接听手机的时候，尽量别打扰到他人，刚开始入职的时候，可能对于职场环境不是很熟悉，可以选择到卫生间、茶水间，或者办公室外接电话，尤其是一些比较私人的电话，要注意这一点，这也是职场礼仪小知识，刚入职的你需要知道。

资料来源: https://baijiahao.baidu.com/s?id=1617664576743323074&wfr=spider&for=pc.2019-07.

第二节 网络礼仪

网络礼仪是互联网使用者在网上对其他人应有的礼仪，真实世界中，人与人之间的社交活动有不少约定俗成的礼仪，在互联网虚拟世界中，也同样有一套不成文的规定及礼仪，即网络礼仪，供互联网使用者遵守。忽视网络礼仪，可能会对他人造成困扰，甚或引发网上骂战或抵制等事件。

一、网络活动的原则

（一）网络交谈相互尊重

互联网把来自五湖四海的人们联结在一起，又使得人们面对着电脑屏幕，容易忘了是在跟其他人打交道，因此要记住"人的存在"，要防止粗劣和无礼，当面不能、不会说的话在网上也不要说。

（二）网上网下行为一致

在现实生活中大多数人都是遵纪守法，在网上也同样如此。网上的道德和法律与现实生活是相同的，不要以为在网上与电脑上交易就可以降低道德标准。

（三）尊重别人的时间

在提问题以前，先自己花时间去搜索和研究。很有可能同样问题以前已经问过多次，现成的答案触手可及。不要以自我为中心，别人为你寻找答案需要消耗时间和资源。

（四）网上留个好印象

因为网络的匿名性质，一言一语是他人对你印象的唯一判断。对于不熟悉的问题，不要随便发表言论，发言以前仔细检查语法和用词，不要故意挑衅和使用脏话。

（五）分享知识

除了回答问题以外，这还包括当你提了一个有意思的问题而得到很多回答，特别是通过电子邮件得到的以后，写份总结与大家分享。

（六）争论要平和

争论在网络中式正常的现象，但争论要以理服人，不要人身攻击。

（七）尊重他人的隐私

别人与你私聊的记录应该是隐私的一部分。如果你认识某个人用笔名上网，在论坛未经同意将他的真名公开也不是一个好的行为。如果不小心看到别人打开电脑上的电子邮件或秘密，不应该到处传播。

（八）不要滥用权力

管理员、版主比其他用户有更多权利，他们应该珍惜使用这些权力。

（九）包容别人的小错误

当看到别人写错字，用错词，问一个低级问题或者写篇没必要的长篇大论时，尽量不要在意。如果你真的想提出建议，最好用电子邮件私下提议，人都是爱面子的。

小贴士

擅自公开聊天记录被指为最不礼貌网络社交行为

在网络社交中，一些不经意的行为可能引起他人反感，给人留下不好的印象。近日，中国青年报社社会调查中心联合问卷网，对2005名受访者进行的一项调查显示，90.5%的受访者称会注意网络社交礼仪，92.9%的受访者遇到过让自己不舒服的网络社交行为，受访者认为最不礼貌的网络社交行为是擅自公开私人聊天记录或将其发给第三人（67.5%）。57.2%的受访者认为在网络社交中应尊重对方的隐私。

调查显示，受访者认为最不礼貌的网络社交行为是擅自公开私人聊天记录或将其发给第三人（67.5%），接下来是未经他人同意拉对方进群（49.2%）和截屏或转发他人言论并评论（43.1%）。其他还有：未经当事人同意公开晒合影（35.3%）、加了他人好友不主动自我介绍（35.0%）、要求他人在群里曝光照片（27.1%）、频繁刷屏（25.8%）、群发信息测试自己是否被删除（19.7%）和不回私信却公开发动态（18.2%）等。

调查显示，遇到让自己不舒服的网络社交行为，67.6%的受访者会减少甚至不再与对方联系，42.4%的受访者会将对方拉黑或删除，33.4%的受访者会告知对方，望其改正。

调查中，69.6%的受访者认为网络社交行为会影响个人形象。对于网络社交，57.2%的受访者建议尊重对方的隐私，不刨根问底，55.1%的受访者提醒与不熟悉的人交流不应过分亲密，52.1%的受访者建议不以自己为中心，多从对方角度考虑。

其他建议还有：控制聊天时间，尽量避免休息时间打扰对方（44.5%）；注意信息安全，不公开隐私（42.7%）；使用健康文明的网络用语（31.5%）；加群后遵守相关公告，理性讨论交流（21.3%）等。

受访者中，"00后"占1.8%，"90后"占27.4%，"80后"占49.5%，"70后"占15.6%，"60后"占4.9%。

资料来源：中国青年报.2018年2月6日7版.

二、网络礼仪

（一）电子邮件

1. 撰写和发送电子邮件

（1）主题

工作时只发与工作有关的电子邮件，秘密邮件要通过特殊方式发送，注意保守工作秘密和个人隐私。在电子邮件的"主题"或"标题"一栏，一定要写清楚信件的主题或标题，写电子邮件时应遵循书信的内容、格式。首先要写上对收件人的称呼，并使用得体的称呼，多几个字没关系，以免什么都没写，对方会认为是恶意邮件在没被打开之前就删除了。

（2）内容

在撰写内容时，应遵照普通信件或公文所用的格式和规则。邮件正文要简洁，不可长篇大论，以便收件人阅读。用语要礼貌，以示对收件人的尊重。在有限的空间写电子邮件时注意：每一封电子邮件的内容大约在 7 ~ 12 行的范围内；超过 20 个字就应换行；如果超过 3 行必须空行。这样最容易阅读、理解、回复的信件，最吸引对方的注意。如果在发信时还另外加了"附件"，一定要在信件内容里加以说明，以免对方不注意时没看到。

2. 接收和回复电子邮件

应当定期打开收件箱查看邮件，以免遗漏或耽误重要邮件的阅读和回复。收到要求回复的电子邮件，要及时给予答复。一般应在收到邮件后的当天予以回复。如果涉及较难处理的问题，要先告诉对方你已收到邮件，来信处理后会及时给以正式回复。

对于那些标题稀奇古怪或者没有标题、发信人的，不要出于好奇而随便打开，以免感染病毒。要注意不要在无意间泄露了商业机密、国家机密，造成无可挽回的损失。

3. 注意保存和删除电子邮件

因为信箱空间有限，要定期整理收件箱，对于有价值的邮件，必须保存，或者在复制后进行专门保留。对于垃圾邮件，或者已无实际价值的邮件，要及时删除。

（二）查阅信息

在查阅信息的时候应当遵守以下规则。

1. 目标明确

对于所需查找的内容和相关网址，应提前做好准备，有明确的目标，以便上网后直奔"主题"。特别是不能登录色情、反动网站。很多色情、反动网站还另有黑客程序，只要打开一次后，一些低俗、反动内容、语句、图片，会自动下载到你用的电脑里、桌面上，如果你对电脑不够精通的话，根本删不掉。

2. 用语规范

在网上与人交流时，应当用语文规范，不得以为别人看不到你而随便使用攻击性、侮辱性的话。对于网络语言符号，应当谨慎使用，不得滥用，以免因对方不理解而导致交流受阻。

3. 自我保护

为维护自身形象、单位形象，不要以单位或部门名义在网上任意发表个人对时事的见解，尤其不能泄露商业机密、国家机密。不要随便在网上留下单位电话、个人联系方式、个人消息，以免被骚扰。

（三）网络聊天

1. 基本礼仪

（1）注意语言文明

在聊天时，使用文明语言，是网聊交流的基本礼仪。例如：使用"您好""大家好""很高兴认识您""很高兴见到您""对不起，我打错字了""我有点儿事，要离开一会儿""我要下线了，以后再聊好吗""再见"等文明用语，会使聊天很愉快，给对方留下良好印象。在聊天中，忌用侮辱、谩骂、恶毒、肮脏、下流的不文明语言。

（2）尊重对方人格

网络聊天，双方（或多方）的人格是平等的。无论厅级领导、百万富翁、明星大腕、耄耋老者，还是平民百姓、退休工人、低保对象、稚子顽童，在网络上都是以普通网民（网友）的身份出现的。只有尊重对方，才能赢得对方的尊重。

（3）尊重对方隐私

社交礼仪和日常生活礼仪在聊天中同样适用，一般不要追问涉及对方隐私的问题，如对方的姓名、工作单位、家庭住址、职务级别、经济状况等，尤其不要问女性的年龄、身高、体重、婚姻等。

（4）保守个人秘密

聊天时，经常会遇到对方询问涉及个人隐私和秘密的情况，如果不想告诉对方，要会"婉言谢绝"。做到既不伤害对方，又能保守个人秘密。

（5）慎用表情图片

恰到好处地使用表情、图片、动漫等可以使聊天图文并茂、情景交融、妙趣横生。尤其是使用自制的图片更能体现个性、提高品位。但是，在使用表情图片时一定要注意加以选择，适合话题、适合情景、适合气氛，多使用祝福的表情图片；忌用带有侮辱性、低级下流的表情图片。表意不明、容易造成误解的表情图片也尽量不要使用。

2. 注意的问题

（1）慎重选择聊天场所

提到聊天场所，大多数人把矛头指向网吧和家庭当中，少部分人选择工作场所，办公室，等等。目前，有些公司明确规定，不能在工作时间网络聊天，聊天最好是在家里。

（2）忙时不要在线

如果你很忙，最好设置一个忙碌状态或隐身，避免让别人以为你在线而不理会。

（3）不要打扰忙碌的人

如果对方是忙碌状态，不要和他闲聊。有重要的事，最好一句话说完。

（4）尽量回复别人的消息

如果你确实很忙无法照应，那就告诉对方并设置忙碌状态。

（5）不要在聊天工具上设置自动回复

最令人讨厌的一种情形是：设置了自动回复还找别人说话，你这边看着是正常的，对方每条发出的消息都会收到一个无意义的回复。

（6）发网址的时候写上标题或简介

有的人常常一个网址发过来，不做任何解释和说明，让人莫名其妙。发网址或链接的时候，要写标题或说明。

（7）不要发连锁消息

含有诅咒性质、欺诈性质、谣言性质、无脑性质的连锁信息，一条足以使自己人品降到最低。

（8）保持安全意识

防止聊天工具中毒自动发消息干扰他人；防止网络号码被盗，给他人带来困扰和不必要的损失。不要随便传递内部文件和信息，以免造成泄密；公用账户、私人密码不要在公众场合使用。要防范黑客、病毒，不要使用盗版软件，要谨慎对待不明电子邮件。对于有关部门发布的信息预警，要及时采取措施防范。

（9）不要刨根问底

不要问涉及对方隐私的问题，对方不愿回答的问题，不要无休止地追问。

（10）保持聊天记录

如果记忆力不好，那就靠记录。同一个问题反复多次问别人会让人无语。一些聊天工具上的聊天记录可以保存在服务器上，忘记的话，可以查阅。

（11）退出屏蔽已久的群

如果你对某个群没有兴趣，不妨退出，空占个名额从不发信息对谁都没有好处。

（12）网络语言生活中要慎用

作为社会方言的网络语言尽管可以存在，但是它的应用范围就是在特定的网络空间。要进入大众语言环境，尤其是在书面表达的时候，应持谨慎态度。

（13）办公网络不私用

使用网络办公要本着节省资源的原则，不能私自挪用公用的网络。

（14）不传播虚假信息

在网络上发表个人意见、建议，要把握好度的问题，不能违反法律法规和有关规定，不能在网上侮辱、谩骂他人，不能传播谣言、散布虚假信息，不能制作、传播网络病毒和"流氓"软件。

（15）不侵犯他人著作权

要尊重他人的网上著作权，避免网络抄袭、剽窃、盗版等侵权行为。

 微信社交礼仪

如今，微信已经成为我们生活、工作必不可少的沟通工具，在微信上会聊天、懂礼仪也成为人们需要掌握的技能和必备素养。下面就介绍微信聊天中的基本社交礼仪。

1. 及时回复他人的微信。如果没能及时回复，也要在方便的时候向对方解释原因，并表示歉意。

2. 如果别人给你发了消息，而你又比较有空，那么你最好及时回复。因为此时发消息给你，说明两个问题：（1）对方是有空的，可以聊天；（2）对方希望和你沟通。即使对方发的内容你完全没有兴趣，也要适当地、礼貌地回复。不要故意不理别人，可以通过减少回复的积极程度表示出你不太想聊的意愿，给对方一个台阶下。

3. 能打字尽量打字，特别是汇报工作或者有其他重要且复杂的事项需要和他人沟通时。如果对方在开会或者在上课，很可能不方便听语音，而文字总是一目了然，也节省阅读时间。假使对方现在有空，如果连着收到五六条时长1分钟的微信，换作是你，是不是也会有崩溃的感觉？即使要发语音，也最好提前询问一下对方是否方便。

4. 在微信群里聊天时，你可以扮演话题引导者和气氛活跃者的角色，但要把握好度，不要一天24小时时不时"狂轰滥炸"一番，发一些没有营养的"垃圾信息"，不停刷屏。

5. 尽量不要在微信群里发广告，以及强行要求群成员点赞。

6. 不要发没有根据和有伤风化的内容。不造谣、不传谣、不信谣、不煽动他人情绪，坚决远离黄色暴力信息。

7. 巧用表情符号。聊天时适当加个表情符号，会让人产生亲近感，更直观地表达自己的情绪，也能通过符号释放出你的善意和愿意与对方沟通互动的心意，活跃聊天气氛。当然，发表情也要适度，千万别刷屏！

8. 关于字句，有些词是带有网络专属语气含义。比如：噢噢，哦哦，哦；嗯嗯，嗯；行嘛，行，行吧；好嘛，好么，好吗；呵呵（敷衍地回应）；哈哈哈哈（敷衍地笑）。如果与他人聊天时，对方总回复"哦"或者"嗯"，表明对方很可能有其他事，没有专注和你聊天，或者对方不想继续和你聊下去了，你要懂得适可而止。

资料来源：https://baijiahao.baidu.com/s?id=1577209434469974717&wfr.2017-08-31.

第三节 馈赠礼仪

馈赠作为社交活动的重要手段之一，是人类社会生活中不可缺少的交往内容。得体的馈赠，恰似无声的使者，给交际活动锦上添花，给人们之间的感情和友谊注入新的活力。

然而送给谁（WHO），为什么送（WHY），如何送（HOW），送什么（WHAT），何时送（WHEN），在什么场合送（WHERE），是一个既老又新的问题，因此，人们只有在明确馈赠目的和遵循馈赠基本原则的前提下，在明确弄清以上 6W 的基础上，才能真正发挥馈赠在交际中的重要作用。

一、馈赠目的

（一）以交际为目的的馈赠

无论是个人还是组织机构，在社交中为达到一定目的，针对交往中的关键人物和部门，通过赠送一定礼品，以促使交际目的达到。礼品的内容与送礼者的形象一致，使礼品能反映送礼者的寓意和思想感情的倾向，并使寓意和思想倾向与送礼者的形象有机地结合起来。

（二）以巩固和维系人际关系为目的的馈赠

这类馈赠，即为人们常说的"人情礼"，强调礼尚往来，以"来而不往非礼也"为基本行为准则。因此，无论从礼品的种类、价值的轻重、档次的高低、包装的精美、蕴含的情意等方面都呈现多样性和复杂性，在民间交际中尤其具有重要的特殊作用。

（三）以酬谢为目的的馈赠

这类馈赠是为答谢他人的帮助而进行的，因此在礼品的选择上十分强调其物质价值。礼品的贵贱厚薄，首先取决于他人帮助的性质。帮助的性质分为物质的和精神的两类。一般说来，物质的帮助往往是有形的，能估量的。而精神的帮助则是无形的，难以估量的，然而其作用又是相当大的；其次取决于帮助的目的，是慷慨无私的，还是另有所图的，还是公私兼顾的。再次取决于帮助的时机，一般情况下，危难之中见真情。因此，得到帮助的时机是日后酬谢他人的最重要的衡量标准。

（四）以公关为目的的馈赠

这种馈赠，表面上看来不求回报，而实质上其索取的回报往往更深地隐藏在其后的交往中，或是金钱，或是权势，或是其他功利，是一种为达到某种目的而用礼品的形式进行的活动，多发生在对经济、政治利益的追求和对其他利益的追逐活动中。

案例　　普京当面向习近平祝贺 66 岁生日　赠送俄罗斯冰激凌

俄罗斯塔斯社、俄新社 6 月 15 日上午报道称，据俄总统新闻秘书佩斯科夫介绍，俄总统普京今天上午在杜尚别出席亚信第五次峰会前亲自前往中国国家主席习近平下榻宾馆，当面向习主席祝贺 66 岁生日。

普京高度评价习主席在俄中关系发展中发挥的重要作用，强调不久前习主席对俄进行国事访问取得圆满成功，相信俄中关系将继续保持良好发展势头。习主席对普京表示感谢，指出普京在中国很受欢迎。普京总统向习主席赠送俄罗斯冰激凌，习主席回赠中国茶叶。

案例解析：

商务馈赠礼品注意形式恰当，针对不同情况选择不同性质的礼品。礼品的选择要价格适宜、体现特色、便于携带，不能过于流俗。具备这样的礼仪要求的礼品容易携带，给客人留下深刻印象。

资料来源：http://news.youth.cn/sz/201906/t20190615_11983365.htm.2019-06.

二、馈赠原则

馈赠作为社交活动的重要手段之一，大凡送礼之人，都希望自己所送礼品能寄托和表达对受礼者的敬意和祝颂，并使交往锦上添花。但是，有时所赠礼品非但达不到这种目的，反而会事与愿违，造成不良后果。认真研究和把握馈赠的基本原则，是馈赠活动得以顺利进行的重要前提。

（一）轻重原则

通常情况下，礼品的贵贱厚薄，往往是衡量交往人的诚意和情感浓烈程度的重要标志。选择礼品时既要注意以轻礼寓重情，又要入乡随俗地根据馈赠目的和自己的经济实力，择定不同轻重的礼物。除非是有特殊目的的馈赠，馈赠礼物的贵贱厚薄都应以对方能愉快接受为尺度。

（二）时机原则

就馈赠的时机而言，及时适宜是最重要的。中国人很讲究"雨中送伞""雪中送炭"，即十分注重送礼的时效性，因为只有在最需要时得到的才是最珍贵的，才是最难忘的。因此，要注意把握好馈赠的时机，包括时间的选择和机会的择定。一般说来，时间贵在及时，超前滞后都达不到馈赠的目的；机会贵在事由和情感及其他需要的程度，"门可罗雀"时和"门庭若市"时，人们对馈赠的感受会有天壤之别。

（三）效用性原则

同一切物品一样，当礼以物的形式出现时，礼物本身也就具有了价值和实用价值。就礼品本身的实用价值而言，人们经济状况不同，文化程度不同，追求不同，对于礼品的实用性要求也就不同。

一般说来，物质生活水平的高低，决定了人们精神追求的不同，在物质生活较为贫寒时，人们多倾向选择实用性的礼品，如食品、水果、衣料、现金等；在生活水平较高时，人们则倾向于选择艺术欣赏价值较高、趣味性较强和具有思想性纪念性的物品为礼品。因此，应视受礼者的物质生活水平，有针对性地选择礼品。

（四）投好避忌的原则

就礼品本身所引发的直接后果而言，由于民族、生活习惯、生活经历、宗教信仰以及性格、爱好的不同，不同的人对同一礼品的态度是不同的，或喜爱或忌讳或厌恶，等等。如果冒犯了别人，就会引起纠纷，甚至冲突。所以，馈赠前一定要了解受礼者的喜好，尤其是禁忌。

案例　　两位商人在打架？外国人眼中的送礼故事

一位荷兰籍老师讲了一件关于送礼故事：一天他去饭店吃饭，在大门口看见两位商人推来搡去的，一开始他以为这两人是在打架，仔细观察后他发现原来是在送礼，他感觉中国这种送礼方式很独特。

作客他乡，一举一动都要结合当地文化理解，像外国人在翻译"黄洋界上炮声隆"这句经典诗词时，便没有结合中国的地名，而错误地翻译为"黄色海洋的边上，响起了隆隆炮声"。

而文化的混搭有时也会带来意想不到的效果，有位老师外出访学，带了几包榨菜，本想着外国人吃不惯这个味，可没想到老外吃了后都伸手向他再要还有没有，真是让人哭笑不得。

资料来源：https://baijiahao.baidu.com/s?id=1652266944371244274&wfr=spider&for=pc. 2019-12.

三、馈赠礼仪

使交往对象愉快地接受馈赠，并不是件容易的事情。即便是选择了礼品，如果不讲究赠礼的艺术和礼仪，也很难使馈赠成为社会交往的手段，甚至会适得其反。那么，馈赠时应注意哪些艺术和礼仪呢？

（一）礼品的包装

精美的包装不仅使礼品的外观更具艺术性和高雅的情调，并显现出赠礼人的文化和艺术品位，而且还可以使礼品产生和保持一种神秘感，既有利于交往，又能引起受礼人的兴趣和探究心理及好奇心理，从而令双方愉快。

好的礼品若没有讲究的包装，不仅会使礼品逊色，使其内在价值大打折扣，使人产生"人参变萝卜"的缺憾感，而且还易使受礼人轻视礼品的内在价值，折损了由礼品所寄托的情意。

（二）赠礼的场合

赠礼场合的选择，是十分重要的。尤其那些出于酬谢、应酬或有特殊目的的馈赠，更应注意赠礼场合的选择。通常情况下，当众只给一群人中的某一个人赠礼是不合适的，给关系密切的人送礼也不宜在公开场合进行，只有礼轻情重的特殊礼物才适宜在大庭广众面前赠送。

（三）赠礼时的态度

只有平和友善的态度，落落大方的动作并伴有礼节性的语言表达，才是赠受礼双方所能共同接受的。那种做贼似的悄悄将礼品置于桌下或房中某个角落的做法，不仅达不到馈赠的目的，甚至会适得其反。

（四）赠礼的时间

传统的节日，如春节、中秋节、圣诞节等，都可以成为馈赠礼品的黄金时间。喜庆之日，如晋升、获奖、厂庆等日子，应考虑备送礼品以示庆贺。企业开业庆典，如在参加某一企业开业庆典活动时，要赠送花篮、牌匾或室内装饰品以示祝贺。酬谢他人，当自己接受了别人的帮助，事后可送些礼品以回报感恩。一般说来，应在相见或道别时赠礼。送礼时机要视实际情况灵活掌握。

四、受礼礼仪

受礼者应在赞美和夸奖声中收下礼品，并表示感谢。一般应赞美礼品的精致、优雅或实用，夸奖赠礼者的周到和细致，并伴有感谢之辞（按中国传统习惯，是伴有谦恭态度的感谢之辞）。作为受礼人，双手接过礼品时要表达谢意，而不能显得无动于衷，或随手放在一旁。视具体情况或拆看或只看外包装，还可伴有请赠礼人介绍礼品功能、特性、使用方法等的邀请，以示对礼品的喜爱。这样做符合国际惯例，它表示看重对方，也很重视对方赠送的礼品。

案例　外国领导人向特朗普一家送礼超 14 万美元，其中沙特最慷慨

据《今日日本》3 月 7 日报道，最近外国领导人向美国总统特朗普及其家人送去了价值逾 14 万美元的礼物，其中沙特阿拉伯是最慷慨的国家之一。

根据美国国务院对此类礼品的年度核算，沙特和海湾阿拉伯国家向特朗普赠送了至少24120 美元的礼物。沙特阿拉伯国王萨尔曼送了价值 6400 美元的红宝石和祖母绿吊坠项链。除此之外，巴林王储送了一个价值 4850 美元的镀金战斗机；阿布扎比王储送了一枚价值3700 美元的羚羊铜像；科威特埃米尔送了价值 1260 美元的蛇皮皮箱；以及阿曼副总理送了价值 1610 美元的硬币。

根据美国国务院协议办公室编制的 64 页清单，中东地区其他国家送的礼物没有明确说明。

在特朗普政府开始采取一系列减少与巴勒斯坦人关系的措施之前，巴勒斯坦领导人阿巴斯也慷慨地送礼。根据这份清单，他给了唐纳德特朗普和第一夫人一份新的拜占庭圣诞节场景图，一张黑色特朗普半身像和一张照片，估计总价值为6770美元。

其他国家领导人也在2017年送礼者之列，包括安格拉·默克尔（Angela Merkel），埃马纽埃尔·马克龙（Emmanuel Macron）和加拿大的贾斯汀·特鲁多（Justin Trudeau）。默克尔送给特朗普的勃朗峰钢笔和纸，总价值5264美元；马克龙送给他的是一张1783年的美国地图，价值1100美元；特鲁多送给他的是一座砂岩雕像，上面有一只戴着价值450美元王冠的雄狮。

有些礼物似乎是为了迎合特朗普自负心理而来。其中包括一幅价值1880美元的特朗普宝石肖像，它放在越南总理赠送的一面美国国旗前。还有一本波兰总统赠送给特朗普总统的相册，其中包括特朗普的黑白照片，以及特朗普大厦的彩色照片，价值850美元。外国领导人喜欢送美国第一夫人服装、艺术品、珠宝和配饰。日本首相的妻子给了梅拉尼娅价值2200美元的Mikimoto钻石和价值3000美元的珍珠耳环。

资料来源：https://new.qq.com/omn/20190307/20190307A0LIWR.html.2019-03.

课后练习

1. 网络活动有哪些原则？
2. 馈赠原则有哪些原则？

实践课堂

训练：情景模拟

1. 情景：每两至三人一组，进行情景模拟，内容为A公司欲与B公司进行合作，在合作前到B公司进行实地考察，B公司经理进行接待工作。

2. 要求：运用本章所学内容，保持微笑，注意接待时的音量和音调等。学员在练习时注意其他人的行为，对对方提出建议（轮流进行）。

3. 目的：让学生注重细节问题，培养良好的接访礼仪。

拓展阅读

朋友圈礼仪指南

无论在什么样的社交圈子，都需要一定的礼仪和规矩。微信横空出世也就几年工夫，却也经历了兴起时期的混乱，到现在自发的克制。所有的克制，都是从一些小事情上体现出来。

比如一开始，无论熟悉与否，微信群里就动不动拉人投票，理直气壮，到现在，但凡求人帮忙，势必发个红包出去，拆开来看，一个红包可能平均不到1毛钱，但这样做，本身很有诚意，这就是进步。

如果说礼仪的核心是什么——是分寸。相对其他社交领域，朋友圈里的大都是熟人，比其他人更要亲近。然而，既然是熟人圈子，就更需要一定的距离，来保持良好的印象，平衡彼此的关系。那么，一些有分寸的做法，就显得十分必要。

所以，不要搞图片恐怖主义。能添加你为好友的人，说明在欣赏你的同时，也能忍受你一些小小的瑕疵。晒图本身并不是错，无论风景、美食、宠物、自拍，还有自家的小宝贝，所有这些，也许失之于琐细，但都代表了生命中蓬勃、刚健、欣欣向荣的那一部分，而自己的冻疮、龋齿、溃疡，已经不止于浅薄，只会让人觉得，你是一个彻头彻尾的暴露癖，暴露癖不会受大多数人待见，即使是熟人也不例外。

一定不要随便拉人进群，尤其在未经他人同意的情况下。原本静若处子的手机，突然响个不停，手忙脚乱打开一看，不知怎的自己就被拖进某个群里。再仔细一瞧，哎呀，当年毕业时就庆幸今生不用见到的家伙，居然又再次出现。退群，不给群主面子；继续待着，自己不会舒心。正如鞋子里的一颗石子，总担心它有硌脚的那一天。

当然，热心的群主、群友们不会在意这些，他们忙着拉起一个又一个老乡群、同学群、创业群、运动群，就像勤奋的造物主，开创着一个个平行宇宙。强扭来的群，活跃度也不会多高，如果说建群初期，像超新星爆发一样，大家热闹得寒暄个不停，那么，在一阵红包雨过后，突然发现无话可说，平行宇宙归于死寂一样的静默。

比无话可说更尴尬的是突发的吵架。本以为熟人都吵不起来，但熟人的熟人，也许是陌生人，或者敌人。于是，为一些虚无缥缈的观点，就开始吵得不亦乐乎。作为社交媒体，朋友圈其实不太适合吵架，因为一不小心，你的老板、客户、师长、亲戚……总之，就是一批和你有一定利益关系，但又没那么熟悉的人，会看到你面目狰狞的样子，这将对你十分不利。如果心头郁结，控制不住体内的原始冲动，相信我，微博是一个很好的选择，在那里你可以改头换面，挥斥方遒。在朋友圈，还是选择做一个端庄的路人。

另外，不要随便转发未经证实的信息。在朋友圈里，很多人会转发捐款、寻人的信息，以显示自己的爱心，然而，如果未经核实就转发，很容易成了谣言的帮手。如果这些信息里还斥责了"看一眼懒得转的冷漠的人"，那么，你的转发行为还冒犯，或者说挑衅了大部分朋友圈熟人——仅仅因为他们没有转发一条真假难辨的信息。

最后，要宽容。既然在真实的世界上有各种各样的熟人、朋友，朋友圈也是如此。我们对自己提出种种要求，规范自己在朋友圈的行为，是让自己不被他人讨厌。那么，我们对熟人也要宽容，因为，自己难免也有犯傻的时候。所以，在可能的范围内，容忍别人拉我们进陌生的群，容忍一些奇葩的照片，容忍朋友熟人们偶尔的不过脑的信息，容忍一切无伤大雅的插曲，会让我们在朋友圈更受待见。

资料来源：中国青年报.2017年5月5日7版.

第十章
跨文化沟通与涉外礼仪

学习要点与目标

1. 了解文化差异对跨文化沟通的影响；
2. 掌握涉外礼仪的基本原则；
3. 掌握跨文化沟通的原则和策略；
4. 熟悉跨文化沟通能力的培养。

引导案例

你的跨文化智商高吗？跨文化沟通人才最抢手

什么样的人才，是现在老板们最渴求的人才？

全球第一大的汽车公司丰田最近宣布，为了强化在亚洲和中东的竞争力，该公司决定，每年从各国分公司招到日本受训的名额，将大幅增加，其锁定的人才，跨文化理解力，是重要的条件之一。

《日经新闻》报导，2018年4月开始，该公司将从各国分公司中，遴选280名年轻人，到日本接受新储备主管训练，未来几年，每年遴选的人数，也将会在300余人，这比2016年度的130人，多了将近两倍，更是2014及2015年度的5倍。

丰田指出，遴选储备主管的地区，以中国、中东及亚洲其他地区为主。丰田以一家日本公司，能够成为全球第一的汽车公司，其对不同市场、不同民族的掌握能力至属关键，丰田也因此，年年被ANA（一家会员包括上百家跨国企业的营销趋势研究及训练的公司）选为最佳的品牌之一。

丰田对跨文化能力的重视惊人，2014年甚至成立专门的跨文化部门，还设有"跨文化及品牌营销策略总监"一职，任何新产品营销，都必须询问和参考这个部门的意见。

许多跨国公司招聘时，面试的问题有地缘政治、运动、国际大事，等等，甚至有笑话，表面上，似乎天南地北不着边际，实则在测试一个人的跨文化能力。

跨文化理解力（或称跨文化智商、跨文化沟通能力），向来是我们的软肋。中国人才的硬功夫的确不错，基本上只要开好规格，哪种产品都可以做得出来。但推广出去，就需要跨文化沟通和社交的能力，但我们的家庭和学校教育都不太注重。

尤其在企业的并购过程中，跨文化管理的重要性愈加凸显，即便同为亚洲人的中国人和日本人，都存在着文化和种族的议题。

资料来源：华尔街见闻，https://wallstreetcn.com/articles/3045868.2017-12-10.

第一节 文化差异对跨文化沟通的影响

在经济全球化的潮流中，国际间政治、经济、社会等交流活动，都不可避免面对各国不同文化的相互接触、冲突、沟通、吸收和融合，所以，国际间的交流首先是文化的交流，国际间的沟通则首先表现为跨文化沟通。

一、文化差异与跨文化沟通概述

（一）文化差异的内涵与表现

文化是人类所创造的一切物质财富和精神财富的总和，是受到物质和环境条件影响的特定群体的共同价值观念和行为准则体系。文化差异，是指不同文化之间的差别，是不同国家、不同地区、不同民族在历史、政治、经济、传统及风俗习惯等方面的差异。主要体现在以下方面：

1. 价值观的差异

文化是人们的一种认识和感知，由世界观、人生观和价值观三个部分组成。在跨文化沟通中，这些隐藏在文化背后的认识会不知不觉地影响和左右人们，使人们下意识地用本民族的文化标准和价值观念来指导自己的言行和思想，并以此为标准来评判他人的言行和思想，从而对沟通产生影响。

2. 信仰和习俗的差异

世界各国的习俗和信仰的差异是多方面的，如信奉伊斯兰教的国家忌用猪、狗做商标；日本人忌讳荷花、狐狸和獾，而喜欢樱花、鸭子；英国人不喜欢大象，喜欢猫和狗；意大利人和西班牙人喜欢玫瑰花，不喜欢菊花；等等。

小贴士

不同的国家、不同的民族有不同的风俗习惯，它对人们的嗜好、生活模式、交往行为、消费行为等都具有重要的影响。

3. 语言与非语言符号体系的差异

语言符号包括书面语言和口头语言，非语言符号包括形体语言、时间语言、电子语言和物体语言。不同文化中的人们的沟通必须借助于特定的符号来实现。然而，由于不同文化之间的符号体系是各不相同的，结果导致跨文化沟通中的分歧、误会。

例如，美国人的时间语言通常非常强调准时，如几点几分开始，多长时间；而中国人的时间语言则相对是模糊的，如一支烟的工夫、一顿饭的时间、我明天上午去找你等，时间是有一定弹性的。

4.民族优越感的差异

民族优越感是人们作为某一特定文化中的成员所表现出来的优越感，它以自身的文化价值观和标准作为至高无上的衡量尺度去解释和评判其他文化环境中的群体。由于价值观的不同，民族之间常发生冲突。例如，德国的日耳曼民族以专业、做事刻板、傲气凌人为特点；中国人做生意首先讲人情，再做生意，即先做人后做事。

5.传统文化的差异

西方国家重视竞争，鼓励个人奋斗，倡导民众不断开拓进取，通常在取得成就后会充分肯定自己的能力、体现自信心和荣誉感。而东方文化鼓励民众遵规守纪，流行中庸主义，主张含蓄的表达和谦虚的态度。在交流上，性格直爽的美国人总是直接简洁，而谨慎又重礼仪的日本人通常不明确说不，尽可能含蓄地推诿（如表10-1所示）。

表10-1　东西方文化的差异

	对血缘亲情	表达形式	礼品馈赠	对"老"的态度	对待隐私权	时间观念
东方	重视	谦逊和含蓄	名目繁多	老者、尊者优先	不太强	不太强
西方	不很重视	率直、坦诚	简洁便利	不服老	很强	很强

（二）跨文化沟通的内涵

跨文化沟通，通常指不同文化背景的人之间进行的信息交流。具体表现为不同文化之间的人们，通过经商、婚姻、遣使、求学、传教等途径和方式，在一定的时间和空间发生互相接触，从中互相学习，彼此融合，从而不断发展的一种文化现象。因为地域不同、种族不同等因素导致文化差异，因此，跨文化沟通可能发生在国际间，也能发生在不同的文化群体之间，本书是从不同国家之间的跨文化沟通来进行分析。

（三）跨文化沟通的构成

跨文化沟通发生的前提是文化差异。文化差异发生在文化的各个层面，因而，跨文化沟通也要求在文化的每个层面上进行，包括跨文化语言沟通和跨文化非语言沟通。

1.跨文化语言沟通

跨文化语言沟通是在不同文化背景的人之间以语词符号为载体实现的沟通，主要包括口头沟通、书面沟通和电子沟通等。其中，语言是信息传递的媒介，是人类进行交流的工具。一般人在相同文化背景下理解讲话内容尚有误差，那么不同文化背景导致的理解误差可能会更大。

2.跨文化非语言沟通

跨文化非语言沟通根据有无声音，可以分为无声沟通和有声沟通。无声沟通是指身体各部位的动作姿势和表情以及其他一些环境因素的非语言沟通方式，包括通过肢体语言、装饰语、时空环境等进行的沟通。有声沟通是指通过发音器官或身体的某部分所发出的非言语性声音而进行的沟通方式，包括辅助性言语沟通和类语言沟通。

二、文化差异对跨文化语言沟通的影响

（一）语言文字差异对跨文化语言沟通的影响

语言是人类最重要的交际工具，也是进行思维和传递信息的工具，具有稳固性和民族性。由于人们对遇到的现象、事物和行为的评价和解释是建立在本身文化的基础之上的，而不同语言有其独特的建构信息方式，所以，一般人在相同文化背景下理解讲话内容尚有误差，那么不同文化背景导致的理解误差可能会更大，往往会造成沟通的障碍。

（二）直接与婉转对跨文化语言沟通的影响

直接与婉转主要包括两个方面：一方面是一个人在多大程度上会去主动寻找别人言词背后的间接含义；另一方面则是一个人自己在多大程度上喜欢拐弯抹角地说话。如果你在这两方面得分都高，那么你的婉转程度就非常之高，别人要听懂你说话的真实含义就相当困难。

（三）插嘴与沉默对跨文化语言沟通的影响

1.是否插嘴的讲话方式对跨文化语言沟通的影响

在是否插嘴的讲话方式上，不同民族、文化的人在这一点上有明显的不同。

（1）英国人

一般是一问一答，你说完一句我说下一句。A先说，说完时B接上，然后B开始说，说完停下时A再接着说，一来一往，有问有答，顺序清楚，是良好的对话方式。如果一个人在别人还没说完话就插进来，会被视为不礼貌，会遭到白眼。

（2）拉美人

一般是A开始说话，但在A尚未停下时，B就应该插嘴，打断对方，并自己接着往下说。然后B在还未结束时，A插进来继续。打断对方被看成是对对方的谈话感兴趣，而且自己也有很多感受要分享。

（3）东方人

一般是A先开始说，B在接A的话之前两段线有一丝小小的非重合区间，这段空白表示沉默。也就是说，在回答或接另一个人的话题时，应该有一个小小的停顿。这个停顿

可能只有几秒钟的时间，显示的是你在思索对方的话，思考之后再回答。因此，沉默是对对方尊重的表现，同时也表现自己的深思熟虑。

2.沉默对跨文化语言沟通的影响

沉默是内涵最丰富的非语言语言，在不同文化中的褒贬意义也不同。比如说，沉默在美国隐含不同意的意思，在日本有尊敬的意思，在其他国家可能是默认，也可能是同意。在中国，沉默寡言让人觉得稳重、有城府、能成大器，沉默是金、此时无声胜有声，都是对沉默的解读；在美国沉默却很可能被看成迟钝甚至愚木。

（四）高语境与低语境对跨文化语言沟通的影响

语境是指两个人在进行有效沟通之前所需要了解和共享的背景知识。这种共享的背景知识越多，具备的共同点越多，语境就越高；反之，语境越低。

在高语境的文化中，人们一般会花较多时间了解陌生人的底细以确定在与之沟通时应该使用的合适的态度、方法、用词和动作语言。如果不知对方是"谁"，那就很难把握沟通的方式。相反，在低语境文化中，很少有人会先去搞清陌生人的底细之后再与之沟通，一般只关注明确编码的文字语言信息，因为基本上所有的意思都在那里说明白了，所以不必花太多的脑筋去揣测别人言词后面的意思。在这个层面上生活感觉也相对轻松一些。

（五）联想与抽象对跨文化语言沟通的影响

在用语言沟通时，同质文化中的人由于共享的背景很多，所以常常能用倾听者通过联想来了解自己所说的意思。这样的文化可以称为"联想型文化"，与高语境文化有相似之处。

在异质文化中，很难假设倾听者与你有相似的联想，所以就需要用更抽象的语言沟通，并在沟通中不断进行解释。当来自同质文化与来自异质文化的两个人进行沟通时，会经历挫折感。

三、文化差异对非语言沟通的影响

非语言沟通是相对于语言沟通而言的，由于各国和地区在长期的历史和文化发展中积淀而成的习惯不同，在跨文化沟通中，非语言沟通的编码和解码充满了不确定性和情境性，因而非语言沟通最容易产生误解。

（一）说话方式的差异对非语言沟通的影响

说话方式是指说话的相关因素：音量、速度、数量、感情等。西方人常使用中等音量和中速，说话抑扬顿挫，有起有伏，跌宕有致，并富有表情，不具攻击性。拉美人说话语调很高，而且保持亢奋状态，情绪激昂。

东方人语调平缓单一，很少起伏，不紧不慢。在交谈时，西方人会不停地说话，每个人好像都在即席演讲。大部分西方人都相信在谈话中，若别人没有听懂他们说的话，一定会中断对话来表示不解。但在中国，部属打断上司讲话的情形是很少见的。

（二）目光语的差异对非语言沟通的影响

来自英语国家的人在谈话中会使用更多的目光交流，没有眼光接触的沟通几乎是不可能的事。与对方讲话时，或听对方讲话时，一定要看着对方，否则会被视为对话题没兴趣，或心里有鬼不敢正视，或性格过于羞怯，总之是负面的评价。就是在地位不相等的两个人之间对话时也如此。但在东方文化中，目光接触就并不是一定要有的，有时甚至被认为是不合适的行为。当两个地位不等的人对话时，地位低的那个一般都不看对方，因为直视反而会被认为是咄咄逼人，不尊敬对方。

（三）肢体语言的差异对非语言沟通的影响

手势语是指我们通过手及手指的动作和方式来交流。在不同的文化中，手势的含义有时会有不同。比如跷起大拇指，中国人表示"不错""很棒"；英美人表示"没问题"；日本人用它指代父亲、丈夫、老板等男性为尊的角色；而在中东的有些国家，它就像美国人伸出中指一样，表示不好的意思。中国人也会很惊奇地看到当美国人吃饱饭时，会把手横在自己的脖子上来表示；而这个动作在中国人看来是一种刺杀行为，中国人常常用手拍拍肚子来表示自己已经饱餐。

在日常礼仪方面，中国人常用握手和微笑表示友好和礼貌；欧美人习惯拥抱和接吻的礼仪形式；印度、泰国则双手合十表示问候；阿拉伯人见到别人朝自己微笑时，会感到莫名其妙；美洲印第安人则用哭来表达欢迎。表示同意时，中国人和英美人习惯点头表示赞许、肯定；在印度、希腊等点头的意思刚好相反；填写表格和选票时，中国人以打钩表示肯定，打叉表示否定，而英语国家以打叉表示肯定。

（四）时间观念的差异对非语言沟通的影响

1. 时间利用方式的差异对非语言沟通的影响

爱德华·T. 霍尔把时间的利用方式分为单一时间利用方式和各种时间利用方式。

单一性时间利用方式强调"专时专用"和"速度"，西方人具有此类特点。这种方式下，人们认为时间是固定的、可测量的，就像墙上的时钟一样。因此，人们倾向于按照时间的顺序来安排工作或加工信息。他们每天都有一个清晰的作息时间表，完成任务的进度表，然后按部就班地工作。

多种时间利用方式强调"一时多用"，中东和拉美文化具有此类特点。这种方式下，人们对时间报有相当灵活的态度，对别人没有预约的来访，临时安排的会议等习以为常。有时他们也通过时间来沟通自己的好恶和情绪，比如让某个自己不喜欢的人或者某个地位低下者长时间等待。

2. 对时间处理规则的差异对非语言沟通的影响

美国人视时间为金钱，时间观念很强。因此，他们总是十分守时，见面后，相互之间一般只简单寒暄几句就进入主题，期望在 20 ～ 30 分钟内解决问题。而阿拉伯、南美和亚洲某些商务会谈可能一连数小时，甚至数次都不涉及正题，而且有一些必不可少的客套，诸如拉家常、喝咖啡或饮茶之类，其目的是建立良好的人际关系。对此，美国人则视之为浪费时间。因此，两个采用不同时间利用方式的经营者遇到一起时，就需要调整，以便建立和谐的关系。

（五）空间距离的差异对非语言沟通的影响

空间在沟通中最明显的表现就是沟通双方之间保持的物理距离，不同群体空间开放程度不同，西方人一般有很强的空间领域感和个人秘密感，因此，他们常用墙、门以及夹板把个人工作或生活的地域隔起来，如果门开着就意味着一种邀请。

例如德国人工作时喜欢闭门享受安静的空间，而美国人工作时开门表示愿意与外界沟通。与空间观直接相连的是人与人交谈时的距离，距离反映了谈话者双方的社会身份。距离最近的要数拉美人和中东人了，最远的是日本人，而欧美人处于二者之间。

在美国，上司与下属交谈时，总保持相当宽的距离；而社会地位相等的双方交谈时，空间则相对缩小。在商务活动中，双方一般保持一臂之远，在此距离内，沟通者可以轻声谈话，但看不到彼此面部的细微表情，由此称之为礼貌距离。中东人就不同了，他们彼此的对话距离要近得多，而日本人却要远得多，否则就感觉不舒服。

第二节　涉外礼仪的基本原则

涉外礼仪是人们在涉外交往中，用以维护自身形象，向交往对象表示尊敬、友好与礼貌的约定俗成的各种礼节、仪式及其惯例，是在长期国际交往中形成的国际通用行为准则和礼仪规范。对涉外礼仪具有普遍指导意义的规范要求就是涉外礼仪的原则，被视为对外交往的艺术。

一、互相尊重，不卑不亢

1. 要尊重自己与他人

受人尊重的前提就是自尊，要敢于和善于对自己进行正面的评价和肯定。在任何情况下，都要充分展现中华民族自信、自强的精神风貌，谨慎而不拘谨，平等礼貌待人，尊重他人；尊重对方的宗教信仰和生活习惯，从而建立起稳定和良好的关系，达到双赢的效果。

2.做到不卑不亢

在涉外交往过程中，我们应注意对任何交往对象都要给予平等的尊重与友好，做到"上交不谄，下交不骄"。在言行举止方面做到热情友好、不卑不亢、从容得体，以便使对方感到亲切自然。否则，过头了就会给人一种卑躬屈膝、低三下四的感觉；不及，又可能给人留下自大狂傲、放肆嚣张的印象。

3.自评不必过谦

在涉外交往中，每个中国人都应表现得谦虚谨慎、戒骄戒躁。既不妄自菲薄、抑己扬彼，也不高傲自大、目空一切。尤其是涉及自我评价时，要敢于并且善于肯定自我，展现自己的实力，突出自己的业绩，不必自我贬低，过分谦虚是缺乏自信。

二、捍卫尊严，维护形象

1.捍卫国家尊严，维护国家和政府形象

国家尊严是一个国家在国际社会上和国际交往中理应表现出来的自身的庄严与尊贵。每一名涉外人员都有责任和义务自觉维护政府的政策，维护政府的尊严；不能发表与国家政策有悖的言论，保守国家机密，不做与国家利益相悖的行为。

2.要维护个人形象

个人形象体现了一个人的教养、素质，生活态度与精神风貌，以及社会公众对他的印象、看法和评价，现在往往会被人们视为一种宝贵的无形资产。在涉外交往中，个人形象直观地反映出其所在国家、民族或单位的整体形象，同时也间接地反映了其对待交往对象重视与否。

三、言必信，行必果

对外交往过程中，表态要慎重，许诺前要深思熟虑、考虑周全，切不可说大话、空话，更不能信口开河，作不负责任的承诺。承诺一旦作出，就必须兑现实行，如因意外事件或不可抗拒因素而不能信守约定时，要及时主动地加以说明，并郑重致以歉意，甚至加以赔偿。

四、言行谨慎，尊重隐私

国际礼仪强调以人为本，要求尊重个人隐私，维护人格尊严，并将其视作一个人有没有教养、能不能尊重和体谅交往对象的重要标志之一。对于西方人来讲，凡涉及个人经历、个人经济状况、年龄、恋爱婚姻、健康状况、政治见解、宗教信仰、生活习惯等均属于个人隐私的话题，别人不应查问，应自觉地有意识地回避。

如涉及对方反感的问题，应表示歉意并立即转移话题。同陌生人开始交谈时，可选择诸如天气、体育、音乐和环保等安全而适宜的话题。

五、尊重女士，礼让有节

女士优先是国际公认的一条重要的礼仪原则，在社交场合，是否遵循"女士优先"是评价男士是否具有绅士风度的首要标准。例如，男士不得当着女士的面讲粗话、脏话或开低级下流的玩笑，言辞必须文明高雅，表达分寸得当，等等。在职场上、在工作时，讲究的是男女平等，主要是以职位高低、职务高低来区分先后的。

六、尚礼好客，热情有度

涉外交往中，迎宾待客要把握好热情、友好的具体分寸。对待外宾既要热情大方，又不能轻浮谄谀。具体要掌握好下列五个方面的"度"：关心有度，不影响对方的个人自由；不令对方感觉不便，不使对方勉为其难；批评有度，批评时要讲究方式与场合；距离有度，要根据实际情境和交往对象，把握好关系亲密、私人交往、一般社交、公共场合中人与人之间的距离；举止有度，不要随意采用某些过分热情的动作；不要采用不文明、不礼貌的动作；交往有度，我方人员与任何外方人士进行接触时，不论双方之间的关系如何，均应与外方人士保持"三不妨碍"原则，即不妨碍对方的工作、不妨碍对方的生活、不妨碍对方的休息。

七、入乡随俗，求同存异

由于世界各国礼仪习俗存在着一定程度的差异，从某种意义上讲，对所交往对象所在国的风尚习俗不了解是涉外交往中的最大障碍。所以，在涉外交往中，为了减少摩擦与误会，往往会求大同存小异，对交往对象国家的礼仪、习俗与禁忌有所了解并予以尊重，以达到友好往来、畅行无阻的目的。

八、以右为尊

在国际交往中，一般应遵循"以右为尊"的原则，这是一种约定俗成的国际惯例，无论是悬挂国旗、会见会谈的座次安排、国宴的席位安排，还是坐车、行走，凡涉及位次排列时，都讲究以右为大、为长、为尊。在并排站立、行走或就座时，正确的做法是：客人居右、女士居右、长辈居右、已婚者居右、职位身份较高者居右。国际会议时，主席台位次也按"以右为尊"原则排位。发言者所使用的讲台必须位于主席台的右前方。

第三节 跨文化沟通的策略与能力培养

了解文化差异、认同文化差异和融合文化差异是进行有效跨文化沟通的根本所在，而要消除文化差异所导致的跨文化沟通障碍，达到融合文化差异的目的，则取决于跨文化沟通的策略应用和跨文化沟通能力的培养。

一、跨文化沟通的策略

（一）识别文化差异、求同存异

在跨文化沟通中，不同国家和民族之间确实存在一定的差异。只有首先识别文化差异，才能采取针对性的措施。而识别文化差异，需要区分高语境文化和低语境文化。这样对于区分不同语境文化下人们传递信息的方式，对进行有效的跨文化沟通十分重要。

在此基础上进行跨文化沟通时，双方人员不能只站在自己文化的立场对别人的文化进行解释和评论，而应求同存异，相互理解，以避免引发尖锐矛盾，从而消除误解、避免冲突、达成谅解。只有相互尊重彼此的文化，求同存异，才能做好跨文化沟通。

（二）理解对方文化、发展共感

在跨文化沟通中，我们不需要认可或接受他人的行为方式，也不能拿本国的道德标准去衡量异国中人们的行为方式。但是，我们需要持一种宽容的立场、积极的态度，去尝试理解这些行为。在此基础上，还要发展共感。共感是设身处地地体味他人的苦乐和际遇，从而产生情感上的共鸣。

不同文化归属的人之所以不容易沟通，往往是由于缺乏共感，从而不能正确理解和评价他人的价值观。发展共感的关键是要能够进行换位思考，设身处地地站在他人的角度去理解文化现象，消除民族中心主义的偏见，客观、公正、全面地认识和理解异质文化，消除跨文化沟通过程中的种种文化因素障碍。

（三）化解文化冲突、兼收并蓄

随着世界经济日趋全球化，越来越多的跨国公司进入中国，相伴而来的是跨国公司在沟通方面往往所面临的较为突出的文化冲突问题。因此，下面以跨国公司为例，探讨其在解决文化冲突方面主要的跨文化沟通策略。

1. 文化融合策略

融合是学习新文化的同时依然不放弃自己原来的文化价值观，从而能有机地把二者结合在一起指导自己的行为。融合的发生必须建立在对自己的文化和对异族的文化都有相当深度的了解的基础上，必须在学习新文化时反思自己的文化，找出文化之间最本质的差异，以及潜在的相似之处，然后作出调整，最终发展出一套新的、双方文化都可接受的文化准则。

在跨国公司的子公司中，母国文化和东道国文化同时运行于公司的操作中，使得不同文化背景的人均可在同一企业中和睦共处，即使发生意见分歧，也容易通过双方的努力得到妥协和协调，可以充分发挥跨文化的优势。

2. 文化同化策略

同化是接触到新文化后，为了使自己完全融入新文化，而完全抛弃了原来的价值理念。在全球化经营企业实行的本土化策略就是一种文化同化策略。跨国公司挑选和培训当地管理人员，依靠当地管理人员经营国外子公司，从而有利于跨国公司降低海外派遣人员和跨国经营的高昂费用，并降低公司内部的文化冲突。

3. 文化移植策略

文化移植策略通过派遣母公司的高级主管和管理人员，把母国的文化习惯全盘移植到东道国的子公司中，让子公司里的当地员工逐渐适应并接受这种外来文化，并按这种文化背景下的工作模式来运行公司的日常业务。这是个需要长时间观察和培育的过程。

跨国公司派往东道国工作的管理人员，基于其母国文化和东道国文化的巨大不同，并不试图在短时间内迫使当地员工服从母国的人力资源管理模式，而是凭借母国强大的经济实力所形成的文化优势，对于公司的当地员工进行逐步的文化渗透，使母国文化在不知不觉中深入人心，使东道国员工逐渐适应了这种母国文化并慢慢地成为该文化的执行者和维护者。

4. 文化规避策略

文化规避是指母公司派到子公司的管理人员，特别注意在双方文化的重大不同之处进行规避，从而避免在这些不同之处造成彼此文化的冲突。当母国的文化与东道国的文化之间存在着巨大的不同，母国的文化虽然在整个公司的运作中占主体地位，可无法忽视或冷落东道国文化的存在的时候，由母公司派到子公司的管理人员，就应特别注意在双方文化的重大不同之处进行规避，不要在这些"敏感地带"造成彼此文化的冲突。特别在宗教势力强大的国家，更要特别注意尊重当地的信仰。

5. 借助第三方文化策略

该策略适用于母国文化和东道国文化之间存在着巨大不同，跨国公司采用与母国的文化已达成一定程度共识的第三方文化对设在东道国的子公司进行控制管理。用这种策略可以避免母国文化与东道国文化发生直接的冲突。

例如，欧洲的跨国公司想要在加拿大等美洲地区设立子公司，就可以先把子公司的海外总部设在思想和管理比较国际化的美国，然后通过在美国的总部，对在美洲的所有子公司实行统一的管理。这种策略可以避免资金和时间的无谓浪费，使子公司在东道国的经营活动可以迅速有效地取得成果。

二、跨文化沟通能力的培养

跨文化沟通能力就是能够与来自不同文化背景的人们进行有效交流的能力，包括了解自己和理解对方的能力、激励他人的能力、说服能力、号召力和团队精神等。在国际商务交流中，仅仅懂得外语是不够的，还要了解不同文化之间的背景，接受与自己不同的价值观和行为规范。

由于文化是根深蒂固的，所以影响跨文化沟通的障碍要经过长时间的沟通和交流来消除。因此，必须通过有效的培训，逐步减少文化背景差异所带来的负面影响，提高跨文化沟通能力。

（一）跨文化沟通的培训内容

1.知识认知类

主要是帮助受训者建立关于跨文化沟通知识的理性认知。广义文化知识，涉及各国文化的知识，主要是从宏观上解释跨文化沟通现象，对沟通者的跨文化沟通行为做一般性的指导。狭义文化知识，涉及某一特定文化的知识，主要是某一特定文化的知识和常识，如该文化不同于其他文化的特点，以及其主流文化模式和优势等。

特定跨文化沟通目标要求沟通者掌握特定语境的知识。交际文化知识，直接影响交际的背景知识和普通的文化模式，包括价值观、社会习俗、历史与宗教四个方面。理解信仰、价值观与禁忌等对各文化对象思维和行为的影响，以及环境对文化群体的影响等。

2.情感情绪类

主要是帮助受训者在情绪、情感等方面顺利接受异国文化，培养积极地情绪。跨文化沟通中人们会有幸福、哀伤、急切、愤怒、紧张、惊讶、迷惑、轻松和快乐等情感体验。感觉涉及沟通者对其他文化的敏感性，以及对交际对象和某一特定文化的态度。情感情绪类培训可以使受训者能够接受其他文化的不同看法，避免由于文化差异带来的误解及冲突，并排除文化偏见、种族歧视等问题，消除可能产生的抵触情绪。

3.经验技能类

主要是帮助受训者掌握跨文化沟通的技巧，培养受训者自我认知、倾听技能、授权技能、反馈技能、合作能力、团队意识、谈判能力、处理冲突的能力等，以便克服跨文化沟通障碍。

（二）跨文化沟通的培训方法

跨文化沟通能力的提高是一个复杂缓慢的过程，因此在跨文化商务沟通的教学中应结合多种教学手段，如交际教学法、案例教学法、启发教学法、情景模拟法等。在教学的选择上，采用主辅教材结合的形式，以配合多种探究式教学方法。此外，还可以邀请外教、外籍商务人员、对外贸易工作人员和外国留学生当面进行模拟沟通或谈判，通过实践经历来获取对应其他文化的技能。目前，在我国使用较多的是文化敏感性训练。

敏感性训练，又称 T 小组训练法，是美国心理学家勒温创建的一种改善人际关系，消除文化障碍的方法。通过训练，可以使受训者学会有效交流的方法，提高对自己行为和他人行为的洞察力，了解自己在他人心目中的形象，感受与周围人群的相互关系和作用，学习与他人的沟通方式，发展和提高在各种情况下的应变能力，在群体活动中采取建设性的行为。

敏感性训练是把 10～15 名不同单位、不同级别、互不相识的员工组成小组，进行 1～2 周的训练。在训练过程中，参加的人员自由地讨论自己感兴趣的问题，自由地发表意见，分析自己的行为和感情，并接受对自己行为的反馈意见（批评或其他意见），从而提高对各种问题的敏感性。

培训指导人员仅从旁协作，为学习过程提供方便，其使命是观察、记录、解释，有时诱导，扮演一种不引人注目的领导角色。实践证明，通过文化敏感性训练，受训者可以明显减少跨文化沟通中的文化偏见，增加相互间的信任，提高对不同文化的鉴别和适应能力。

小贴士⑪

跨文化技能与态度自我评估测试

下面列出的是各种技能与态度，许多老板与跨文化专家认为，它们对于在多元文化的环境中有效共事非常重要。

问　　题	现在适用于我	并非如此
1. 我在另一个国家度过了一段时间。		
2. 我的朋友中至少一个是聋的、盲的或者坐轮椅。		
3. 其他国家的货币与我所在国家的货币一样都属于不动产。		
4. 我还能读懂一门外语。		
5. 我还能说一门外语。		
6. 我还能用一门外语写作。		
7. 我能理解那些不用我的母语进行交流的人。		
8. 我常常使用我的第二语言。		
9. 我的朋友中有其他种族的人。		
10. 我的朋友中有各种年龄段的人。		
11. 朋友的性取向与我不同，我会坦然面对。		
12. 尽管另一种文化可能与我所处的文化差异很大，但我认为两者都一样好。		
13. 我愿意（或已经）在家里悬挂不同国家的艺术作品。		
14. 我会接受（或已经接受）去另一个国家工作几个月的任务。		
15. 我有护照。		

解释：在上述 15 个问题中，如果你有 10 次或者以上选择"现在适用于我"，那么，你很可能在一个多元文化工作环境中做得很好；如果你有 10 次或者以上选择"并非如此"，那么，你需要强化跨文化意识，并发展更多的技能，以便更有效地在多元文化的环境中工作。你会注意到，双语者在此测评中至少能得5 分。

课 后 练 习

1. 试述不同文化的差异性体现在哪些方面。
2. 什么是跨文化沟通？

实 践 课 堂

分别模拟几个日本人见面时互相介绍和几个英国人见面时互相介绍的场景。

拓 展 阅 读

"一带一路"，这些国家的风俗与风情

"一带一路"国际合作高峰论坛吸引了 29 个国家的元首和政府首脑，这些国家的风情与风俗是怎样的？一起了解下。

一、阿根廷共和国

阿根廷是拉美地区综合国力较强的国家，工业门类较齐全，农牧业发达，有"世界粮仓和肉库"之称，首都是布宜诺斯艾利斯。

阿根廷人爱喝马黛茶，并常以马黛茶款待客人。

【风俗礼仪】

1. 前往做客，应送女主人鲜花、糖果或纪念品。
2. 客人等主人就座后再坐，在主人为他们开门后再离去。
3. 忌讳"13"和"星期五"。
4. 客人在品尝过马黛茶后，如不表示赞赏或不高兴，被认为是一种失礼。
5. 忌讳菊花，仅在扫墓或在丧礼上使用。

二、白俄罗斯共和国

白俄罗斯位于东欧平原西部，首都为明斯克。

白俄罗斯人主要信奉东正教，崇尚白色，民族服装通常用雪白的亚麻布缝制，并精心绣上五彩斑斓的传统花纹。当地人普遍善饮，喜欢喝伏特加酒、啤酒和用草药制成的各种药酒。

除了独特的自然风光，白俄罗斯的城堡也吸引了众多游客，传统手工艺品是由麦秸秆和亚麻编的娃娃、木制漆盒、绣花亚麻装饰布等。

【风俗礼仪】

1. 忌讳数字"13"，认为"7"是吉祥数字。

2. 认为使用左手是不礼貌的举止。

3. 对盐十分崇拜，对"把盐碰撒"比较忌讳。

4. 认为黄色蔷薇花是一种令人沮丧的花。

5. 送花忌送偶数。

三、智利共和国

智利，位于南美洲西南部、安第斯山脉西麓，首都为圣地亚哥。智利是拉美经济较发达的国家之一，以盛产铜闻名于世，素称"铜之王国"。

【风俗礼仪】

1. 应邀赴智利人家中做客时，可赠送小礼物。

2. 智利人的禁忌和西方国家几乎一样。

3. 当地不少人认为"5"是不吉利数字。

四、捷克共和国

捷克地处欧洲中部，首都布拉格，为中等发达国家，工业基础雄厚。

捷克人的饮食以猪肉为主，传统民族菜是烤猪肘、酸菜和馒头片；捷克人喜欢喝啤酒，人均年啤酒消费量居世界前茅。

【风俗礼仪】

1. 多数人忌讳数字"13"。

2. 不喜欢柳树和柳树制品。

3. 向外宾一般赠送水晶玻璃制品，赠送鲜花枝数为单数。

五、印度尼西亚共和国

印度尼西亚由上万个岛屿组成，是全世界最大的群岛国家，疆域横跨亚洲及大洋洲，别称"千岛之国"，首都为雅加达。印尼是一个发展中国家，交通建设十分完善。

印尼民族服装"巴迪"（Batik）衫是由传统的蜡染布制成，被称为"国服"。正式场合中男士可上身着长袖巴迪衬衫，下着深色裤子。女士一般穿巴迪或其他布料的套装。

【风俗礼仪】

1. 穆斯林人口多，尊重伊斯兰风俗。

2. 男士遇到女士一般不主动握手，若对方伸手，可轻握。

3. 认为左手不洁，不用左手接受礼物或递交物品。

4. 视陌生人触摸自己的头部为粗鲁无礼的行为。

六、哈萨克斯坦共和国

哈萨克斯坦位于亚洲中部，是世界最大内陆国，经济以石油、采矿、煤炭和农牧业为主。首都为阿斯塔纳。

哈萨克人的主要食物是牛羊肉、奶、面食、蔬菜等，常喝的饮料有奶茶和马奶。

【风俗礼仪】

1. 哈萨克斯坦居民多为穆斯林。

2. 进入教堂男士不得穿短裤，女士不得穿暴露服装。

七、肯尼亚共和国

肯尼亚国名源于其境内最高的山——肯尼亚山，意为"白色的山峰"，首都为内罗毕，是东部非洲金融中心和交通枢纽，其有"非洲小巴黎"之称，是一座国际化都市，也是联合国环境规划署和联合国人类住区规划署总部所在地。

肯尼亚人喜爱吃肉，纳亚玛·楚玛是肯尼亚出名的菜肴；"爱情果汁"是非常有特色的饮料，深受当地人喜爱，它独特的香味和甜中带酸的口感，使人饮后倍感清爽。

【风俗礼仪】

1. 忌讳谈论肤色。

2. 说话时不可冒犯国旗和总统。

八、老挝人民民主共和国

老挝经济以农业为主，首都为万象。

老挝人喜欢吃糯米饭，菜品的特点主要是酸、辣、生，具有他们民族特色的菜肴有鱼酱、烤鱼，凉拌木瓜丝等。

【风俗礼仪】

1. 社交活动中见面时，所行最多的见面礼节是合十礼。

2. 进屋后一般席地而坐，不能将脚对着他人，男子多为盘膝，女性则并膝后将双脚放在侧边。谈话时，不能从人们中间穿过，女性尤其如此。

3. 不能摸他人尤其是小孩的头顶。

4. 外人不能同僧人一起进餐，佛寺中的池塘、水缸或锅中的水，外人可以饮用，但不能喝僧人水壶里的水，除非是僧人给你喝。

九、菲律宾共和国

菲律宾首都为马尼拉。菲律宾男士的传统礼服叫"巴隆他加禄"，是一种丝质服装，形同衬衣，长可及臀，领口如衬衫，有长袖和短袖，前面两侧有抽丝镂空的花纹图案。

菲律宾女子的国服叫"特尔诺"，是一种用菠萝纤维布料做成的圆领短袖连衣裙，裙服两袖挺直、袖根高耸，腰部细小、裙摆宽大，宛如蝴蝶展翅，因此也叫"蝴蝶服"。

【风俗礼仪】

1. 对个人尊严和家庭荣誉很看重。

2.尊重有知识的人，如遇教授、博士、医生、律师、工程师等人士，应称呼其头衔。

3.忌讳"13"和"星期五"。

4.信仰伊斯兰教的人较多。

十、俄罗斯联邦

俄罗斯横跨欧亚大陆，融合了东西方两种文化，自然资源十分丰富，种类多，储量大，自给程度高。首都为莫斯科。

俄罗斯人的饮食主要是西餐，典型的俄式菜如鱼子酱、红菜汤、红烩牛肉、黄油焖鸡等。中餐深受喜爱，俄罗斯主要旅游城市均有中餐馆。俄罗斯人善饮酒举世闻名，绝大多数男人和一部分女士喜欢饮用烈性酒，伏特加更是受到大部分的喜爱。

【风俗礼仪】

1.在隆重的场合，俄人用"面包加盐"的方式迎接贵客，以表示最高的敬意和最热烈的欢迎。

2.送礼喜欢用单数，认为双数不吉利。

3.忌讳13，喜欢7，认为7象征幸福和成功。

4.举杯饮酒时要用右手。第一杯酒往往要喝干，但一般不劝酒，而是各随其便。

5.镜子是神圣的物品，不能打碎。

6.提前祝贺生日是不吉利的，亦不要提前祝贺孕妇生孩子，不喜欢提前给孕妇和婴儿送东西。

十一、瑞士联邦

瑞士，被称为"欧洲的心脏"，为"永久中立国"，同时被称为"世界花园""世界公园""钟表王国""金融之国""欧洲乐园""欧洲水塔"等。首都为伯尔尼。

【风俗礼仪】

1.瑞士人时间观念强。

2.在公共场所（包括自住公寓面向街道的阳台等）晾晒衣物有可能被罚款。

十二、土耳其共和国

土耳其旋转烤肉朵奈尔，通常是羊肉，也有牛肉和鸡肉、皮塔和烤饼面包等，是土耳其乃至欧洲最负盛名的食物。

【风俗礼仪】

1.土耳其是伊斯兰国家，需尊重宗教风俗禁忌。

2.土耳其英文使用并不普遍，除观光旅馆、饭店或商店外，洽商公务最好有土耳其文翻译。

3.土耳其人崇敬其国父凯末尔将军。

十三、乌兹别克斯坦共和国

乌兹别克斯坦位于中亚腹地，矿产资源较丰富，黄金储量居世界第四位，铀储量居世界第八位。首都塔什干是古"丝绸之路"上重要的商业枢纽之一。

抓饭是乌兹别克斯坦的传统美食，其主料为大米、胡萝卜、羊肉，不同地方的抓饭风味各异。

【风俗礼仪】

1.见面和告别时一般行握手礼，男士应等女士先伸手，一般在伸出右手的同时把左手放在胸前，身体微微前屈，以示特别尊重。较为亲密的朋友行拥抱礼，一般采取"左右左"方式拥抱三次。

2.乌兹别克斯坦居民多信奉伊斯兰教，忌食猪肉。

3.宴会上不能拒绝主人递来的馕，整个馕不可扣放在桌子上，不能刀切，只能用手掰。

4.客人要用右手接茶碗，告辞前将茶碗里的茶水喝尽。

5.穿上主人赠送的礼袍后不能立即脱下，要等仪式结束离开现场时才能脱。

6.露出鞋底对着他人，是对人的大不敬。

7.赠送礼品不能有动物的图像，更不能送女人的图片、图像。

十四、越南社会主义共和国

越南是位于中南半岛东部的发展中国家，首都为河内。

"奥黛"是越南的国服，又称为越南"长衫"，通常使用丝绸等软性布料，上衣是一件长衫，两侧开叉至腰部，下半身配上一条喇叭筒的长裤。

【风俗礼仪】

1.越南人很讲究礼节。见了面要打招呼问好，或点头致意。对长辈称大爹、大妈或伯伯、叔叔，对平辈称兄、姐，对儿童称小弟、小妹，对群众称乡亲们、父老们、同胞们（只在本国人之间用）。见面时，通行握手礼，苗、瑶族行抱拳作揖礼，高棉族多行合十礼。京族人不喜欢别人用手拍背或用手指着人呼喊。

2.部分人忌讳三个人合影。

十五、柬埔寨王国

柬埔寨王国位于中南半岛南部，首都为金边，是传统农业国，工业基础薄弱。

佛教是柬埔寨国教，寺院遍及全国，僧王及僧侣普遍受到尊重。

对比强烈的人文风情，及柬埔寨特有的风土景致，再加上吴哥窟无与伦比的历史遗迹，吸引了不少游客。

【风俗礼仪】

1.进佛寺参观时，要衣着整洁，免冠脱鞋。

2.忌用手摸人头顶。

3.通行合十礼，即以两手掌合并，立于胸前，稍微俯首，指尖高度视对方身份而定，对方身份较高，指尖高度越高。社交场合也行握手礼。

十六、埃塞俄比亚联邦民主共和国

埃塞俄比亚是非洲东北部内陆国，具有3000年文明史，高原占全国面积的2/3，平均海拔近3000米，素有"非洲屋脊"之称。埃塞俄比亚以农牧业为主，工业基础薄弱。首都为亚的斯亚贝巴。

【风俗礼仪】

1. 埃塞居民多信奉埃塞正教或伊斯兰教，另有少量信仰天主教或其他宗教。各宗教间相处较融洽。主要禁忌多与宗教有关，如进入教堂或清真寺要脱鞋、禁止拍照和大声喧哗等。

2. 初次见面通常握手；如果遇到长者，要握住其双手；如果是熟人见面，除握手外，还行贴面礼、互碰肩膀等。

十七、斐济共和国

斐济位于西南太平洋中心，由332个岛屿组成，是太平洋岛国中经济实力较强、经济发展较好的国家，首都为苏瓦。

Meke是其传统舞蹈，属于美拉尼西亚舞系。舞者穿木皮纤维织成的塔巴布做成的衣服，以花和树叶做的饰物装饰身体，用白木做成的独木舟形鼓和穿孔的竹节敲打地面做伴奏。

斐济人的服饰别具特色，男子身着色彩艳丽的花衬衣和齐膝的苏鲁裙，女子穿花布长裙。斐济人有戴花的习惯，花戴在耳郭左边，表示未婚；戴在耳郭右边，表示已婚。

斐济人热衷喝卡瓦，村落中最盛大、最神圣的仪式就是卡瓦敬酒仪式，这也是斐济人对贵宾的最高礼遇。

【风俗礼仪】

1. 摸小孩的头被视为是对其家人的不尊重和冒犯。

2. 斐济人以微笑和抬眉毛来互致问候，握手也可以。

3. 大部分斐族人信奉基督教，用餐之前，常做简短祈祷，请客时也常如此，客人应待对方祈祷完后一起用餐。

十八、希腊共和国

希腊位于欧洲巴尔干半岛最南端，被认为是西方文明的发源地，首都雅典是世界历史名城。希腊经济基础较薄弱，农业较发达，工业制造业较落后，工业主要以食品加工业和轻工业为主。

【风俗礼仪】

1. 进教堂或修道院参观时必须穿戴得体。不论男女，裸露肩膀与膝盖进教堂被认为是对神不虔诚与亵渎。

2. 手掌心不能向着人，这是侮辱人的手势，意为"下地狱"。

3. 久久地凝视别人是不怀好意的表现。

4. 当众打喷嚏和用手帕擦鼻涕是十分忌讳的。

十九、匈牙利

匈牙利的经济属中等发达国家。首都布达佩斯素有"东欧巴黎"和"多瑙河明珠"的美誉。2015 年 6 月，匈牙利与中国签署"一带一路"合作备忘录，是欧洲国家中的第一个。

匈牙利人以面食为主食，爱吃巧克力甜点，肉类喜食猪、牛、鸡、鸭、鹅、鱼及猪肝等，蔬菜喜食白菜、洋葱等。

【风俗礼仪】

1. 匈牙利人认为用手指着别人脸部、伸懒腰等均为不礼貌动作。

2. 忌讳"13"和星期五。

3. 认为打破了玻璃和镜子将有倒霉的事发生。

二十、意大利共和国

意大利是发达工业国，首都为罗马。意大利拥有丰富的天主教文化。罗马天主教艺术，特别在中世纪、文艺复兴时期及巴洛克时期蓬勃发展，出现许多艺术家，例如米开朗基罗、达·芬奇、拉斐尔等。罗马天主教建筑同样丰富，且令人印象深刻，例如圣伯多禄大殿、圣母百花圣殿与圣马可教堂。

意大利人在制作菜肴时讲究色香味，其风味菜肴可与法国大菜比美。他们欣赏中国菜，不论男女都喝酒，常饮的品种有啤酒、白兰地等，爱喝葡萄酒。

【风俗礼仪】

1. 不喜欢在交谈时别人盯视他们，认为这种目光是不礼貌的。

2. 他们请客时往往茶少酒多，在正式宴会上，每上一道菜便有一种不同的酒。

3. 在意旅游期间，到零售店购买东西时要注意，他们的商业准则是买卖双方处于平等地位。

二十一、马来西亚联邦

马来西亚是个多元族群、多元文化和多种语言并存的社会，橡胶、棕油和胡椒的产量和出口量居世界前列。首都为吉隆坡。

【风俗礼仪】

1. 视左手为不洁，因此见面握手时，一定要用右手，平时接、递东西时，也必须用右手。

2. 认为以食指指人，是对人的一种污辱，所以切勿以食指指人。

3. 对女士不可先伸出手要求握手。

4. 头被认为是神圣的部位，在亲近儿童时，不可触摸他的头部。

5. 无论是进入马来人的清真寺、华人或印度人的寺庙，进门前都要先脱掉鞋子，穿着必须整洁适宜，凡是穿着短裙、短裤及半袖衫的人禁止进入清真寺。

二十二、蒙古国

蒙古国首都为乌兰巴托，经济以畜牧业和采矿业为主。

【风俗礼仪】

1. 忌往火里扔脏东西，不能从火上跨越，不能在火旁放刀斧等锐器。

2. 由于自古以来随水草而居，蒙古人特别崇敬水，认为在河里不能洗澡、洗脏东西，更不能倒垃圾、大小便。

二十三、缅甸联邦共和国

缅甸首都为内比都，是一个以农业为主的国家。佛教不但是缅甸人的宗教信仰，而且是他们道德教育的源泉。缅甸各民族的文字、文学艺术、音乐、舞蹈、绘画、雕塑、建筑以及风俗习惯等都留下佛教文化的烙印。同时，缅甸始终维护民族文化传统，保护文化遗产，传统文化在缅甸有广泛影响。

【习俗礼仪】

1. 缅甸人视头顶为高贵之处，所以不能用手触摸他人头部。

2. 进寺庙佛塔和见僧人，一定要脱鞋、脱袜，不可穿短裙、短裤。

3. 宗教习俗禁忌妇女登上佛塔的塔基。

4. 严禁妇女把筒裙晾晒在超过人头的高度。

5. 很多缅甸人忌吃牛肉。

二十四、巴基斯坦伊斯兰共和国

"巴基斯坦"这个源自波斯语的名字的意思为"圣洁的土地"或"清真之国"，首都位于伊斯兰堡。

这里是阿尔泰语系和印欧语系两大语言的交汇地，也是印欧语系波斯文化和印度文化的交汇地，还是伊斯兰教文化、佛教文化的交汇地。有丰富的旅游资源，主要旅游点有卡拉奇、拉合尔、拉瓦尔品第、伊斯兰堡、费萨拉巴德和北部地区等。

巴基斯坦菜肴大多采用炖、炸、烤等烹饪方法，味道香辣，肉类以牛羊肉和鸡肉为主，常见蔬菜则有洋葱、青椒、西红柿、白菜、茄子、生菜、菠菜、豆类等。

【风俗礼仪】

尊重穆斯林禁忌。

二十五、波兰共和国

波兰位于欧洲中部，首都为华沙。2015年，波兰经济总量居欧盟成员国第8位。

波兰人的饮食习惯与其他中东欧国家大致相似。具体而言，波兰人平时以吃面食为主，有时也吃米饭；爱吃烤、煮、烩的菜肴，口味偏咸；喜欢吃猪、牛和鸡肉。波兰人酒量较大，常在饭前饮烈性酒，饭后饮甜酒；爱喝咖啡和红茶，在饮用红茶时，大都爱加入糖和一片鲜柠檬。现在有越来越多的波兰人开始接受并喜爱上中国绿茶。

【习俗礼仪】

1. 忌讳数字"13"。

2. 与别人交谈时，不喜欢为加重自己说话的语气而用手指指点点。

3. 给波兰人送鲜花时一般要送奇数。

4. 与波兰人喝酒时最好不要多次强行劝酒，以各人随意为佳。

5. 波兰人在人际交往中比较喜欢请客吃饭。不论饭菜是否合自己的口味，客人都要争取多吃一点，并要对主人的款待表示谢意。

二十六、塞尔维亚共和国

塞尔维亚位于巴尔干半岛中北部，首都为贝尔格莱德。近年来，当地经济状况稍有好转，国民经济呈现出稳中有升的态势。

塞尔维亚人饮食习惯上以塞尔维亚民族特色的西餐为主，也非常喜欢中餐。烤肉是塞尔维亚最受欢迎，最具特色的美食之一。有着200多年历史，一直沿袭着古老正宗配方烤制而成的莱斯科瓦茨烤肉，是塞尔维亚烤肉最响亮的品牌。

【习俗礼仪】

1. 塞尔维亚人喜欢送花，送礼之花有玫瑰、百合等。菊花为"墓地用花"。

2. 塞尔维亚人见面的称谓与问候比较讲究，要在姓氏前冠以先生、夫人、小姐和头衔等尊称。只有在家人之间、亲密朋友之间才称呼其名。

3. 约会须事先约定，贸然到访属于不礼貌行为。

4. 塞尔维亚人喜欢邀请熟悉的客人或朋友到郊外或旅游胜地进行游览。期间通常会举行宴请，主人会盛情邀请客人品尝当地酿造的烈性果酒，并相互祝酒。

二十七、西班牙王国

西班牙位于欧洲西南部伊比利亚半岛，是中等发达的资本主义工业国，首都为马德里。西班牙拥有悠久的历史、显贵的王室、浪漫的吉他民谣、奔放的弗拉明戈舞蹈，是一个充满热情和艺术气息的乐土。

【习俗礼仪】

1. 忌讳数字"13"。

2. 在用餐时使用餐巾。主人拿餐巾后其余人员方可拿。

3. 在西班牙做客，无论是熟人、朋友、亲属之间，都须事先约定。

4. 忌讳送菊花，只有在葬礼上才送菊花。

二十八、斯里兰卡民主社会主义共和国

斯里兰卡是南亚次大陆以南印度洋上的岛国，风景秀丽，素有"印度洋上的明珠"之称，是世界上人民幸福指数最高的国家之一，首都为科伦坡。

当地以种植园经济为主，主要作物有茶叶、橡胶、椰子和稻米，工业基础薄弱，以农产品和服装加工业为主。

【风俗礼仪】

1. 参观寺庙要脱鞋；穿着要得体，不要袒胸露背，不可穿无袖上衣和短裙、短裤，宜穿白色为主色的带袖衣服，裙、裤长度过膝。

2. 候机厅内的白椅子，是为宗教人士准备的，即使座位空着，普通人员亦不得占用。

3. 任何捕杀动物的行为，比如在野外抓蝴蝶、在家里杀鸽子，都有可能被斯里兰卡人举报而坐牢。

4. 乌鸦在斯里兰卡被视为神鸟和吉祥物，不可伤害。

5. 斯里兰卡人以摇头形式表示同意，点头表示不同意。

二十九、吉尔吉斯共和国

吉尔吉斯斯坦位于中亚东北部，首都为比什凯克。国民经济以农牧业为主，工业基础薄弱，主要生产原材料。

吉尔吉斯斯坦有传统的狩猎节，当地人称之为萨尔布伦节。在狩猎节期间，人们举办猎鹰捕猎、赛马和猎犬斗狼等活动，体验吉尔吉斯先民的游牧生活。旅游胜地伊塞克湖州谢苗诺夫峡谷被人们誉为吉尔吉斯斯坦的世外桃源。

【风俗礼仪】

1. 当地人民热情好客，进餐时，一般由尊贵客人割羊耳，将羊头献给男主宾，羊尾献给女主宾。

2. 吉方的最高礼节是给男宾送上吉传统毡帽和毡袍，女宾为头巾和短袖长袍。

3. 注意不要对毡房指手画脚，不随便抛掷帽子，不从衣服上跳过。

资料来源：http://m.sohu.com/a/154889424_810494/?pvid=0001153wa.2017-07-06.

首都市民文明公约

为加强首都社会主义精神文明建设，进一步提高首都市民素质，增强首都意识，在以江泽民同志为核心的党中央领导下，把首都建设成为现代化国际大都市，特制定本公约：

　　一、热爱祖国　　热爱北京　　民族和睦　　维护安定
　　二、热爱劳动　　爱岗敬业　　诚实守信　　勤俭节约
　　三、遵守法纪　　维护秩序　　见义勇为　　弘扬正气
　　四、美化市容　　讲究卫生　　绿化首都　　保护环境
　　五、关心集体　　爱护公物　　热心公益　　保护文物
　　六、崇尚科学　　重教尊师　　自强不息　　提高素质
　　七、敬老爱幼　　拥军爱民　　尊重妇女　　助残济困
　　八、移风易俗　　健康生活　　计划生育　　增强体魄
　　九、举止文明　　礼待宾客　　胸襟大度　　助人为乐

本公约于 1995 年末，经公众参与讨论修订而成，凡在首都北京生活的每一个人应自觉遵守。

首都精神文明建设委员会
一九九六年三月

首都大学生文明公约

　　一、热爱祖国　　热爱人民　　热爱首都　　热爱集体
　　二、追求真理　　志存高远　　刻苦学习　　勤于实践
　　三、遵纪守法　　维护安定　　见义勇为　　乐于助人
　　四、团结协作　　诚实守信　　尊重他人　　举止文明
　　五、勤俭节约　　爱护公物　　热爱劳动　　保护环境
　　六、强身健体　　自信豁达　　服务社会　　报效国家

附录 2
沟通电话礼仪常用英语

1. 自报家门

This is Tina Hao of Qinghai Trading Company. May I help you？

这里是青海贸易公司的 Tina Hao。 我能为您做些什么？

2. 听不清楚

Sorry，I didn't get what you said. 对不起，我没听懂您说的话。

I can't hear you very well. 我听不太清楚。

We have a bad connection. 通信效果不太好。

I can't catch what you are saying. 我听不太清楚您说的话。

发生上面的情况，可以请对方再重复一遍，你可以说：

Could you repeat that，please？能请您再说一遍吗？

Would you say that again？您能再说一遍吗？

3. 请对方说慢点

Would you speak more slowly？您能再说慢一点吗？

Could you speak up/out a little？您能再大声一点吗？

Would you speak more clearly？您能再说清楚一点吗？

4. 帮忙转分机

Please connect me with extension two-one-one. 请帮我转分机 211。

Could you put me through to the personnel department，please？

请帮我接人事部好吗？

5. 他在忙线中

He's on another line right now. 他现在正在接另一个电话。

He's talking a long-distance call now，what can I do for you？

他正在接长途电话，有什么我可以帮您的吗？

Sorry，his line is busy. 抱歉，他正在打电话。

6. 请对方稍等一下

Could you hold a moment，please？您能稍等一会儿吗？

Can you hold on，please？您能稍等一会儿吗？

Just a moment. He is on his way now. 请稍待一下。他马上来接电话。

7. 现在不方便接电话

She has a visitor at the moment. 她现在有客人。

He is in a meeting now. 他正在开会。

I'm sorry，but I was just on my way out. Can I get back to you later？
很抱歉，我正好要出门。可不可以稍后再打给您？

He's here but he's not at his desk right now. 他有来上班，不过现在不在座位上。

He hasn't come to the office yet. 他还没到办公室。

I'm sorry，but he is out right now. 很抱歉，他刚才外出了。

8. 在休假中

He is off today. 他今天休假。

He's on vacation this week. 他本周休假。

He is on vacation until next Wednesday. 他休假到下周三。

9. 回家了

He's already left for home today. 他已经离开回家了。

He has gone home. 他回家了。

10. 生病请假

He's absent because he is sick taday. 他今天生病所以没来。

He's on sick leave taday. 她今天请病假。

11. 出差

He's in New York on business. 他在纽约出差。

He left for New York on business until July 22nd. 他到纽约出差，要到7月22日才能回来。

He is on a business trip. 他正在出差。

12. 我将转达您的留言

I'll give her your message as soon as possible. 我将尽快地转达您的留言给她。

13. 要找的人已调职

Mr. Smith took over his job. I'll connect you. One moment，please.
史密斯先生接替了他的工作。稍等一会儿，我帮您转接。

He left this company last week. 他上个月离开这家公司了。

He is no longer at this company. 他已经不在本公司工作了。

14. 约时间见面

I'd like to talk to you about the new product. 我想要和您谈谈新产品。

I'd like to make an appointment with Mr. Scott. 我想要跟史考特先生约个时间见面。

15. 变更见面日期

I'd like to cancel my appointment with Mr. Scott.
我想取消和史考特先生的约会。

Something urgent has come up. Could I postpone our appointment？
发生了一些急事。我俩的约会能不能延期？

16. 结束电话对话

Shall we continue this later? I've got a call waiting.

我们可不可以晚一点再继续谈？我现在有个来电正在等候。

It's kind of late. Why don't we talk about it tomorrow?

有点晚了。我们何不明天再谈呢？

Nice talking to you. 跟您谈话很愉快。

Call again when you've got time. 有空请再打电话来。

I'm always glad to hear from you. 我随时高兴接到您的电话。

Let's keep in touch，good-bye. 让我们保持联络，再见。

Follow the lead of others （e.g.，host） to know when/where to sit.
看其他人何时就坐以及坐在哪里，采取和他们一样的做法。

Hold doors for others. 为别人开门。

Don't assume empty seats are available. 空座位坐之前要确认是否可以坐。

Allow others to take the better seat. 让别人选好的位置。

Wait for the host before taking a first drink. 在主人没动杯之前不要喝酒。

Wait to eat until after everyone is served and the host has begun.
等到主人以及大家都开动后再开始用餐。

Never drink more than two alcoholic drinks. 喝酒不超过两杯。

Allow the event host to make the first toast. 让主人第一个敬酒。

Notify hosts of any dietary restrictions prior to an event. 在聚会前告知主人自己的饮食禁忌。

Understand how to use flatware （eat outside in）. 知道如何使用餐具。

Glassware is placed to the right. 玻璃餐具摆放在右边。

Bread plates will be placed to the left. 面包盘应该放在左边。

Place the fork and knife in the 4：00 position when finished. 吃完后将刀叉放在 4 点钟方向。

Place napkins on the chair seat or arm when briefly stepping away.
暂时起身离开座位时，将餐巾放在椅子上或扶手上。

Research the event topic and venue before arriving.
在到达聚会之前调查清楚聚会地点以及聚会内容。

Thank the host in person prior to leaving. 在离开前亲自向主人道谢。

Send a "thank you" note to the host within a week. 聚会后一星期之内向主人发一封感谢信。

参考文献

[1] 孙志敏 . 传统礼仪对当代大学生的启示教育 . 秘书，2011 年 12 期

[2] 陈光谊 . 现代实用社交礼仪 . 北京：清华大学出版社，2012

[3] 博瀚 . 社交与礼仪知识大全集 . 北京：同心出版社，2012

[4] 金韩丽 . 女人优雅一生的社交礼仪课 . 哈尔滨：黑龙江科学技术出版社，2012

[5] 于雷 . 时尚礼仪教程 . 北京：中国物资出版社，2012

[6] 王丽红 . 克服人际沟通障碍在社会心理学中引导下的进展 . 前沿，2013-07-15

[7] 崔晓文 . 人际沟通与社交礼仪 . 北京：清华大学出版社，2014

[8] [英] Elizabeth Kuhnke 著 . 达人迷：肢体语言 . 北京：人民邮电出版社，2014

[9] 华陌 . 别败在不会调节心态上 . 北京：中国言实出版社，2014

[10] 陌陌 . 你若精彩，天自安排 . 北京：中国华侨出版社，2015

[11] 王平 . 从中西文化对比中看中国——读梁漱溟《中国文化要义》. 文艺生活，2015（6）

[12] 礼仪漫谈之二：接待礼仪（上），公关世界，2015（5）

[13] 礼仪漫谈之二：接待礼仪（下），公关世界，2015（6）

[14] 公羽 . 听南怀瑾谈人生哲学 . 北京：时事出版社，2016

[15] 姜振宇 . 微反应 . 武汉：长江文艺出版社，2016

[16] 欧阳宇倩 . 麦肯锡精英最重视的 55 个高效能沟通 . 北京：群言出版社，2016

[17] 游宇婷 . 高校外事接待礼仪与注意事项 . 好家长，2016（8）

[18] 王银 . 浅论现代秘书的接待礼仪 . 散文百家（新语文活页），2016（6）

[19] 肖诗子 . 西门子深圳分公司跨文化沟通障碍研究 . 深圳大学硕士学位论文，2017

[20] 徐英 . 强化能力培养，创新商务礼仪 . 现代职业教育，2017（3）

[21] 吴明轩 . 超级沟通术 . 北京：现代出版社，2017

[22] 苏茜 . 不懂礼仪规矩，还敢拼职场 . 南京：江苏人民出版社，2018

[23] 杨雅蓉 . 高端商务礼仪与沟通：让你身价倍增的社交礼仪 . 北京：化学工业出版社，2019